河出文庫

日航123便墜落
疑惑のはじまり

天空の星たちへ

青山透子

kawade bunko

河出書房新社

日航１２３便墜落 疑惑のはじまり　天空の星たちへ

◉

目次

日航123便墜落
疑惑のはじまり

天空の星たちへ

本書において、事故機乗務の客室乗務員はプライバシーを考慮のうえ、仮名とさせていただきます。ほかに、新聞などの記事で公表されたお名前、さらにご協力いただいた方々につきましては、実名とさせていただきました。心より感謝申し上げます。

本文中の肩書、名称などは報道された当時のものです。なお、日本航空の表記に関しては二〇〇二年の統合以降をＪＡＬと表記しています。なお、本文中の日時表記は、本書初刊の二〇一〇年五月時点からのものです。

序章

誰しも遠い日の記憶の中に、決して忘れられない出会いがある。

もし人生という限られた時間の中で、知り合う人間が限られているとするならば、彼女たちとの出会いは奇跡に違いない。

その奇跡が訪れたのは今から二十八年前、一九八二年十二月二十三日。

滑走路の向こう側に遥か遠く、富士山の美しいシルエットが浮かびあがり、夕暮れの薄紫色に染まった羽田空港であった。

その日のことは忘れもしない。

日本航空のスチュワーデスとして学生から社会人となり、専門訓練を終えて初めて実際の飛行機に乗り込み、客室乗務員としての第一歩を踏み出した初フライトの日である。

飛行機の便名は日航１２３便。

東京、羽田空港発の大阪、伊丹空港行きである。

１２３便。何と広がりのある数字だろう……。

今飛び立とうとするこの空の果てしない広がりのごとく、そしてこの瞬間から始まる新しい未来を象徴するがごとくの数字。

単なる数の羅列ではない美しさがそこにあると感激した。


本当にスチュワーデスになってしまった……。

これがその時の正直な気持ちである。幼い頃から漠然と憧れてはいたが、まさかそれが現実になってこの時を迎えるとは、ついこの間まで想像がつかなかった。

夢がかなう喜びというものは、摑みどころのないふわふわとした雲の上を歩いているような気分で、まるで実感がないものだ。それでもなってしまったのである。

空港ロビーの窓ガラスに映る制服姿に、思わず顔がふっとほころんだ。

クルー専用バスに乗り、シップサイド（注1）へ向かう。

鶴のマークが付いたジャンボジェットの巨体が夕闇にすっと浮かび上がり、ぐんぐんと近づいてくるその雄々しい姿に思わず見とれた。

まだ誰も乗っていない飛行機の下にタラップが取り付けられ、クルーバスが横に着けられる。

たくさんのマニュアルが入っているずっしりと重いフライトバッグを持ち、まず機長、副操縦士、航空機関士が先にバスから降りていく。

客室乗務員たちは、カートをさっと折りたたんで素早く荷物を持つと、チーフパーサーを先頭にして次々と降り、コン、コン、コンとヒールの音を響かせながら、急ぎ足であっても優雅な後ろ姿で階段を上って行く。

遅れないように後ろについて、タラップを上がり深呼吸をすると、澄んだ空気に包まれたその飛行機は初めて飛び立つ私を優しく迎えてくれた。

その日の乗務日誌（フライトログブック）にはこう書かれてある。

日航123便、羽田発大阪行き　定刻十八時発、十九時着
JA8118号機―B747SR　羽田空港20番スポット
乗客三百六十五名ノーインファント（幼児なし）

（注1）シップサイド（駐機している飛行機の所）について

当時、羽田空港では、C滑走路（33L）は急激な旅客増加等の理由で事実上閉鎖して駐機場として使用していたこともある。

「オープンスポット」や「沖止め」と呼んでいた、ターミナルから離れた場所に駐機している飛行機に乗り込むためには、乗客は空港内専用バスを利用する。運航乗務員、客室乗務員はクルーバスという乗員専用バスにて飛行機のそばまで行き、タラップから乗り込んでいた。

運航乗務員五名（訓練二名含む）
客室乗務員十五名（ＯＪＴ三名含む）
乗員、乗客合わせて三百八十五名　定刻より十三分後に離陸

キーンと張りつめた冷たい空気の中、煌めく星空に向かい、ジャンボジェット機がゆっくりと羽ばたいて、のびやかに飛び立った。

それが社会人としての新しい人生の始まりであった。

それから二年八ヵ月後の一九八五年八月十二日。

日航ジャンボ機墜落事故発生。単独機世界最大と言われる惨事が起きた。

日航１２３便、羽田発大阪行き　定刻十八時発、十九時着
ＪＡ８１１９号機―Ｂ７４７ＳＲ　羽田空港18番スポット
乗客五百九名、インファント（幼児）十二名含む
運航乗務員三名
客室乗務員十二名
乗員、乗客合わせて五百二十四名　定刻より十二分後に滑走路15Ｌから離陸

その事故で墜落した便名は奇しくも私の初フライトと同じ123便。

機材はJA8119号機。一番違いの飛行機。

離陸の時刻も定刻より十二分遅れ。これも一分違いである。

そしてなによりも私の誕生日は八月十三日。さらに一日違いであった。


その時最高の思い出となるはずであった123便という便名が永久に欠番になるとは誰が予想したであろう。

さらに大きな衝撃が私を襲った。


なんと、その事故機に乗っていた客室乗務員たちは、仕事を手取り足取り教えてくれた同じグループの先輩たちだったのだ。

初めて制服を着用してお客様の前に立った初フライトから一人前になるまで、細やかに、厳しく、時には親身になって教えてくれたあの人たちが皆、その飛行機に乗務していたのである。

当時の日本航空の全社員は約二万一千人、そのうち客室乗務員は四千二百人ほどで、国際線と国内線に分かれ、それぞれ四十名前後をひとつのグループとして、そのグループごとに乗務していた。

その人たちのグループに配属された時、若手が入るのが二、三年ぶりとかで、待っていたと随分歓迎されたのを覚えている。

彼女たちと共に写る写真が、今なおその奇跡的な出会いを物語る。

事故機となった８１１９号機という機体番号が書かれた飛行機をバックに、制服姿の私がセピア色の中でほほ笑む。まだ新人の私はぎこちなく、借りてきた服のようで、まったく似合っていない。

「その制服の着こなしは、いまひとつね」と言った先輩の言葉がよみがえる。

驚くほどストレートな先輩の一言だったが、確かに今写真を見てもその通りである。

グループの忘年会写真。

横浜中華街の中華料理店の前で、二十名ほどのスチュワーデスたちが皆ほろ酔い気分でにこやかに並んでいる。その中の何人かが、今この世にいない。

私の横で、いたずらっぽく睨みながら写る先輩との写真。

撮影してくれたＴチーフパーサーをみんなで睨んでいる。

職業上、いつも笑顔の写真ばかりの中、

「たまには怒った顔もいいんじゃない。あなたもチーフを睨んじゃいなさい！」と、カメラに向かってみんなで睨んだあの時。「そんなこと、新人には無理です」と言った私に、無礼講だからと言って一緒に睨んだ目がなかなかお茶目で怖い。

その人のソフトな語り口も柔らかな声も今なお耳に残っている。機内アナウンスがとても上手で、そのコツを教えてくれた。

『アロケーションチャート』と呼ばれる乗務の仕事配分表に焼き付けられた思い出。当時は今のようなコピーではなく青焼き印刷の複写で、毎回フライト前にパーサーが手書きで作成したものを全員に配っていた。

その青色の文字は、日光を当てると月日とともに青が濃くなって消えてしまうが、段ボール箱の奥深くに保存していたために今でも読み取ることが出来る。

機種ごとに用紙が異なり、機体の図柄と名簿で構成されるそのたった一枚の紙には、日にちとフライトパターン、名前、職種、期、職員番号、エマージェンシー担当場所、ドアチェック担当配分、非常時に持ち出すもの、デモンストレーションの場所などが簡単に記号やローマ字で書かれている。

苗字のみをローマ字で書き、名前の部分は二つのローマ字で表し、職員番号とともに個人を特定する。

出発前にそれを一枚かならず当直デスクに残していく。もちろん何か緊急の場合に備えての控えなのだが、あの事故の時、記者会見で最初に発表された客室乗務員の名簿が片仮名で姓だけだった理由はこれである。

フライト中は常にその一枚の紙を制服のポケットに入れておき、緊急事態に備えて互いのポジションを確認し、グループ以外のメンバーの名前を把握するのに使用した。

自分が飛んだ枚数分あるたくさんのチャートには、亡くなった先輩たちの名前がいまだに澄み切った空のように鮮やかな青色で残っている。

一枚一枚調べてみると、何度も１２３便に乗務した形跡がある。さらに国内線を頻繁に飛んでいた事故機ＪＡ８１１９号機にも幾度となく乗務している。

余白や裏に書かれたその時々のフライトごとの搭乗者数、そして自分が注意された仕事の仕方や気象状況をメモしているその紙を眺めていると、まるで先輩たちが生きているような錯覚を覚える。今もまだ彼女たちが飛び続けているような気がしてならない。

あの事故から二十五年。

もしあの時、自分が事故機、ＪＡ８１１９号機に乗務していたらどうしていただろうか。

この問いかけを幾度となく繰り返して生きてきた。

墜落の衝撃で緑深い山々が痛々しいまでにえぐられて出来た大きな傷跡。

ＪＡＬと書かれた翼がボロボロになり、傷だらけになって凄惨な現場に転がっている。

その映像を見るたびに、深い悲しみと凍りつくような気持ちがよみがえる。

憧れの職場が地獄と化した瞬間である。

鶴のマークの社章をはずし、ＪＡＬのロゴ入りバッグを隠す毎日。

そうしないと、リムジンバスやモノレールで、突然知らない誰かに殴られた。

見知らぬ人に、いきなり唾を吐きかけられ、胸倉をつかまれて土下座する空港職員たち。

限りある言葉でいくら懺悔し、無念の思いを伝えても聞き入れられるすべもなく、ただ寡黙に精一杯仕事をするしかなかったあの頃。

四半世紀という一区切りを迎えた今こそ、極限状態におけるプロとしての生きざまとは何かを考えてみたい。

当時、スチュワーデスという職務を背負った二十四歳から三十一歳の女性たちがあの事故にどう立ち向かっていったかを――。

その事実をもう一度見つめてみる必要があるような気がしてならないのである。

そう強く思うようになったのは、自分の年代の子どもたちが、当時の彼女たちと同年代になったからだろうか。

その後、スチュワーデスという仕事を退職して教育の世界に身を置いた私が、航空業界へ職を求める学生たちの講師となったからだろうか。

そして当然のことながら、これから航空業界を目指す学生たちが、事故後に生まれた者ばかりとなり、あの出来事をよく知らない者が多いからだろうか。

ここ数年、一九八五年以降に生まれた彼らを見ていると、あの大事故すら知らない者も多い現実に驚く。

そうした学生たちも、航空業界に就職してそれぞれの業務に当たっている。

事故を経験した人々が退職し、その後入社した者が次々と管理職になっている。

もし万が一、教え子たちがあのような事故に遭遇したならば……。

航空業界は世の中の不況と相まって低空飛行状態である。

客室乗務員の呼び方も幾度か変わり、仕事内容や待遇も激変した。

教え子たちの現場での状況を聞くにつれ、私の時代とはまったく異なるその現状に心が痛む。特に若者へのしわ寄せがひどく、悲痛な叫びを聞く思いである。

飛行機が好きだから、やりたい仕事だから、制服がかっこいいから……。

若い彼らの、そんな気持ちをいいように利用してはいないか。

巨額の負債を抱えた日本航空の手さぐりで飛んでいるかのごとくの危機的状況は、どんな人々の目にも危うく映っていた。

ついこの間まで自主再建どころか、企業として資本主義市場に存続する限界を超えてもなお一時しのぎの経営を繰り返していた。

それを知りながら、放置した人たちは今何を思うのか。

企業にとって、社会にとって、その場しのぎの延命や責任のなすりあいに、未来はない。

倒産という現実をしっかりと真摯に見つめなければ、新しい風は吹いてこない。

二度とあのような事故を繰り返してはならないという思いは誰も同じである。

ただそれは、「すべてを安全のために」と、要求する文言として使うことでも、世間とのしがらみや経営失敗の中でそれ自体に蓋をすることでも、目をそらすことでもない。

あの事故から二十五年が経ち、今こそ歪みのない心で正面から見つめ直すべき時期にきているのではないか。

航空機事故調査報告書に記された事故原因の欄には、たった八行の中に「推定される」という言葉が三度も出てくる。つまり、いまだに真なる事故原因は不明のままなのだ。


元日本航空の社員として思う加害者側の気持ちと、乗客と運命を共にした客室乗務員たちの被害者側の気持ちが入り混じる。

自分の果たすべき役割は何だろうかと心の奥で問いかける。

今出来ることは、空港の現場で走り回る教え子たちや世界の空を飛び回る彼女たちに、あの時の客室乗務員たちを知る人間として、当時の状況を、そして真実を伝えることではないか。

事故に遭遇した客室乗務員たちは決して特別な人間ではない。たまたまスチュワーデスという仕事を選んだ若い女性たちが、究極の状況の中で職務を正直に一生懸命全うしようと努力して逝ったのだと、その事実を淡々と伝えることが必要なのではないか。

彼女たちはごく普通の女性、お母さんであり、妻であり、娘たちであった。

今ではは主にＪＡＬがフライトアテンダント（ＡＴ）、ＡＮＡがキャビンアテンダント（ＣＡ）と呼ばれる仕事が、スチュワーデスと呼ばれていたあの頃。それを仕事として選び、選ばれた喜びでいっぱいであったひとりの新人の心に、突然降りかかってきた深く残る記憶。

この職業は、サービス要員と同時に保安要員としての責務を背負う。どんな状況下においても笑顔でにこやかなサービスを乗客に提供し、たとえその裏側に重大な危機が迫っていたとしても、最後まで乗客のパニックを防止し、安心感を与えなくてはならない仕事であるとされていた。そして、いざという時には強いリーダーシップで乗客を安全な場所へ導く。こんな厳しい職業であることを入社したばかりの私はそれほど実感していなかった。

そんな「ひよこ」を一人前に教育し、飛べるようにしてくれた人たちとの数々の思い出と突然訪れた悲しい別れ。

同じグループに配属となって、一緒に飛んだ短い日々は脳裏にしっかりと焼き付いている。

その出会い――。空港ロビーにクリスマスソングが流れ、ボーディングゲート（搭乗口）にツリーが煌めく二十八年前のあの日であった。

第1部
雲海を翔けぬける

多くの乗客が乗り込む、在りし日のJA8119号機（1983年撮影）

第1章　出会い　ＯＪＴ初フライト

「ＯＪＴといえども、お客様から見たら同じ制服を着た乗務員の一員ですよ。そんな暗い自信のなさそうな顔はしないことです。ラバトリー（トイレ）に行ってその顔を洗って、ニコッと微笑んでから出直してきなさい」

私の初フライトの日は、黄色の縞模様のスカーフをつけたパーサーの厳しい一言から始まった。

このＯＪＴとは何か――。

OJT―ON THE JOB TRAINING

それは訓練で習得した知識、技術などを、実際の旅客を目の前にして実機で行う仕上げの実務訓練のことである。航空法第一〇四条に記された航空規程に基づいて、客室乗務員は飛行機の型式、座席、旅客数に適応して編成を組むことが義務付けられており、それによって国内線のジャンボジェット機は航空機のドアの数と同人数を基本としていたが、ＯＪＴ中は編成外での乗務であった。指導担当の先輩の下、実際の飛行機に乗り込みながら仕事を覚える。これがスチュワーデスの第一歩、初フライトと呼ばれるものであり、ここに至るまでは数々の厳しい訓練を乗り越えなければならなかった。

ここで少し専門訓練について説明しよう。

客室乗務員専門訓練――。約二ヵ月近く、羽田整備場にある客室訓練部というところで、朝八時半から夕方五時半までびっしり行われるものである。訓練期間は国内線と国際線で異なり、昔は半年から一年もあったが、今や年々短縮されてきている。

この間はすべて期という二十一名を基準にした一クラスごとに授業が行われ、それぞれ教官と呼ばれるパーサークラスの先輩が担任となり授業をサポートする。

入社してもすぐスチュワーデスになれるわけではなく、この専門訓練全科目において一定以上の成績で合格し、最終チェックに合格しなければ仕事に就くことが出来ないという状況の中、お互いに励まし合い、支え合っていくのが同期なのである。そのため教官と同期の仲間たちは、生涯にわたり忘れることの出来ない存在となり、退職しても同期会を続ける人たちは多い。

訓練の主な内容は、非常救難訓練（エマージェンシー）、航空機についての知識、飛行路線地理、救急看護法、機内アナウンス、食事や飲み物などの機内サービス、ファーストクラスを中心とした世界中の食材、酒類、ワインやチーズなどの知識、カクテル作り、機内販売、和服着付け、美容、接客、英会話、美しい日本語会話、出入国手続き、体育などである。ちなみに和服を着用しての機内サービスは、鶴丸マーク同様、日本航空のシンボル的存在であったが、今や廃止されている。

毎週月曜日にテストがあり、各科目八十点以上の成績をとらないと次の段階へ進めない。机の上にうず高く積まれたマニュアルは一メートルほどであった。その高さも訓練短縮と同時にだんだん低くなってきているようだ。さらに、文字ばかりだったマニュアルも、近年は挿絵も多く、敬語の使用例ですらマンガで描かれるようになってきている。

さて、訓練所ではそのすべてを理解して暗記をすることが要求される。さらに出来が悪い場合はどんどんおいてきぼりとなり、最終試験に合格しなければ乗務員にはなれない。

仕事のプロを養成しているのだから当たり前という厳しさが要求される。

一番の山は徹底的に教え込まれる緊急避難、エマージェンシーと呼ばれる訓練である。突発的緊急事態を想定してのさまざまな訓練で、飛行機の中での火災や不時着にそなえて、実際につなぎを着てスライドラフトと呼ばれる脱出装置を滑り降りたり、救命ボートの使い方を体得したり、覚えるだけではなく実際にどう行動できるかが一番のポイントとなる。

B747では、ドアの下に設置された滑り台形式の脱出シュートが膨張して出てくるが、地上からの高さは約五メートルである。二階席では、地上から約七・七メートルの高さで斜度四十三度を滑ることになる。

地上での突発的事故を想定しての訓練は、九十秒以内に機外へ脱出することを目標とするため、乗務員は冷静かつ的確に、乗客を安全な場所へ導かなくてはならない。そのためには、この時はサービス要員ではなく保安要員としての顔を前面に出し、すべての乗客に聞こえるように大きな声ではっきりと、そして命令口調で指示を出す。特にすさまじい変化はその声である。

教官の口調や声の調子が百八十度変わり、どうしたらそんな大声が出るのかと思うほどの声で緊迫した状況が目の前に繰り広げられる。

「全身緊張！　力を入れる！　頭を下げて！　脱出！」

日本語と英語を交互に大声で叫ぶ。モックアップという実機の模型の中では、実際に煙や火災の状況となり、大音響とともに激しい震動が起こり、急減圧により酸素マスクがドロップ（落下）し、実際に事故として想定される状況が次々と降りかかってくる。

乗客の気持ちを理解するためにも、妊婦や老人、子どもなどの乗客役とスチュワーデス役に分かれて、お互いに入れ替えをしながら突発的状況の下で何度も訓練を重ねる。スチュワーデス役がもたもたしていたり、声が小さかったり、自信がなくておどおどすると、容赦なく教官は大声で叱り飛ばす。

「はい、もう終わり、あなたは死んでいる！　あなたがクルーならば乗客は全員死亡！」

そういう冷たい声が飛んでくる。生きるために最善をつくすのが私たちの仕事なのだ。

陸上のみならず、海上着水訓練も重要である。スライドラフトという陸上では脱出シュート、水上では大型救命筏になるものには、薬品や非常食、ポーラーキットという極寒地不時着用の防寒用品、固形燃料などのほかに、サメよけや聖書なども搭載してある。また、当時の飛行機には、非常口天井付近に救命ボート（ライフラフト）が収納されていたものもあって、それを天井から引き出さなければならなかった。それに乗り込む制限時間は五分以内だ。

Ｂ７４７は着水しても四十分前後は沈まずに浮いているが、乗客をボートの定員以内で振り分けて速やかに移乗させ、火災などがある場合は機体からすぐ切り離さなくてはならない。頭だけで考えるのではなく、行動しながら次々と手足を動かし、乗客を導かなくてはならないのですべてが時間との戦いである。

訓練所で見せられた八ミリフィルムには、小さなプロペラ飛行機時代に、十九歳のたったひとりのスチュワーデスが、着陸に際して飛行機の車輪が出ない恐れがあるという状況の下、緊迫した中で乗客のパニックを防止して、冷静にふるまい、笑顔で応対し、結果としてスムーズに不時着した実録が映し出された。全員が無事に降機したのを確認した直後、彼女は失神し、担架で運ばれてゆく様子をたまたま乗客が撮っていた映像であった。

こうして訓練を重ねてゆくうちに私たち全員の胸には、いかなる状況の下でも笑顔を絶やさず、乗客に安心感を与えてパニックを防止する精神がしっかりと宿っていった。

だが実際にそのようなアクシデントに遭遇した時、本当にそれが実施できるかどうか不安でいっぱいではあったが……。

そのような緊張の連続である訓練所で、初めて憧れのマークのついた制服が支給された時の喜びは今でも忘れない。とにかく誰かに見せたくてたまらなかった。

ちょうど実家の仙台から様子を見に来た母親に制服姿を披露したのだが、その時寮にいた同期のみんなも、私の母に制服を次々着て見せて、写真撮影大会となったのを思い出す。

真新しい青いニットのワンピースにロゴマーク入りの赤いベルト。蝶々結びに巻いた赤紺の縞模様のスカーフ、紺色に照り輝く靴、そして真っ白の手袋、こんもりと高く盛り上がった形の社章のついた帽子。

制服をひとつ、またひとつと身につけていくごとに、新しい自分へと変わってゆくようであった。最後に左胸にネームをつけた瞬間、今まで見たこともないまるで別人のような顔つきの私が半人前の乗務員としてそこにいた。

一九八〇年代はまだ帽子と手袋があった。この二つは、お客様への最大の礼儀であり、いつも乗客を正装して出迎えるために必要なものと教えられた。

「真っ白な手袋が黒くならないように細心の注意を払うこと、靴は必ずピカピカに磨くこと、濃紺のＪＡＬカラーストッキングは必ず複数持ち歩き、伝線や横線のないようにすること」

これが教官にきつく言われたことである。ジャンプシートという乗務員用の離着陸時の座席は、お客様と対面になっており、お見合い席と呼ばれている。その時に靴の汚れやストッキングの伝線などもってのほかというわけである。そして座るときは必ず一言、「失礼いたします」と目の前の乗客に声をかけて座り、足は組んだりせずに、きちんと揃える、それが身だしなみですと教えられた。立ち居振る舞いに品格が出るということで、訓練所には至るところに大きな鏡があり、自分が廊下を歩く姿を見て自覚するのも訓練のうちであった。

さらに教室は廊下側がすべて窓になっており、時折別の教官たちが授業中の風景をのぞいていく。いつも誰かに見られていることを意識して、授業中の姿勢は背もたれに背中をつけずに座り、膝がしらをつけて揃え、足を組まないことを体で覚えさせられた。

　髪型は資生堂美容室へ出向き、規程の五つのパターンに変えられた。いずれも肩に髪の毛がつかない程度のショートカットである。今までロングヘアーしかしていなかった同期は、涙目であったがそれも仕方がない。

　この時代は帽子があったために、帽子が被りやすいということを中心にして髪型が決まっていたため、ロングヘアーを束ねる髪型は、ごく一部のパーサークラスの人がしていたくらいである。現在では、新人でも髪をアップしてリボンやネットをつけているイメージだが、八十年代にその髪型はほとんどいない。したがってこの時代のスチュワーデスは、肩までのミディアムショートヘアーを両サイドに流すのが主流で、もし新人がお団子ヘアーなどしていたら、仕事も出来ないくせにと大変な目に遭っただろう。

　化粧もブルーのアイシャドウを基準に、暗い機内で映える明るいピンクの口紅をつけさせられた。制服、髪、化粧と次々自分たちの顔が変わっていき、気付いた時には皆同じ顔となっていた。その時の写真を見ると、あまりに同じで誰が誰かわからない。すべてがＪＡＬカラーに染まり、ひとつの集団美を形成していたのである。

このように、専門訓練を終え、最後の試験をパスして、やっとのことで辿り着くのがOJTなのである。スチュワーデスという職業に就けることが決まり、今度は実際に飛び立つ喜びに震えながら、二ヵ月後念願の初フライトの日を迎えた。

私は、国内客室乗員部111T（タイガー・注2）と呼ばれるグループに入ることが決まり、客室乗務員として第一歩を踏み出したのであった。

OJT初フライトに話をもどそう。

一九八二年十二月二十三日の十八時羽田発、123便はボーディング（搭乗）五分前となっていた。

「ボーディング五分前です。セキュリティチェックを始めてください」

チーフパーサーのアナウンスがガランとしたシップ（飛行機）の中で響く。

実はこのたった五分の間にクルーたちの大変重要な作業が待っているのである。

先ほどまで飲み物やお菓子などが詰め込まれたカートを搭載していた人や、座席の清掃をしていた人たちが仕事を終えて全員がさっと降りていく。出入りしていた整備士や地上職もいないその空間には、今日このフライトを担当する客室と運航の乗務員だけである。

それを確認した後、私たちは一斉に自分の持ち場に散り、トイレ内部のすべての収納場所、機内の通路やハットラック（頭上収納場所）、ギャレー（台所）にある収納棚、カートなど、ありとあらゆる場所を全部開けてチェックし始める。消化器やメガホンなどのエマージェンシー用具は、すでに乗り込んできた時に所在を確認しているが、それらももう一度確認する。靴を脱いで座席の上にあがって見渡し、ゴミ箱の中までバタバタと扉を開けて、自分の目で最終チェックをする。先輩たちのその動作の素早いこと。そして正確なこと。皆、笑顔は消え、真剣なまなざしで黙々と確認をしている。

これは何のためにするのか。答えはたったひとつ――。

（注2）T（タイガー）と呼ぶことについて

欧文通話法のひとつでフォネティックコードと呼ばれ、アルファベットを無線通話などで正確に伝達するために使われる。ただ歴史上、各国の発音に合わせて何度も置き換えられ、現在はA（Alpha Alfa）B（Bravo）……Tは（Tango）と呼んで航空無線などで使用している。国際民間航空機関（ICAO）では、このフォネティックコードを採用しているために航空会社内のパイロット、整備士などが使用する。ただし旅客サービス部門、予約、客室部門や旅行業界においてはA（Able）B（Baker）で始まる国際航空運送協会（IATA）方式を使用しているためTを（Tiger）と呼んでいた。

この飛行機に乗って行く者だけで、最後の安全を確認するためである。それはつまりお客様と乗務員は生命に関して同等の立場であるゆえ、自分の生命を守るがごとく徹底的に調べるのである。地上に残る人たちとはまったく別の真剣さがそこに存在する。

万が一、爆発物でも仕掛けられていないか、不審物が転がっていないか、降ろし忘れた物はないか、積み忘れた物はないか、この五分間の中ですべてを把握する。したがって、おかしな物があればすぐ気付くのである。いいや、絶対に気付かなければならないのだ。自分の担当区域においては先輩も新人も関係なく、それぞれが相手を信頼し、一人ひとりが責任を負って行うチェックであり、言い訳は許されない。それが飛行機という閉鎖された空間の中で無事目的地に到着するまで乗員に課せられた使命なのである。何かトラブルが発生しても空の上では容易に助けを呼ぶことも出来ない。すべてを自分たちで対処しながら解決していくこと以外に方法はないからである。

実際に訓練所で行ったセキュリティチェックの練習と異なり、もっと緊迫した空気がそこに流れていた。

いよいよ本当に飛び立つのだ……全身に緊張がみなぎる。

目の前で先輩方が行うその作業の仕方に、「空」という地上と異なる空間で働く人間の覚悟と強い責任を感じた瞬間であった。

「ただ『やりました』、というような形式だけではなく、必ず自分の目で自分の責任の下にチェックすること」

そうチーフパーサーに言われた私は、先輩のような早い動きにまだまだついていけないが、ひとつずつ指さし確認をしていた。

「セキュリティチェック終了。ボーディング（搭乗）です」

そのアナウンスが流れると、先程までの顔つきとはまったく別のにこやかで爽やかな笑顔の先輩方がそこにいた。帽子と手袋をきちんとして、すっと立っている。

なんと変わり身の早いことだろう。安全確認で張りつめていた空気が、一瞬にしておだやかなものへと変わる。私はというとドタバタ状態をひきずりながら急いで帽子をかぶり、手袋をはめて、一番後方の担当Eコンパートメント（座席の区分）に小走りで移動した。

東京発大阪行きはビジネスマンの乗客でいっぱいであった。乗り慣れている彼らは、私が案内をするよりも早く席につき、それぞれのペースで荷物を収納している。ジャンボジェットの通路は広いはずだが、続々と入ってくる黒っぽい背広姿の男性たちが三百名以上、短時間に入ってくるとかなり狭く感じる。

次第に自分のいる場所もなくなり、何をどうしていいか分からないまま小声で「いらっしゃいませ」と言いながら立っていた。かなり年配の方も多い。もし何か起きても、私のような若い者の言うことなど聞いてくれるのだろうか……。

その不安でいっぱいの顔つきを、最初にパーサーに「そんな暗く自信がない顔をするな」と叱られたのであった。

急いでラバトリー（機内トイレ）に駆け込み、鏡の中のこわばった表情と対面した。

これじゃあ言われるのも無理はない……。

「緊張が顔に出てはいけません」そう訓練所の教官に何度も言われていたことである。

スチュワーデスは保安要員、安心感を与えることが乗り物への恐怖心をお持ちの方に対して不可欠なことであり、自分が不安がっていては話にならない。

パンパンと水でほほを打ち、にっこりと無理やり笑い、深呼吸をしてトイレから出るともうすでに機内はたくさんの乗客でごったがえしていた。

ポーンと音がする。これはコールボタンか？　インターホンか？　ベルトサインの音か？

搭乗中のボーディングミュージックはリチャード・クレイダーマンのピアノ演奏、『星のセレナーデ』である。その音楽やエンジン音の中、さまざまな音が重なってまったく聞き分けられない。

天井のボタンを探す。何をしたら良いのか、頭が真っ白になり、体も動かず、ただ先輩の後ろで目立たないように隠れていた。出発前にチェックすることは山ほどあったにもかかわらず……。

非常口の説明や救命胴衣の付け方を説明するセーフティデモンストレーションのビデオが終了すると、キャビン担当の先輩方はシートベルトのチェックや出発前の最終チェックにさっと散ってゆく。自分もシートベルトチェックを急いで行った。

「まもなく離陸します。危ないですからお座りになって、ベルトをお締めください」

担当区分の乗客をひとりずつ丁寧に見て回っていたが、ふと自分の足元に目をやると、いまだにハイヒールを履いていた。かかとの高いハイヒールは、ボーディングでお客様をお迎えする時や空港を歩く時などにスタイル良く見せるためのものであり、離着陸時やサービス中は緊急時を想定して、かかとのないローヒールに履き替えなくてはならないのだ。

見習乗務の私は、Ｌ４担当（一階席左側四番目のドア）の先輩と共に座る予定だったため、そのジャンプシートの後ろにローヒールを置いてきてしまった。一番後方のＲ５ドア付近にいたので、前方へ戻って離陸までに急いで履き替えなくては……と思った瞬間、ふと周囲には誰もクルーがいないことに気付いた。

「あれ？　先輩がいない？」

急にエンジン音が高まって回転が速くなり、爆音が耳に飛び込む。

「え？　離陸！」

と思う間もなく、なんと私ひとりだけが通路のど真ん中に立ちすくんでいた。

「あなた、何やっているの！　早く座りなさい！」

どこからか先輩の大声が背中に飛び込んできた。「座りなさい！」と言われても機体はすでに離陸し、急上昇中である。

体は斜めになり、通路は急な坂と化した。

ほぼ満席の中、自分のクルーシートは遥か彼方前方にそびえたつ。

山登りのように腰を曲げながら通路わきの座席をぐっと掴んではよたよた歩き、ようやく空いていたお客様の席の隣に座り、私の初フライトはTAKE OFF（離陸）したのであった。

ふと気付くと、前の席のお客様の肩が揺れている。

顔を上げて見渡すと、周囲ではニヤニヤと笑うビジネスマンたちがいる。

隣のおじさんはすでに吹き出している。そしてネームの上についている〝訓練生〟と大きく書かれたバッジを指さしながら、

「あんた、新人なんやな！　そんな暗い顔してたら飛んでる飛行機も落ちるで！」

と大きな声で言った。その大阪弁がより一層機内に響き渡る。

「あれえ、なんだやあ、おしょしいごだ〜」

つい自分も田舎の東北弁で、顔を真赤にして下向き加減でつぶやいた。

恥ずかしいやら、バツが悪いやら……。

これからどうやってこの狭いキャビン（客室）の中にいようか、ギャレーのカーテンの向こう側にずっと隠れていようかと真剣に考えながら、制服姿の自分は飛行中、この機内でどんなに小さくなっても逃れられないと気付いた。憧れの制服をこの時ほど脱ぎ捨てたいと思ったことはなかった。どこにも隠れることのできないつらさと恥ずかしさでいっぱいであった。

さらに、それよりもっと重大な失態がそこにあった。

離陸と着陸の最重要時間、それは魔の十一分と呼ばれる時間。

クリティカル　イレブン　ミニッツ（CRITICAL 11 MINUTES）

最も危険な十一分という意味である。航空機事故は離陸時の三分と着陸前後の八分の計十一分間に最も起こりやすく、現実に起こった事故の八割以上がこの間に起きている。したがって乗員はこの十一分に全神経を注ぎ、事故防止に努めなくてはならない大変重要な責務がある。それがまったく出来ていなかった。そればかりか、自分が最も危険な状態にいたのであった。シートベルトもせずに坂のようになった通路のど真ん中に立っていたのだから、私のあの状態は大きな減点である。

これで初フライトは終わりだ！　訓練所に戻されるかもしれない。

ああ最悪な気分……もう一度やり直しだ……。

ますます体が硬直し、より一層動くことが出来なくなった。


ポーンと音が鳴りベルトサインが消灯した。気を付けながらサービスをしていいですよ、というキャプテンからのサインだ。

隣の座席のお客様に、そっと小さく礼をして、ギャレーへ向かった。サービスをするために、まずエプロンをつけなければならない。急いで自分の荷物の場所へ行き、用意してきた赤いエプロンを手に取った。

この時代のエプロンは桜の花びらをくわえた鶴が羽ばたく絵柄で、赤、黄、青、紫、白と五色があり、経験年数によって使用するエプロンをそれぞれ色分けしていたのである。

一年未満の新人のうちは、赤、せいぜい黄色までで、二年目のスチュワーデスは青色も着用出来る。丸三年過ぎたＡＰ（アシスタントパーサー）になってようやく紫色もつけられるが、主に紫や白色のエプロンはパーサーか、五年以上のベテランＡＰと、暗黙のうちに決まっていた。

これは事前に寮仲間から聞いて知っていたことである。寮では一足先に訓練を終えて飛び立った人たちから、フライトに関するさまざまなこと、つまりグループの雰囲気やメンバーについて、「あのグループのチーフは怖い」「このキャプテンは優しい」などの、あらゆる情報が回ってきた。

したがって、間違っても初フライトで紫や白のエプロンをつけたら、大変なことになるのである。それは仕事に不慣れな新人はよくエプロンを汚すので、目立たないように赤か黄、というのが客観的な意見だが、どうもそうではない様子である。紫が上というのは、仏教の袈裟《けさ》のような理由もあったかもしれない。

さて赤いエプロンの紐が背中で縦結びにならないように気を付けて、カーテンを恐る恐る開けて顔を出すと、すでに湯気の立ったおしぼりが準備してある。いつ用意されたのであろうか、なんと手際の良いことか。通常、短いフライトではギャレー担当者は、おしぼりが入ったコンテナのスイッチを事前にオンにして温めておくことを後で教えられた。

ちなみに管制塔の都合により出発便が混み合い、離陸まで地上で待たされる場合は、先に温めて配ってしまうこともあった。乗客もイライラする不快な気分が温かいタオル一枚でほっとやわらぎ、一日の仕事を終えたビジネスマンが気持ち良さそうに顔をふいていたものだ。おしぼりひとつとっても、訓練所で習ったこと以外にその場ごとに臨機応変に対応するサービスの仕方を学んでいった。

さておしぼりの次は飲み物サービスで、コーヒーやジュースが次々とカートに用意されていった。リクエストベースではなく、全ての方にサービスをしていた。

のちにこの路線ではより早く仕事がしやすいようにと、すでにジュースの入った蓋つきのカップがカートに並べられて搭載されるようになっていく。

水平飛行に入って実際にサービス出来る時間は二十分もなく、ジャンボジェットのように乗客数が多ければ多いほど機敏な動きが求められ、一分一秒がとても大切になってくるのだ。

そんな状況の中で先輩方の動きにはまったく無駄がなく、さっさと動く手があまりに速い。

初フライトの自分は何から手をつけていいか分からず、青ざめた顔つきでその様子をボーっと眺めていたその時、突然ポンと背中をたたかれた。

「失敗したことはもう仕方がないわ。でも一度失敗すれば二度としなくなるから大丈夫。誰でも初めはそんなものよ。さあ、さっきのことは忘れて思いきり最高の笑顔でキャビンを三回まわっていらっしゃい。雑誌や新聞を持ってね」

そう声をかけてくれたのは、アシスタントパーサーの前山由梨子であった。穏やかな口調でとがめるでもなく、かといって甘やかすでもなく、心の動きをさっと感じ取ってそう言ってくれた。失敗は後には引きずらない、心のスイッチを切り替える、そう教えてくれたのである。早速言われた通りにそれを実行した。

先ほどの失敗はなんのその！　という精一杯の表情で、新聞を持ちながらキャビンを三回まわった。気持ちの切り替えだけは早いのが取り柄で、先ほど隣に座らせてもらったおじさんにもニッコリと挨拶をかわしながら。

それから着陸までの自分は何をしていたのか、正直いって覚えていない。きっとすべてがうわの空状態であったのだろう。実は前日、緊張のあまりに熱が出て、寮で寝込んでいた。朝になりさっと熱は下がったのだが、心も体も緊張状態が続いていた。

さらに私が飛行機に乗ったのはこれが二回目である。格安航空券などない時代であり、航空運賃は高く、あの頃はまだ手軽な乗り物ではなかった。

初めて飛行機に乗ったのは、大学在学中に、アメリカへ短期留学をした時であった。アルバイトで貯めた分と、就職後に返すという約束で親から借りたお金で、生まれて初めて異国の地へ羽ばたいた。

白い機体に紺と赤のストライプ、垂直尾翼に鶴丸が鮮やかに光り、日本航空と書かれた飛行機に乗り込み、まずホノルルへ行った。そこからアメリカの国内線の飛行機に乗り換えてロサンゼルスまでのフライトだった。アメリカの航空会社には、日本航空の機内の雰囲気とは明らかに違う緊張感がある。外国人ばかりの客室乗務員はいよいよアメリカに行くのだという気分になったものの、肌の色も体格も様々で、機内に漂う独特のバター臭い匂いにもどこか違和感があり、ゆっくりくつろげない。客室乗務員に自分の要求を伝える勇気もなく、タイミングも上手く計れず、簡単な英語でさえなかなか言い出せないジレンマで、じっと動かないでいた記憶しかない。

帰りもホノルルでの乗り換えだったが、鶴丸の飛行機に乗ったとたん、機内の空気が優しく変わり、もう日本に帰ったような気持ちになったのを鮮明に覚えている。客室乗務員が歩くたびに、炊き立てのご飯の湯気のようにふんわりした温かさが伝わってきた。

帰りの機内で思い切ってスチュワーデスに話しかけた。そろそろ将来について考え始めていた頃であり、この仕事の魅力を聞いてみたくなったのである。仕事の合間の休憩だったようで、少々疲れたような表情であったが、親しみやすい人だった。

「スチュワーデスの仕事の魅力ですか？　どんな仕事でも大変なことはありますが、これはそれを超えた素晴らしい体験が出来ることでしょうか。なりたくてなった人が多い職場ですからね。一般企業ではどうしても男性が主役でしょう。でもここは女性が主役の職場ですから、何事も前向きに取り組めますよ」

女性が主役。それが一番耳に残る言葉であった。

当時は文科系の大学を出ても、商社は男性のアシスタント、一般企業は受付や秘書などを正社員でも二、三年腰掛け程度に勤めるのが就職する女性にとって当たり前というイメージがあった。「家事手伝い」という花嫁修業中を表す言葉が堂々と職業欄に書かれていた時代である。

教職専門科目をとっていたものの、英語の教師になるか一般企業に就職するかぐらいの意識しかなかった自分にとって、幼い頃の夢物語が現実味をおびて立ち上がり、本気で仕事というものを考えるきっかけになったように思う。

それに何よりも、今まで生きてきたごく限られた場所しか知らない自分が、スチュワーデスになれば一気に世界中を舞台に飛び回れると思った途端、これは一度しかない人生を賭けるに相応しいかもしれないという気持ちを固めたのが初めて飛行機に乗ったこの時であった。

このように前回は客として飛行機に乗っていた自分が、今回は乗務員として乗っている。一度制服を身にまとった以上、いざという時には新人もベテランもなく、人様の命さえ預かる究極の責任感を求められる立場に変わっていた。

これは二十三年間生きてきた中で初めての経験である。無我夢中というか、前向きに挑む心のみがすべてを支えていた。

さて初フライトもあっという間に着陸態勢に入った。

今度こそは失敗のないように、乗客のシートベルトをチェックして早めに自分の席につくと、ほぼ定刻に大阪伊丹空港へ着陸した。

この頃の東京と大阪間は今と異なり、新幹線のスピードが最速で三時間八分であったために、飛行機の方が早いということで、日帰りで仕事をする人たちに人気のドル箱路線だった。東京で仕事を終えた大阪の芸人さんたちもたくさん乗っていた。

着陸寸前になって、テレビでよく見る顔の人たちがあちらこちらの席にいたことにようやく気付いたが、自分の仕事に精一杯でそれどころではなかった。

すべての乗客が降りた後、最後の仕事として、乗客の忘れ物がないかどうか、座席周りをチェックしていた私に、アシスタントパーサーの前山さんが近づいてきた。

また何か不都合があったのだろうか、忘れていた仕事があったのだろうかとおどおどしていた私に、彼女は手に持っていた物をすっと差し出した。

「これね、きっとあなたのことよ。あの座席の上にあったのよ。見てみたら?」

そう言って渡されたタバコのピースの箱であった。中身のある新しい物で、包装のセロハンにメモ紙がはさんである。それを開いてみると、

〝制服、似合うよ。がんばれ！〟

たったそれだけが鉛筆でさらっと書いてあった。

どこの誰か、まったく分からない、ひとりのお客様からのメッセージ。

見ず知らずの人から、初めていただいた忘れられない言葉であった。その瞬間すべての緊張から解放されて、思わず涙がこぼれ出た。

拭っても拭っても涙があふれ、そんな私に前山さんはそっとおしぼりを渡してくれた。


大阪ステイ（宿泊）のホテルまでクルーバスで移動中、先輩方が遠く昔を懐かしむようにそれぞれが自分の初フライトを思い起こしていた。長い一日が終わり、夜間フライトの疲れから無口で暗い表情になるはずが、なぜか皆浮き浮きした声で楽しそうに昔の話をしている。

ベテランの先輩方にも初めてのフライトがあり、それぞれの忘れられない思い出がある。きっと初々しい気持ちがよみがえってきたのだろう、話をしている顔はまるで新人スチュワーデスのようであった。

「一生懸命仕事をしていれば、きっと誰かが見ていてくれるのよ。大変なこともたくさんあるし、嫌な思いもするかもしれないけど、あんな瞬間があるとやめられないのよね。私の初フライトも思い出しちゃった」

そう話す前山さんとの出会いから、本物のクルーになるためのプロ意識の大切さを学んでいったのである。

第2章　機内アナウンス

国内線乗務は一日で天空を翔けぬけるがごとく、あっという間に各地へ移動する。たとえば、早朝羽田を出て、札幌へ行き、そこから福岡へ飛んでステイ。また次の日には、福岡から沖縄へ飛び、大阪へ行ってステイ。そして大阪と羽田を行ったり来たりしながら羽田に戻るなどである。そうなると次第に自分がどちらを向いて飛んでいるのか分からなくなることがある。行先を間違ってアナウンスをしないよう、細心の注意を払わなければならない。二週間ほど見習乗務を続けて、そろそろマンパワーとして飛ばなくてはならない時期に来ていた日、アナウンス（PA）を担当するようにとチーフパーサーから言われた。それは福岡から羽田へ向かう夜の最終便であった。

まずボーディングが始まると、ウエルカムアナウンスといってチーフパーサーが挨拶し、便名、行先を確認する。お客様の中には乗継などで隣のゲートと間違って乗ってしまう方もいるからである。キャプテンからの離陸の合図とともに、シートベルトの確認と離陸のアナウンスをするところからPA担当者の出番である。

飲み物サービスの案内、さらにタービュランスといわれる突発的揺れに際しても緊急にアナウンスをする。それは揺れに備えてシートベルトを締めておいていただくためである。また当時は機内で喫煙が出来たので、水平飛行中はたばこを吸って良いというアナウンスもあった。

高校時代に放送班に入っていたこともあり、少々アナウンスには自信があった。声の調子も落ち着いた話し方も訓練所では良い点をとっていたのである。

特に気流の悪いところもなく、揺れもない穏やかなフライトであった。羽田空港まであと十分少々というところで、そろそろ着陸の準備として使っていたテーブルや背もたれを元の位置に戻していただくためのアナウンスをした。そして私はこう言った。

「まもなく福岡空港に着陸いたします」

すると機内が軽くざわめき、ぼそぼそと声が上がった。

「え？　なんだって？」

「どうしてさんざん乗って福岡に戻るんだ？」

「おい、聞いてないぞ？」

お客様同士顔を見合わせている。

最初は何のことか分からなかった。自分では羽田空港と言ったつもりである。

その瞬間、通路を歩いていた前山さんが急いでクルーシートへぱっと飛びつき、アナウンスボタンを押して喋った。

「皆様、大変失礼いたしました。当機は羽田空港へむかい順調に高度を下げております。羽田空港の着陸予定時間は、定刻の××時××分を予定しております。あと××分ほどで東京、羽田国際空港へ着陸いたします。福岡からの最終便、ナイトフライトを充分お楽しみいただけましたでしょうか。もう少々で着陸いたしますので今しばらくお待ちくださいませ」

と、咄嗟のアナウンスをしてくれたのである。

何度も入る羽田と言う言葉。そして私の顔を見ていたずらっぽく睨みながら小声でこう言った。

「大丈夫、私も新人の時、間違えたから。誰でも一回はやるものよ」

その時の自分は、言った言葉も覚えていないほど緊張していたのである。

今までアナウンスが上手といっても、ラジオのように直接聞き手の顔が見えないところでの放送や、訓練所では教官や同期のみが聞いていた。だがこの機内ではお客様の顔がすぐ目の前にあり、大勢の人達がこちらへ無意識にも注目しているのである。すべて自分の発した言葉がダイレクトに跳ね返ってくるということの責任と怖さを知った。

アナウンス担当のアシスタントパーサーとしていつもL5（左側5番目最後方ドア）を担当する前山さんは、お客様に不安を与えることなく、私の失敗もさらりとかわしてくれたのであった。

「アナウンス（PA）は心でするもの」と、前山さんは言った。

客室内で音楽を聴いている人たちも、スクリーン画面のビデオを見ている人たちも、アナウンスが入ると強制的に音が消えてアナウンスを聞かされるのである。きっとお気に入りの曲の途中で中断されて不愉快になる人も多いだろう。そんな時、どうしても伝えたいという気持ちと、安全にお過ごしいただくための注意をぜひ聞いてください、という真摯な態度が表れる声ならば許していただけるはずだと教えられた。

特に、一九八二年（昭和五十七年）二月九日の羽田沖事故（注3）、いわゆる「逆噴射」事故により、コックピット内から機長による挨拶を必ず行うこととなって、その意味でもアナウンスは大変重要な仕事のひとつとなっていった。それは乗客からまったく見えない操縦席への信頼を取り戻すためであった。

たとえば、季節柄、アナウンスもマニュアル通りのアナウンス以外に、ちょっとした気遣いの言葉や、観光案内を入れる時もあった。

大阪発のチャーターフライトの場合は、大阪出身者が大阪弁で行い、拍手喝さいだったと聞く。国際線の南回り路線、東京から出発して、バンコック、アブダビ、カラチ、バーレーンなどの中東諸国を回ってカイロやアテネに行く便があったが、その帰り便で日本へ向かう機内では、長年の赴任先から日本へ戻る人たちのために、「お帰りなさいませ」の言葉をアナウンスに入れると涙ぐまれたこともある。

閉鎖された機内という空間で流れるその声に、機械的ではなく思いを込める大切さと気遣いの心を前山さんから学んだのである。

無事に羽田空港に到着してお客様を送り出した後、帽子をかぶり、ショルダーバッグを抱え、カートを引いて飛行機を降りようとしていた私に、アシスタントパーサーの富士野美香がゆっくりと近づいてきた。ボブヘアーで小顔にくりっとした大きな目、そして制服からすっと出る長い手足が紺色のワンピースに映える。襟をちょっと立て、

（注3）羽田沖事故について

一九八二年（昭和五十七年）二月九日午前八時四十四分、日本航空350便（福岡発羽田行き）DC－８－61型機（JA8061）が着陸最終進入時に突然失速。羽田C滑走路（33R）沖三百六十メートル付近の東京湾へ墜落した。乗員八名、乗客百六十六名、合計百七十四名中、乗客二十四名死亡、乗員八名と乗客八十七名が重傷、乗客五十四名が軽傷を負った。一名は無傷であった。事故原因は機長の心身症による着陸寸前における逆噴射であったが、一九八四年、東京地検は日本航空幹部四名、嘱託医師二名全員を不起訴とした。

スカーフも首回りに到底真似出来ないような複雑な形でおしゃれに巻いていた。いわゆる当時の憧れを背負ったような容姿であった。

「スカーフの巻き方を覚えるよりも仕事を覚えろ!」と言われていた時代で、新人は胸に垂れ下がる大きなリボンしか結べなかったため、その姿がまぶしかった。大人の女性が醸し出す独特の気高さがあり、見えないバリアーが周りに張り巡らされているような感じで、自分よりずっと年上に見えた。

あとでわかったことだが、なんと年が二つしか違わなかったのである。

当時の先輩方は高校を卒業しての採用や、短大、大学を中退してまで既卒採用で入社する人も多く、新卒採用ばかりではなかったため、年齢と乗務歴は必ずしも合致せずに人それぞれであった。スチュワーデスとして三年間乗務し、その後アシスタントパーサーとして二年飛んでいる富士野さんは、最も仕事が充実していた時であろう。

「ずっと言おうと思っていたけど、あなたのその制服の着方、どうにかならない?」

おっと、いきなりのパンチである。

「すみません、何かおかしいでしょうか」と恐る恐る聞いた。

「おかしいわよ、そうねえ、いつもあなたの帽子のかぶり方、雪だるまにバケツって感じかなあ」

「え、雪だるまにバケツ?」

「うん、なかなかいい表現だわ。素朴だけど田舎くさい感じね。あのね、スチュワーデスとしての粋がもっと必要よ。少し鏡の前で研究したらどう?」

自分の言葉にえらく感心しながら、小首をちょっとかしげてそう言い残し、前をさっさと歩いて行ってしまった。

確かに私の顔は丸い。雪だるまか。そしてその上にちょこんとのせた丸型帽子はバケツか。ここまで言われたことはない。でもその通りであった。後ろでそれを聞いていた前山由梨子は大声で笑っていた。

「富士野さんらしい言い方ねえ。そうね、帽子はもう少し目深に被るといい雰囲気が出るわよ。そうそう、うん、こんな感じかなあ」

「すみません、ありがとうございます」と帽子の位置を直してくれる前山アシスタントパーサーの優しい手に恐れ入っていた。

二人並んでカートを引きながら、オペレーションセンター行きの乗務員専用バスに乗り込んだ。

「寮と言っていたけど、実家はどこなの?」

「仙台です」

「まあ、杜の都でしょ。いいところよねえ、でもうちは飛んでないからフライトでお家に帰れないから残念ね」

当時の国内線フライトは幹線と呼ばれる札幌、東京、大阪、福岡、沖縄しか飛んでいなかったので仕事で仙台に行くことはなかった。

「前山さんはどちらですか？」

「神戸なの」

道理でふわっと洗練された雰囲気を醸し出している。

「大阪ステイの時、時間があれば神戸を案内するわ。一緒に異人館でも回りましょう。美味しい物も食べに連れて行ってあげるわよ」

ステイ先でのちょっとした観光やまだ食べたこともない地方の名物料理が一番の楽しみであったが、まだそれをゆっくりと味わう余裕はなかった。

いずれにしても、雪だるま状態は解決しなくてはならない、次に富士野さんに会う時までには必ず、そう心に誓ったのである。


前山さんと富士野さん。よく一緒に飛ぶこの二人が今まで出会ったことがないタイプの女性であった。第一印象も雰囲気も対照的なのだが、この職業を選ぶ人として共通の性格がある。

何事にも好奇心を持ち、たとえ突発的に予測不可能なことが起きてもそれを楽しむほど、心に余裕があることである。雰囲気は女性的なのだが、もしかするとへたな男性よりも包容力があり、肝が据わっていたかもしれない。もしその点が欠けているにもかかわらず、上辺だけのイメージや勘違いでこの仕事を選んでしまったとすると、それは最大の不幸かもしれない。

よく「日本航空のクルーはプライドが高い」と言われていた時代だが、その裏にあるのは自分へのこだわりと責任感である。それがあるからこそ、いざという時に逃げずに立ち向かう勇気があるのではないだろうか。

大勢の人がこの職業を希望し、競争率が高かった当時は、先輩たちを見ると個性も意志も強い人が多かった。逆に言うとそれくらい芯がないと、あらゆる変化に富む環境の中で自分を見失うことなくしっかりと生きていけないからかもしれない。

自分自身を振り返ると、親の敷いたレールを当然のことながら受け入れて、中学、高校、大学と一貫した教育の中で限られた友人たちと楽しく過ごし、そのまま生まれ育った土地にて二、三年社会人生活を送り結婚することが女性として何の疑問もなく幸せであるとされていた中で、その生き方に傾きながらも、本当にそれでいいのだろうか、それで満足なのだろうかといつも思っていた。

何の高いハードルも越えずに、親の言う通りにしてこのままの延長で人生を歩めば、きっといつか後悔するのではないか。いつの日か年老いてそんな思いに悶々としたくはない。特に五十歳を過ぎたころから、男女問わず言い訳がきかなくなる。その頃になって親のせいにすることも出来ず、結果として自分で決めた数々の人生での岐路を憂い、うろたえたり焦ったりしたくない。

なぜならば本物の感動や真なる幸せは、どのような状況になっても他人から与えられたものではなく、自らの力で摑んだもの以外にないからである。

大学生の時、アルバイトでお金を貯め、当時まだ数少ないスチュワーデス受験専門学校の門をたたいた。そこで初めて出会った人たちは、一般企業に勤めながら何度も採用試験に挑戦して落ち続けていた人や、外資系航空会社から転職希望の人など、学生から社会人までひとつの目標に向かって必死に挑んでいる独特の雰囲気が漂う人たちであった。就職というものを超えた個々の夢と信念がそこにあり、こんなにも激しい競争の世界なのかと一瞬気持ちがたじろいだ。

一般教養から英語、英会話面接対策、体力測定に向けての特訓まで様々なカリキュラムを体験して思ったことは、これはやってみる価値があるかもしれないということだ。

ハードルを高く設定すれば、ほかの就職活動にも活用出来るはずだと勝手に思い、親には内緒で夏期講習に通学した。ただその頃、大学の教育実習時期と重なり、英語の教員免許を取得するために母校の中学校で英語教師の実習をしなくてはならなかった。

　昔教えてもらった先生と今度は一緒の教壇に立ち、中学生に英語を教える。さらに外国人の英会話講師と打ち合わせをして一緒に英会話の授業を行う。授業準備だけでも気が遠くなるほどの時間を必要としたが、今思うと、それらによって度胸が付き、実際に入社試験の英会話面接で外国人の面接官とスムーズに話すことが出来るようになったのではないだろうか。人生何事もマイナスにはならないのである。

　ある日、父親に今後の進路について聞かれて、ついスチュワーデスになりたいと言ってしまった。その時父は一瞬きょとんとした顔をして、それからお腹の底から大声で笑った。

「お前がなれるわけがないじゃないか。馬鹿な事を言うな。ハ、ハ、ハ」

　あまりに悔しいので言い返した。

「それほど笑うなら、もし私がスチュワーデスになったら一番町を逆立ちして歩いてよ！」

　一番町とは仙台の中心部にある一番賑やかな商店街で、仙台七夕祭りの時は美しい短冊に彩られた吹き流しがなびく、メインストリートである。

　その後スチュワーデスになっても、父の逆立ちは延期のままで、とうとう腕の力も弱くなり、喜寿を過ぎた年老いた父になってしまったが、今でも瞼に浮かぶやりとりである。

入社試験は三次試験まであり、筆記試験、面接、英会話面接、体力測定、健康診断があったが、多少体力がなくても少々背が低くても、最も重視されたのは何度もあった日本語による面接である。きっと心根の強さを見抜くためだったのだろう。本気で自分の人生と向き合う覚悟があるかどうかを見られたのだ。なぜなら、腰掛け程度の職業意識では訓練所での日々は送れないからだ。

それはのちに妹にこう尋ねられた時、自分自身の気持ちとして明確に分かったことである。

「おねえちゃん、スチュワーデスって面白い？　面白いなら私もなってみてもいいけどなあ……」

その時私は、すぐにこう答えたかった。

「面白い？　なんて聞いてから職を選ぶなんて、その程度の気持ちならば絶対に合格するわけがない。絶対にやりたいから応援してという気持ちが強くないと、試験勉強も無理だし、入れるわけもない。大切なのは強い意志と気持ちだよ！」

そう言えばよかったのだが、その時の妹にそういった言葉をぶつけるだけの真剣さが見えなかったので、

「体もきついし、中には変わったお客様もいるし、そんなに面白い毎日ばかりじゃないよ」

とだけ、さらりと答えた。姉妹といえども性格は異なり、人生への挑み方も生き方も様々である。お互いを尊重しながらも、どうしても姉というものは強くなってしまうものだ。

それは先に生まれたために、親の期待を一身に背負った者の宿命かもしれない。

さらに妹側にとってみれば六歳も上となると、姉というより小さな親のようで鬱陶しい存在だったかもしれない。少々暴走気味に先方を走っている姉の姿を見ながら、こうしたら親に怒られる、こうすれば褒められるなどを本能的に感じ取り、褒められるほうだけを選んで生きていくすべを身につけたのだと思う。妹はいわゆる「良い子」であった。

でもそれではこの仕事は務まらない。ここで一番大切なものは、たとえお客様に叱られても、安全へ導く決断力であった。

そう、客室乗務員は嫁入り前の楽しい仕事ではなく、プロでなければならないのだ。といってもそのような覚悟が当時の私にあったのかというとかなり疑わしいが、きっと意気込みだけは面接試験で合格レベルに達していると見られたのだろう。

同期入社の仲間たちもそんな人達が全国各地から集まってきていた。ただ、職業意識に対して勘違いで入社してしまった者たちは、残念ながら一年未満で辞めていった。

社員寮では、飾らない雰囲気でお国訛りが飛び交い、異なる地方の文化を面白がって吸収し合うような好奇心あふれる仲間たちであった。

訓練中、誰かが帰省した時には、その土地の美味しいお土産を囲みながら話が弾んだ。

ちなみに、私が仙台に帰った時のお土産は笹かまぼこである。特にチーズ入りかまぼこがみんなの大好物だったので、寮の宴会ではビールのおつまみに大好評であった。そのうち歌の上手な二人組がショートパンツ姿でピンクレディーの曲を踊りながら歌い、いつも上品そうに見えるチーちゃんがペンギンさんの物真似をする姿などは、まるで学生寮のようで傍からみるスチュワーデスのイメージとはまったくかけ離れた風景だった。


この仕事は今まで行ったことも見たこともない地方や国へあっという間に移動し、その場所の食事を楽しみ、その国の人たちと同じ感覚で空気を感じ取ることが日常的に出来る。

それはどんなに遠い国であっても、まるで隣町にちょっと行くようである。

隣町感覚――。仕事をすればするほど、どこでも隣町にいるような感覚が養われていく。

どこかで天災や争いが起こり、そのニュースを見て自分の国のこととして相手の国を思いやれるようになっていく。その場所の空気や匂い、音、すべてが脳裏によみがえる。

いつも行くお土産物屋さんやレストランのおじさんの顔が浮かび、案じる心が生まれてくる。遠い国が身近な国となり、そこの人たちが隣人のように思えてくる。

もしかするとこの感覚が平和の基礎を築くのではないだろうか。

なぜならば親しみを感じる地域へ爆弾を落とそうとは思わないからである。

この仕事は政治情勢や天災など環境の変化と直結する。新聞で見る出来事がすぐ目の前に繰り広げられるのだ。

出会った人の数が多いほど、相手を理解する能力が養われ、行った場所が多いほど、人間力という感性が磨かれていくこの職業に次第に奥深さを感じていった。

第3章　スタンバイルームで

　国内線客室乗員部のスケジュールは三日間飛んで一日休み、三日間飛んで二日休みというように規則正しく、自分の休みが把握しやすいためにママさんクルーや新婚の人たちに人気があった。

　国際線は休みが不規則であったため、どちらかというと新人スチュワーデスなどの独身者で若手が多く、国内線は四年以上飛んだアシスタントパーサークラスの既婚者が希望して所属しており、ベテランの雰囲気が機内に漂っていた。

　また所属が明確に分かれているため、スケジュールの中で国内線クルーが国際線を飛ぶことはなかったが、国際線クルーがお正月などの繁忙期に国際線の延長で国内を飛ぶことはたまにあった。

　そんな中でスケジュールにSというスタンバイの日がある。在宅と出社とがあり、緊急事態に備え、急病などで乗務が出来なくなった仲間の「誰か」の代わりに飛ぶ日である。乗務員がひとり欠けただけでも飛行機は出発出来ないため、重要な仕事であった。

出社スタンバイの日は、空港そばにあるホテルの一室や、オペレーションセンターのスタンバイルームへ宿泊の用意をして出社する。いつ仕事が入るのか、そのまま帰るのか、誰も分からない。もちろん仕事が入った場合はどこへ向かって飛ぶのかも分からないので、北海道でも沖縄のステイでも、どこでも大丈夫なように準備をしてくる。ちなみに、まだ国内線の場合はその程度だが、国際線となると日本と異なる季節の国へ向かう時もあり、温度差が著しい。それゆえに衣替えが出来ず、夏と冬の服がいつも洋服ダンスに同居しているのがこの仕事の特徴である。

さてスタンバイルームでの一日を再現してみよう。

そこには、どしっとした黒電話が一台。デンと構えてその存在を主張している。部屋の中では、十五名ほどのクルーがなぜか電話より離れたところで思い思いに過ごしている。

ベルがリンと鳴ったら、誰かにフライトが入った時であり、全員が無言でドキッとする。

さっと受話器を取って確認し、名前を呼び伝えるのが主に新人スチュワーデスの役割であった。早い話が電話番である。たとえベテランでも新人でも、前もって予定が分かっていて事前準備が出来るフライトとは異なって、突然スタンバイによるフライトは避けたいものだ。特に新人の私にとって本音を言うと、所定の時間が過ぎて仕事が入らずに帰れることを密かに祈っていた。

私は電話の前に座り、どこへ飛ぶか分からない不安の中で仕事の手順を復習しながらマニュアルを読み、耳だけはじっと先輩方の話を聞いていた。

「あ、しまった！　洗濯物を取り込んで来るのを忘れたわ！」

「あらら〜二泊三日のパターンが入ったら、三日間も野ざらしじゃない。不用心ねえ」

「こういう時はひとり暮らしが不便だわ！」

「じゃあ、早く結婚すればア〜」

こんな会話をしているのは、お互いに結婚をけん制し合っている二之宮良子と富士野美香である。二之宮さんは三〇〇期代に相応しくユーモラスな表情で、シャッキシャキと話し、動き回るのが性に合っているらしく、どんな動作にもその活動的なオーラが出ている。休日といえども友人と旅行へ行くというから、かなりの行動派である。彼女と同じ昭和五十二年入社の富士野さんは、二つ年下にもかかわらず、二之宮さんよりもお姉さんに見える。いつも機内ではきりっとした表情でさっそうと歩く富士野さんもスタンバイルームではノリがいい時は良く喋り、にぎやかな雰囲気だ。

同じグループで飛ぶことが多い中で、二之宮さんは、別のグループなのだが、スタンバイなどで、一緒になることが多かった。まったくの偶然なのだが、何か縁があるのだろう。

その二人の会話をにやにやしながら聞いているのは、最近日本アジア航空から転籍してきた一〇〇期代の村木千代である。その期に相応しく、女優の栗原小巻似の美人顔でありながらもどこかテンポが田舎のリズムで、熊本訛りの低くもったりした声で話す。乗務歴八年ともなると、ステイ先では寝ている方がいいと言ってあまりホテルから外へ出ない人も多いが、村木さんはひとりでのんびりその土地の名物を食べ歩くことが何よりも好きなようだ。

まだインターネットの口コミなどないあの頃、機内ではお客様から目的地での観光や食事についてどの店が美味しいのか、どこがお勧めかとよく質問された。そんな時にこの趣味が生かされるのである。

ここで少し、この〝期〟というものについて面白いことを紹介しよう。

期は、スチュワーデスとして入社した年度ごとに区分けされ、訓練所でつけられるクラス番号である。

客室乗務員のことを戦前から、「エア・ガール」と呼んでいた時代に一期が始まる。一九五一年（昭和二十六年）八月二十日、千三百名の中から選ばれた十五名が一期として入社した。

同年十月二十五日。第二次世界大戦の終結後、航空機の活動を一切禁止されていたが、この日ようやく日本の民間空運が再開された。

一番機マーチン2－0－2『もく星』が、午前七時四十三分、戦後の空をはじめて日の丸をつけた翼で飛び立った。

地上では、羽田にある七坪ほどの日本航空東京支所というバラック小屋で、職員十三名が感無量で見送っていた。一番機は大阪伊丹の飛行場に午前九時十八分に着陸。当時は政治的情勢により、米国からの借り物飛行機や外国人の運航乗務員で運航していたが、客室内では一期の日本人女性が飲み物やキャンディを配っていた。

ただ残念ながらその『もく星』は、一九五二年（昭和二十七年）四月九日に伊豆大島三原山に衝突し墜落して一期の権田節子さんは亡くなってしまう。これがもく星号事故である。（注4）

一九五四年（昭和二十九年）二月二日二十一時二十八分。国際線、サンフランシスコ行き第一便『シティ・オブ・トウキョウ』が、いよいよ世界の空へ飛び立った。東京羽田から太平洋上にあるウェーク島（WAKE ISLAND）に給油着陸をしてホノルルを経由し、サンフランシスコまで向かう。

それはDC－6Bというダグラス社の飛行機で、日本航空が国際線用に最初に購入した機材である。日本人らしいきめ細やかなサービスで、「欧米のエアラインに差をつけよ」ということで、スチュワーデスの着物サービスを前面に出したものであった。

飛行機の内装も西陣織の布を使った座席に、壁は日本画をモチーフにした柳や紅梅などを取り入れ、畳のようなカーペットまであった。

客室乗務員の呼び名はスチュアデスとなり、その後一九六一年（昭和三十六年）の六月以降にホステスと改称された。当時の制服はアメリカ極東空軍の制服生地を使って日本航空用に仕立てたものである。

（注4）もく星号事故
一九五二年（昭和二十七年）四月九日、羽田発、名古屋大阪経由、福岡行き301便、マーチン2－0－2もく星号が大島三原山に衝突して、乗員、乗客合計三十七名全員が死亡した事故。サンフランシスコ平和条約発効が四月二十八日であったため、この飛行機はまだ日本航空が自主的に運航したものではなく、運航委託のノースウエスト航空機であった。事故当日、午前七時三十分に羽田離陸後、行方不明となって一昼夜消息がつかめず、一時は浜松沖にて発見、全員無事という誤報まで出た。当時管制は米軍の手中にあったことやフライトレコーダーなどもなく、結局原因は不明となった事故である。

客室乗務員の構成は、国際線用ではパーサー一名、スチュワード（男性客室乗務員）一名、ホステス二名から四名となっていた。国内線ではホステスが三名で乗務していた。しかしその後ホステスという呼び方に多少の偏見が出てきたために、スチュワーデスと呼ばれるようになっていた。

のちにこの仕事への親しみを込めて、一〇〇期単位でニックネームがつけられる。一期から九九期までのスチュワーデスは『神話のひとケタ』や『化石のふたケタ』の期。

つまり現代ではその存在すら奇跡的であるとの意味である。

以前、ハワイ在住のまさに一期の方にお会いした際に「驚いたでしょう。私、まだ生きていますのよ」と笑いながら言われたことを思い出す。

一〇〇期代は『美貌の一〇〇期』と呼ばれ、採用条件に容姿端麗という言葉が流行った。

その後募集要項にそれを明文化しなくなって大学卒が増え、二〇〇期代は『知性の二〇〇期』、そしてジャンボ機導入に備えての大量採用と体力測定が加わった三〇〇期代は、『体力勝負の三〇〇期』と呼ばれる。さらに親しみやすさを売りものにした『向う横丁の四〇〇期』と続く。これは隣町のお姉さんのような存在という意味である。ちなみに私はこの時代に属する。

そして五〇〇期代は一九八七年の完全民営化を視野に入れて、原点回帰の才色兼備を目玉にして採用するはずであった。あの事故当時の一九八五年はちょうど五二〇期代から五五〇期代が訓練所で訓練を受けていた。しかし、その後世の中の情勢も急激に変化し、六〇〇期途中で契約社員制度が始まった。

一九九一年の社員名簿から、突然期が消えてなくなり、職種だけの表示となる。そして一九九四年から入社した契約社員たちはすべて無味乾燥な社員番号だけで、ニックネームのようなこの期の呼び方も廃止されてしまった。

そうして「一期違えば虫けら同然」とか、「一期でも新人は十歩下がって先輩に従う」などといった、新人（ジュニア）の心構えは死語のような時代と化していった。さらに、この期の廃止によって、代々受け継がれていく職人芸のような仕事の仕方も失われていったような気がする。期は横の結束と縦のつながりのためにとても重要だったと思われる。

私がこのグループで一番下の期で新人となった時、突然多くのお姉さんたちに囲まれたような気分だった。それは長女として生まれ育ってきた私にとって、嬉しいような恐ろしいような、厳しくも気難しくもある姉たちからの様々な試練が待ち構えているような感じであった。

さて全員が正社員で、長年飛んでいるベテランも新人も同じグループで飛び回っていたあの頃の井戸端会議に話を戻そう。

グループフライトを中心として宿泊を伴う仕事をしていると、不思議とその期による隔たりがなくなり、出身地や年齢が近いことがきっかけとなって、さほど期を気にかけなくなっていく。

またグループレクリエーションとして、調布グラウンドまで行ってソフトボール大会をしたり、横浜で忘年会をしたりと仕事以外の行事も結構多かった。

先程の二人は、今度はガイドブック片手に次の旅行の行き先を情報交換している。それを聞いていた私は、これだけ毎日行ったり来たり、飛行機に乗って南や北へ飛び回っているにもかかわらず、よく休みの日まで旅行に行くものだと正直言って驚いた。

「そうそう、今度お祭りを見に行きたいのよ。仙台七夕って有名よねえ。青森のねぶたとか秋田の竿灯とか、どう？　見る価値あるでしょう？」

「ねええ、お祭りより温泉よお。温泉めぐりでしょう？」

と、村木さんがどの温泉がいいか私に質問してきた。その口調は姉御肌なのだが、おだやかで、もう温泉につかっているかのようにのんびりしたテンポで、聞いているとなんだか眠くなりそうな気分である。ちょっとした休みがあるといつも温泉めぐりをするそうだ。

「そうですねえ、鳴子温泉なんかどうでしょうか」

と、答える私をジッと見つめていた富士野さんが急に思いもかけないことを言い出した。

「ねえ、あなた今寮に住んでいるんでしょ？　それどうしたら入れるの？」

またもや突然のパンチである。

「え？　富士野先輩が入るのですか？」

「そうよ、私じゃ入れないの？」

その真意がよく飲み込めないまま私は返事をした。

「あの、寮はどちらかというと収入のまだ少ない新人や訓練生向けなので、何年も飛んでいる先輩じゃちょっと無理だと思いますが……」

「会社の寮だもの、空いていれば入れるのでしょう？」

困った顔の私を見ながら、

「私がこの間一緒に飛んだ子は、訓練も終わって国際線に移ったから寮を追い出されて、渋谷のアパートを借りたと言っていたけど」

と、二之宮さんが笑いながら助け舟を出してくれた。

「あ、それはウソかもしれないわよお～」

　村木さんがのんびりとした口調で間に入った。

「それはきっと彼が出来たのよお。そういう口実で寮を出るわけよ。そんなもんでしょお～」

「何それ、ふしだらじゃないの！」

　富士野さんはまるでお母さんのような口調で言い返している。話がなんだかあさっての方向に向かっていった。

　この頃は今ほど恋愛に関して、自由な考えを持っている人が多くはない時代であった。あちらこちらを飛び回っている仕事のせいか、スチュワーデスは派手なイメージもあったが、意外と古風な考え方の人も多かった。

　私がいる国内線用の寮は、当時は空いていたため、国際線に移行しても十分住めたのだが、彼が出来て「国際線に移ったから出された」と周りに言い訳をして退寮した人もいた。寮には寮母さんがいて、大切なお嬢さんたちを預かっているという責任感の下にほぼ全員の動きを把握していた。門限は夜十一時厳守であり、外出用と宿泊用の二つのノートに帰宅予定時間と行先を書かなくてはならなかったのである。仕事上、突然のスケジュール変更もあり、日帰り予定が宿泊になったりした場合、いざ何か起きた時に親御さんにお知らせ出来ないと困るということらしい。「私用で外出が多くなると大抵は結婚が決まるか、彼のためにとりあえず寮を出るかどちらかね」と、寮母さんがいつも話をしていた。

「あれ、ちょっと富士野さん、高輪のマンションに住んでいるんじゃないの？　どうしていまさら寮に入るのよ？」

と二之宮さんが言った。

「それがね。実は先週お休みの日にお見合いをしたの」

「えーお見合い？　あなたが？　意外ねえ。どうしちゃったの？」

「いいじゃないの。別に理由なんかないわよ。それよりも、先方のお母様にこう言われたの。『そんな高級な場所にお住まいでしたらいまさら結婚などなさらなくても、うちの息子などはとても釣り合いませんから、このお話はなかったことにしてくださいませ』だって！　いきなり断られちゃった。高輪だからだめなのよ、きっと寮の住所にすれば今度は失敗しないですむかもしれないわ」

それを横で聞いていた村木さんは熊本訛りのイントネーションでぼそっと言った。

「べつに断られた理由は高輪のせいじゃないと思うけどなあ……」

「なんですって？　それどういうこと？」

あとは三人の毒舌合戦が始まった。

結婚はクリスマスケーキと同じ。二十五歳までがひとつの山と言われていた時代である。

クルーは不規則な生活で一般の人とは休みも合わない。もしもこれという相手が現れたら、自分から積極的に頑張ること、相手の誕生日には世界中どこにいてもいいから電報を送れと、訓練所最後のパーティーで教官に言われた。無論メールも携帯電話もない時代だったが、電報とはすごいと思った記憶がある。かなりのインパクトを相手に与えるに違いない。ただでさえ時間と空間の感覚が普通の人と異なる仕事のために、他の人の倍以上努力をしなければ結婚は難しいらしい。

こんなたわいもない話の中、自分の世界に入り込み、我関せずとしているのは新婚ほやほやの江川三枝であった。江川さんはEグループでまったく別のアイランドに属するグループなのだが、なぜか時折スタンバイでスケジュールがずれて、一緒になることが多かった。クルーバッグの中に忍ばせた写真をいつも取り出してはフライト前にニタニタと眺めているのだが、それがご主人だと後で知った。横浜で自営業をなさっているご主人のためによくご飯を作り置きしてくるそうだ。

江川さんの顔を見たとたん、以前から知っていたような気持ちになったのは、日本航空が不定期に発行した業界誌『スチュワーデスの本』シリーズ、一九八二年発行の『新スチュワーデスの本』にて、私の記念写真というコーナーに登場していたからだ。

この雑誌はスチュワーデスを志す人ならば、たいてい一冊は必ず持っているものである。クルー達の日常や訓練所風景、フライト風景のエピソードが盛り沢山で、試験対策や『四〇五便のクルー達』というフライト生録音のソノシートが付録だった。

その本の中では、はつらつとした元気な顔つきの彼女の写真が、「国際線を飛んでいた時、中学生時代に観たあこがれの恋愛映画、『ある愛の詩』の舞台、ニューヨークに初めて降り立ち、ロックフェラーセンタービルの谷間にそびえたつクリスマスツリーを見て大興奮、フライト後の疲れも吹き飛び、大変感激した」という記事とともに載っていた。

その後、結婚を機に国内線へ移行し、今は映画のように愛する旦那さまへせっせとセーターを編むのが趣味とのことで、手にはいつも編みかけのセーターがぶら下がっている。

三〇〇期代の江川さんは、まさに体力勝負の期に相応しい雰囲気を持っているのだが、編み物とは随分イメージと対局にあるような気がする。そう思いながら、彼女と一緒に飛んだ前回のフライトでのクルーミールをめぐるやりとりを思い浮かべていた。

国内線は一日に三回ほどフライトをこなすため、その間のわずかな時間で自分たちの朝食や昼食、または夕食などを機内で食べなくてはならないので、クルー用のボックスタイプのお弁当（クルーミール）が搭載される。洋食と和食があり、期の古い人から順番に新人がリクエストに応じて渡してゆくのだが、どちらかというと先輩は和食を選ぶので最後には洋食しか残っていなかった。

「洋食は揚げもの多いからね、太るのよねえ。ハッピ姿になると目立つから、そろそろダイエットしなきゃ。ねえ、寮に住んでいるんでしょ。私の分も食べていいわよ。なんなら持って帰って夜食にしなさいよ。私はね、旦那さまに手作りの夕食をしっかり作ってきたからね。帰ったら一緒に食べるのよ。エヘヘ」

そう言って私に自分のお弁当をくれたのである。私はお弁当を二つ、両手に持ちながら、

「ハッピ姿って何かのお祭りですか？」と聞くと「私は下町生まれの江戸っ子よ」と威勢のいい答えが返ってきた。みこしを担ぐのは当たり前、盆踊りで太鼓をたたくのもいつものこと、だから日焼けで黒いのよ、と言って頬をポンとたたいた。褐色のつやつやとした肌がまぶしく、下町の姐さんという風貌であった。

そして突然、お箸を撥《ばち》代わりにして、ギャレーのカートで太鼓のリズムを取り始めた。

タンタカタンタカ、タン、タン、タンタカタンタカ、タン、タン

ああ、威勢のいい音色が聞こえてくるようだ。撥を持つ手がすっとのびやかに舞上がり切れがいい。仕事疲れもなんのその、粋でいなせなハッピ姿が目に浮かぶ。

ジリリリーン　ジリリリーン

突然、すべての会話を遮断する電話の重いベルの音が部屋中に響きわたった。

受話器を取ると、スケジューラーの低く響く声が聞こえてきた。

「えースタンバイ入りました。ＡＳの前山由梨子さん、お願いします」

「はい、わかりました。前山先輩！　スケジューラーです」

と私は前山さんを探しながら言った。部屋の一番隅で静かに本を読んでいた前山さんは、

「はーい、今出ます」

と小走りに近づいてきた。文庫本を右手に持ち、片方に持ったコーヒーを机の上に置いて電話に出ると、制服のポケットから急いでメモとペンを取り出してフライトナンバーと乗務のパターンを書いている。

話が終わって受話器を置くと、あー入っちゃった、という顔で私を見た。

「これで三回目よ」

「え？」

「あなたが電話番の時は必ず私に入るのよねえ」

何のことだかよく分からないと戸惑う私に、ニッコリとほほ笑みながら、

「私、手帳にいつも書いているのよ。スタンバイとか、メンバーとか、仕事で必要なこととか。あなたと一緒だと必ず私、呼び出されるのよ。的中率百パーセントね」

そう言いながら自分の身の回りを整理し始めて、フライトバッグから赤い手帳を取り出した。少し細長い形の、掌にちょうど乗るぐらい薄い手帳である。いつも黒や茶色の地味な服装が多い彼女にしては、なぜか表紙が真っ赤であった。

「すみません……」

「謝ることないわよ。これがタイミングってもんかな。誰のせいでもないわ。気にしないでね！」

そう言って再びフライトバッグにしまったその赤いカバーの手帳が、なんだかとても眩しかった。

「病欠って？　何のパターンが入ったのお？」

のんびりとした口調で村木さんが聞いた。

「ひとり急病人が出たらしいわ。二泊三日で今から沖縄よ。良かった！　三日分用意してきたかいがあったわ」

「気をつけて行ってらっしゃーい！」

「行って来ます！」

そう言って部屋中のメンバーに見送られながら、さっさとカートを引いてあっという間に出て行った。バタンとスタンバイルームの重い扉が閉まる。

「しょげることないわよ、べつにあなたのせいじゃないから」

なんとなく申し訳ない気分だった私を村木さんが気遣ってくれた。

同じグループといっても、四十名が三つに分かれ、さらに裏パターンとして別のグループの四十名が同じ動きをしてカバーし合う。

突然の変更も日常的にある中、確かになぜか前山さんとスタンバイが一緒の時に限り、彼女に仕事が入った。

次第に前山さんはスタンバイルームに私がいると「うわあ、今日は仕事だ」と言って覚悟をするようになっていったのであった。

六ヵ月後、私はシックスマンスチェックという最後の実機試験を受けて合格し、晴れて一人前のスチュワーデスとなった。

少しずつ自分なりの仕事がこなせるようになってきたがまだまだ失敗も多く、そんな様子をいつも後ろから見守ってくれながらポンと肩をたたいて、「大丈夫、大丈夫」と言ってくれた姉のような存在の前山由梨子さんがいてくれたからこそ、この仕事が好きになっていったのかもしれない。

前山さんから教えられた一番の機内サービスとは、「日本航空のお茶が美味しくなければ話にならないでしょ。味が良く出るように、心を込めてしっかり入れてね」である。

その意味は、茶道で求められるような一期一会の心遣いだったかもしれない。

第4章　DC－8での思い出

少し仕事に余裕の出てきた私は、福岡ステイの時、屋台に連れて行ってもらい、初めて博多ラーメンというものを食べた。東北生まれの私にとってそのラーメンは未知の味。匂いも味もかなり刺激的だが、屋台という場所で食べるのも初めてであった。

いつもどの土地に行っても、クルーがよく行く御用達のような店がある。観光客も知らないちょっとした隠れ家的存在で、クルー同士が気兼ねなく入れる店だ。隣で飲んでいるおじさんが、よく見ると怖いキャプテンだったということもしょっちゅうだった。そして屋台にも行きつけがあったのである。

ステイ先のホテルのフロントに、クルーの部屋番号を記入した「クルーリスト」と呼ばれているノートがあった。今日滞在のクルーがどの部屋に泊まっているのか、もし同期や知り合いがいた場合は連絡を取り合って一緒に食事をしたりするために使用した。

ただ新人スチュワーデスは、同期や仲間と食事に行くよりも、まず同じフライトの先輩についていくものと暗黙のうちに決まっていた。仕事でも緊張の連続であるから夕食ぐらいゆっくり休みたい、ひとりでのんびりしたいという思いもあった。しかし、先輩方と食事に行くのもその仕事のひとつだったのである。

連れて行ってもらう店は、自分では到底探せないなかなか素敵な店で、その土地の食文化を堪能出来て、たくさん飲んだり食べたりするわりにはリーズナブルな値段であったことや、時折おごって貰えることもあったため、行ったほうが楽しくて充実している場合が多かった。

また、いつもは近づくのが怖いような先輩も、お酒を飲むとなんだか雰囲気が別人のようになり、普段は聞けないようなフライトでの失敗談や彼との出会い、悲しい恋人との別れ話まで、ほんのり赤い顔でサラリと話してくれる面白さもあった。先輩との食事は、これからの人生の参考になったのである。

フライトが終わり、ステイ先のホテルに着くと、「次のショウアップは明日の××時です。なお、今夜食事に行く人はロビーに××時集合！」とパーサーが声をかける。たいてい期の古い人たちは個別に行ったり、寝ていたりとバラバラであったが、全員がグループフライトとなると皆集合した。また、自分が他のグループに交じってフライトする場合は、期の近い先輩が気を使って誘ってくれたりした。

新人は、「ステイの土地に初めて来た」と言うと、先輩方がいろいろな場所へ連れて行ってくれるので本人が行かないわけにはいかない。あの初フライト時も、私が大阪は初めてだと言うと、しゃぶしゃぶ屋とお好み焼屋をはしごして、祝ってくれた。


私は五分前にロビーへ降りて、きょろきょろと先輩方が来るのを待っていた。

制服姿に見慣れていると、私服でがらりと雰囲気が変わった時に、なかなか見つけられない場合がある。特にパンツスタイルや革ジャン、ベレー帽、トレンチコート姿と、機内で見るイメージとまったく異なる先輩も多かった。国内線ステイのホテルは日航系の高級ビジネスホテルに滞在することが多かったせいか、私服もジーパンやTシャツではなかった。ロビーで周りの人たちへ与える印象も大切だったからである。女性が中心となった集団は、雰囲気からしてクルーだと分かる場合もあり、それはすぐ会社へのイメージにもつながった。エレベーターでの言葉遣いや気遣いも必須である。なぜならば、周りにいる人たちは、明日は自分たちの便にお乗りいただくビジネスマンかもしれないのである。ステイ先といえども、仕事で滞在している以上、常に気を抜くことはなかった。

そのうち、先輩方がちらりほらりとロビーに現れてきた。案の定、仕事中はきりっと結んだ髪の毛が解かれてふわふわのロングヘアーで、後ろから見るとまったく分からない。食事に誘ってくれたアシスタントパーサーの黒岩利代子が近づいてきた。

初めての屋台で垂れさがるビニールの暖簾《のれん》をくぐって丸い椅子に座ると、目の前の湯気から流れ出る匂いは独特で、芳しいというよりも濃厚で臭かった。それは博多ラーメンの豚骨スープの匂いだと言われ、食べてみてそのおいしさを感じた瞬間、匂いに慣れてしまった。

皿には山盛りのキャベツがあり、その甘さと地鶏串焼きの香ばしいハーモニーも魅力的だった。『きびなご』という今まで見たこともない、キラキラ光る子魚のてんぷらも美味だった。同じ日本でも東北とは異なり、まだまだ知らない魚や未知の味があることに一つひとつ感動していた。

当時まだブームのきていない焼酎やもつ鍋を知ったのもこの頃である。

さらに爆弾おにぎりという特大の博多明太子入りおにぎりをほおばっていた私に黒岩さんは、

「タービュランス（乱気流）が起こったらすぐ座りなさいよ。自分の体は自分で守らないと取り返しがつかないからね。まだまだ若いんだからうんと長生きしなくちゃ」

そう言って、仕事上の安全第一の精神を教えてくれていた。重いカートを引きながら、無理な中腰の姿勢で食事を配ることが原因で腰痛になる人が多かったからである。

その時黒岩さんはなんと産休が明けたばかりで、まだよちよち歩きのかわいい子どもを抱えたママさんスチュワーデスであったが、そうは誰も思わない、ベテランの引き締まった顔つきであった。

いつも仕事に対してとても厳しく、「腰痛になったら自分で靴下も履けなくなるわよ。絶対に気をつけなさい」と言われた。ただ、真剣なまなざしで話をしているうちに、だんだんお酒が入ってくると、そのきりっとした表情がふんわりとにやけてきて、おもむろにバッグからかわいい写真が出てくる。その顔はお母さんに変わっていて、まな息子の自慢話へと変わっていった。「あのねえ……ツヨシちゃんってねえ……でしゅねえ……っていうのよ」と、子ども言葉を話す顔がまったく別人のようになってふにゅっとしてくる。黒岩さんとは思えないその表情に、仕事中に厳しく叱られたことも忘れてしまうほどだった。

確かに腰痛対策は重要であった。

当時まだ飛んでいた全長が五十七メートルほどあるＤＣ－８と呼ばれる飛行機は、細長い秋刀魚のようにスタイル抜群で、「空の貴婦人」とも呼ばれる飛行機であったが、細長いゆえに乱気流の時は、歪んで上下する幅が大きかった。引退直前のこの飛行機の天井はジャンボジェットに比べるとかなり低い位置にあるが、所々ポッコリへこんだ跡があり、それは乱気流の影響で不意に重力の法則に逆らい、体を空中に持ち上げられた乗務員の頭の形だと聞かされた。常に注意して機内を歩くことの大切さと、自分の体が浮かないように咄嗟に何かを摑む場合、必ず下から上へ持ち、体の安全を確保することが重要なのだと言われた。

「ただ単に上から摑むとするりと手が離れてそのまま天井行きよ！」そう教えてくれたのである。

次の日の乗務はそのDC－8－61だった。機体番号JA8059。最大座席数二百三十四のこのDC－8は、国内線輸送を前提にしており、前と後ろがはるか遠くに見えるほど細長い。そのため前と後ろばかりではなく、ちょうど機体の真ん中の客席と客席の間にも非常扉がある。そのドアを緊急時に担当する係となると、離陸と着陸時に必ずその場所、つまりお客様と同じ並びの席に座ることになり、なんとなく気恥ずかしいものであった。そしていざという時はそのドアを一気に窓枠から外して座席の上に置き、そこから脱出するという、力持ちのような仕事をしなくてはならず、腕力がありそうで若く元気のよい新人がアサイン（受け持ち担当）されやすかった。国内線は、アシスタントパーサーがヘッド（責任者）として五名で乗務するため、真ん中は自分しかいない。何かあったら手助けしてくれそうな男性を探して目星をつけておくのも役目である。自分の席まで離着陸時の最も注意すべき時に、長い機内を歩いて移動して座るため、より一層揺れに対する注意が必要であった。あの初フライトでの悪夢のような失敗は二度と繰り返すまいと心に誓った。

福岡空港において、出発前の運航乗員と客室乗務員とのキャプテンブリーフィングで、機長に、「そこの新人！」と名指しされた私は、「この機内で、咄嗟に揺れが生じた場合の注意事項を述べよ」と言われ、早速黒岩さんに教えてもらった話をしてみた。するとキャプテンの顔がゆるりと穏やかになり、「よく勉強しているな、新人教育がいいねこのグループは！」とつぶやかれた。

やったあ！　そんな顔で黒岩さんを見ると、細い眉毛をきゅっと上げて、ちょっと微笑んだように見えた。黒岩さんと初めて心が通った瞬間であった。

さて沖縄へ向けて出発である。沖縄線はリゾート気分で華やいだ雰囲気が機内全体に漂う。服装も涼しげでサマードレスや白いパンツ姿も多い。

ベルトサインが消え、飲み物をサービスしている時、やはり案の定、その細長いDC－8機が突然揺れだし、私の体が宙に飛びあがりそうになった。教えられた通り、必死に通路わきのアームレストを持って体を支えたのだが、そのはずみでなんと、ちょっと怖そうな雰囲気のお客様のまっ白なズボンの上にコーヒーをこぼしてしまったのである。

一瞬にして熱いコーヒーの茶色の地図が白いズボンに広がった。

「あち！」と慌てて座席から飛び上がったお客様は、自身の大切な場所を押さえている。

大変だ、男性の最も大切な部分にかけてしまった。

「申し訳ありません！」と、私が謝るより早く、揺れが収まった隙に、黒岩さんがお客様の手を取り、茶色の染みをダスター（ふきん）で隠しながら「こちらへどうぞ」とさっと連れて行った。トイレである。慌てて私もついていった。トイレの中で急いでお客様にズボンを脱いでもらうあいだに氷のおしぼりを用意した。少し開いたドアからそれを渡し、拭いていただけますかと声をかけ、私に毛布を持ってくるよう指示をした。ズボンを脱いでトイレから出たお客様に、腰に毛布を巻いて空席に座ってもらった。

黒岩さんは急いでコーヒー色に染まったズボンをさっと洗面台でつまみ洗いしたのである。すぐ洗ったせいか、シミにはならず、それはまるでお母さんが赤ちゃんのオムツを洗うような慣れた手つきで、ズボンはみるみるきれいになっていった。

強面で近づきがたい怖そうなお兄さん風のお客様の顔から険しさが消えて、なんとなく優しい顔つきに変わっている。私はひたすら謝り、生きた心地がしなかったのだが、「やけどはしていませんか」、と聞くと「大丈夫だよ」とニコニコしていた。少しでも乾燥するようにズボンの水気を拭き取り、到着前まで機内に吊るしておいた。怖そうなお兄さんが、帰りにはちょっと湿っぽいズボンをはいて、なぜか逆に「ありがとうね」と言いながら手を振り、降りていったのである。

きっとあの時、ただクリーニングクーポンを渡して、「これでどうぞ、すみませんでした」と言うだけでは気分を悪くされただろう。

お客様に心の通じるサービスを常に心掛ける大切さを黒岩さんは教えてくれたのだ。それはまるで母親の愛情で子どもを包みこむかのようであった。

そうか、黒岩さんはお母さんなのだ――。

子どもを持ち、育てながら飛び続けるママさんクルーはインファント（幼児）連れのお母さんに人気があった。

訓練所では「ベビーケア」という、赤ちゃん連れのお客様へのサービスの基礎を学ぶ授業があったが、それは未経験の訓練生たちにとっては、赤ちゃん人形相手の実習であり、実際に機内でムズかる幼児を抱いたり寝かせたり、おむつ替えが出来るかどうかは不安であった。赤ちゃん連れの家族は何かと気苦労が多いのでより一層安心させなくてはならない。特に海外の場合は「ファミリーサービス」といって、夫の海外赴任地へ後から赴く母子をケアするサービスに力を入れている面もあり、ビジネスマンを最も確保したい航空会社にとって重要なサービスであった。

インファント（幼児）は、生後八日以上、三歳未満（国際線は二歳未満）の座席なしでも乗れるサービスである。必ず離着陸時に幼児をひざの上に抱いてもらい、親のみがシートベルトをして、幼児のシートベルトはその親の手が代わりになる。その方がベルトの圧迫を受けずに安全だと教えられた。日本航空は他の企業より結婚後も仕事を続けられて産休も取りやすく、その影響でママさんクルーが随分と増えてきていた頃である。育児経験者の慣れた手つきに、きっとお母さんたちは安心したに違いない。

それからさらに、お子様ひとり旅という五歳以上十二歳未満の子どもだけの搭乗をケアするサービスがあり、「ちびっこＶＩＰ」と呼んでいた。胸に目立つ大きなワッペンをつけて、まずグランドスタッフと呼ばれる地上職員が付き添って搭乗ぎりぎりまでお世話をする。ゲート入口では、一番ジュニア（新人クルー）がお出迎えをして一緒に機内に入る。今度は座席のコンパートメントを担当する客室乗務員たちがお世話をする。目的地に到着したら、親に引き渡すという空と地上の連携プレーによって安心感を与えるサービスである。

当時は機内で喫煙が出来たため、少しでも煙が来ないように禁煙席の指定となっていた前方B、Cコンパートメントにまとめて座ってもらうことが多く、夏休みなどの時期にはたくさんのちびっこＶＩＰが乗っていて、私達はまるで幼稚園の先生のような気分で、おもちゃを配ったり、話し相手になったりして、少しでもひとり旅の不安を和らげるように気を付けていた。

ママさんクルーの黒岩さんからは、その子どもたちのそばを通るたびに必ず目を合わせ、ほほ笑みながら子どもが話しかけやすいように気を遣うことが重要だと教えられた。

機内が空いているときは一緒に写真を撮ったり、折り紙で紙飛行機を作ったりしたこともあり、到着して降りる時には、なんだか名残惜しくていつまでも手を振ってくれる子どもや似顔絵を描いてくれた子どももいて、またファンレターをもらったこともあった。

満席で忙しい場合は隣の乗客に子どもさんのことを頼んだりすることもあり、周辺の乗客にちびっこＶＩＰサービスを説明してお互いに楽しい空間作りを心掛けた。

大抵は空港にてチェックイン時に、地上職員が長年の勘を頼りにして、ちびっこＶＩＰの席の隣には、子どもが好きそうな雰囲気の優しい女性とか、素敵なお父さんタイプの方に声を掛けて上手にアサイン（席決め）をしていた。次第に自宅のパソコンで、簡単に自由に席決めするのが主流になると、なかなかそうもいかなくなるだろう。

初めはかなり緊張していた子どもたちも、だんだんと外の景色を見ながらおしゃべりをしたり、スチュワーデスと遊んだりするうちにあっという間に到着して、ちょっぴり大人になった表情で高揚しながら降りて行くのがいつもであった。

いずれにしても子育ては、経験に勝るものはない。黒岩さんは衛生面にも特に厳しく、よく後ろからトントンと肩をたたかれた。

粉ミルクの作り方もぎこちなかった時、哺乳ビンの煮沸消毒ももう一度やり直しと何度も言われたものである。

そのほか、トイレチェックの時に間違ってもエプロンをしたまま行かない、紙パックを開ける時に注ぎ口に指を触れないようにして開けること、紙コップを持つのは口周りではなく下の方を持って鶴丸マークの位置がお客様の真正面に見えるように置くこと、等々である。

さらにギャレーというお客様の目に触れないカーテンに隠れた場所でこそ、きちんとするのが本物のサービスだと教えられた。

これが初めて配属になったTグループで記憶している先輩方の日常である。

当時、まだ客室乗務員の世界には、昔の丁稚《でっち》奉公や職人の世界のような雰囲気が存在していた。とにかく先輩は厳しくて怖い存在であり、言い訳は許されない。ただし、仕事を離れると、優しくてユニークな人たちだった。さらに、チーフパーサーへの意見の言い方も半端ではない。みな正社員という同じ土俵の上で、サービスの仕方をめぐって、パーサーもアシスタントパーサーも区別なくストレートに意見を出し合っていた。どちらかというと職位の立場より、期の古さが優先していたかもしれない。

新人の仕事は、グループ内で一番下の期の人が次の新人に教え伝えるのがルールだった。つまり新人が入ってこなければいつまでたってもジュニアで、新人の仕事をしなくてはならない。

新人はまず、自主的に先輩方よりも一時間早く出社して制服に着替えてメールボックスをチェックする。クルーに机はないため、この小さなメールボックスのみが個人を特定して様々な連絡物を入れる場所である。機内で一緒に撮った写真や、思い出のフライトになったなどという乗客からの手紙が入っているととても嬉しかった。

次にその日のフライト情報や空港状況などを調べながら準備。そうこうするうちに次々出社してくる先輩方一人ひとりへ挨拶をするのは必須である。

新人のやるべき仕事で一番心が重いのは、毎回行う出発前のエマージェンシーブリーフィングであった。

乗務する機材のボードの前に立ち、コックピットや先輩方にエマージェンシー対応確認を行う役目である。国内線のB747の場合、十五名ほどが周りを囲む中、立て看板のような機内搭載品を図解したボードで説明をしながら、場所確認ランプが点滅するスイッチをつけてゆく。緊急時の火災への対処の仕方、ディッチング（海上不時着）での手順、ラフト（救命ボート）の保管場所など、少しでも不明な点や間違いがあると、その説明終了後に必ず誰かが質問をする。特に訓練所を出たばかりの新人には、難問が飛び交うことも多く、緊張も極度に達する場面である。

それが無事終了してほっとする間もなく、今度は帰りのタクシークーポンを人数分取って先輩に配る。荷物を持ってクルーバスに乗り込む時も、タクシーに乗る時も、必ず上座の位置は先輩であり、新人は間を割ってでも、後ろで挟まれた席か運転手さんの横に座ることが暗黙の了解だ。

海外ステイの場合は、これに荷物番が加わる。国際線で先輩方の荷物の数を数え、それが間違いなくホテルへ届くようにドライバーへチップを渡し、先輩方が来るまで盗まれないように荷物の前で番をすることも仕事のうちだ。

これらはさすがに訓練所では教わらない隠れた仕事なので、寮や期の近い先輩に頼んで教えてもらうしかなかった。新人のうちに先輩方に気働きが出来ないと機内でも仕事など出来ない、という意味だったのかもしれない。事実、いつの間にか身に付いた動作や、一言「失礼します。有難うございます」などの声を掛けるくせがついたのはこのおかげだった。

なぜあんなにも厳しかったのだろうか――。

今だからこそ思うことがある。

それはグループみんなで新人を育てることが当然先輩たちの責務だったのだ。

上下関係の厳しさはその本気度の表れである。特に機内では指揮命令系統がしっかりしていないといざという時に対応出来ない。同じ空で働く者同士が責任を持って育てなければ自分たちも危ない目に遭うからである。

さらにこれによって質が維持されて、ＪＡＬカラーという眼には見えない伝統のサービス精神が次の世代へつながるのであった。

「このあいだ、ほかのグループで飛んだあなたの同期よりも、仕事ができるようになったわよ。アナウンスの英語の発音も上手くなってきたわね」

そう言われて嬉しかったのを思い出す。この時代は、自分たちのグループに来た新人を早く一人前に育てることがそのグループの誇りでもあった。

ただ残念ながらどうしても触れなければならないことがある。

客室乗務員全体は、会社側に近い組合、全日本労働組合（全労・青組）と古くからある労働組合である客室乗員組合（客乗・赤組）とに分かれて、組合員獲得合戦を繰り広げており、ラスターと呼ばれる社員証に赤紙と青紙を入れていたため、どちらに所属しているか一目瞭然であった。

特に赤組の人たちは、減ってゆく組合員を増やそうとしてかなり強引な駆け引きで新人を獲得しようとしていたし、新人においては地上研修中に会社側組合の歓迎会漬けで、飛ぶ前にすでに強制的に青組に加入させられた人も多かった。

一九八〇年代、会社側の組合対策で出来た全労側に、私もふくめてほとんどのスチュワーデスは入社と同時にあまり深く考えもせずに入っていたし、どちらかというと赤組の客乗は、いつも会社側に要求する怖いお姉さん集団というイメージが出来上がっていた。

他にも運航乗員組合や、整備等の労働組合もあったため、非常に複雑な労使関係であったのは事実である。

また、のちに航空会社を舞台にした小説『沈まぬ太陽』（山崎豊子・著／新潮社）のモデルとなる小倉貫太郎氏は、最も古い日本航空労働組合の委員長をした方で、私の入社時は、丸の内にある東ビルと呼ばれていた東京ビルの本社で、営業本部付副参事として販売開発グループに所属されていた。

彼は一九六一年に日本航空労働組合委員長を引き受けたばかりに、カラチ、テヘラン、ナイロビと僻地転勤を続けさせられて、１２３便の事故時はナイロビ営業支店長であった。そういう先輩がいるということは風の便りに聞いていたが、実際は世界中に二万一千人もいた社員の中のひとりでしかなかった。

休暇でアフリカを訪れた山崎豊子氏が、何かの縁で小倉氏と知り合い、何年かのちにあのような長編小説『沈まぬ太陽』が出来上がろうとは、この時は私も含めて、社員の誰もが想像だにしていなかった。

小説になるほど日本航空の組合問題は深刻であり、また経営においても、政治との絡みが多岐にわたり、会社そのものが政官癒着の舞台となっていたのである。

いずれにしても半官半民の時代であり、基本的に職場は非常に安定した中で、福利厚生などすべてが保障されていた。

乗員たちは基本給と同じくらいの乗務手当が加算され、さらにパーディアムというステイ先で使うお小遣い（食事代）もフライトごとに決まった金額が支給されており、世の中のレベルでは同年代の人たちより倍以上のお給料であったのも事実である。

入社して最初のボーナスの金額を聞いた父親が驚いて目をむいたのを覚えている。そしてこう言った。

「これはお前、普通の会社なら入社してすぐもらえるような額ではないぞ。それほどの仕事をきちんとしたのか？」

　そんなものなのかと思ったが、赤いラスターを入れた先輩の言葉を思い出した。

「私たちは長年の闘争で勝ち得たのよ。私たちに感謝しなさい。空で働く者として、保険料みたいなものね」

　当時はそう言われてみると、そうなのかと思う程度であった。ただ会社として、利益があれば良いだろうが、損失を政府に補塡してもらいながらの経営で、果たしてそれが正当化出来るのであろうか。

　さらに一般企業ではごく当たり前の、コスト意識を持って物事を考えることよりも、手厚いサービスが優先となって、使えるものもドンドン捨てていた。

　国際線では、着陸前に関税の関係で、残った高級ワインやお酒をシンクに流して捨てたり、キャビアの余りをどっさりご飯にかけてクルーミールとして食べたりしていた。

　そういった先輩方の物を捨てる感覚は、今で言うエコロジーとはまったくかけ離れていて、入社当初戸惑うほどだった。

　ただ慣れとは恐ろしいもので、次第に自分もあまりコスト意識がなくなっていき、それが当然だと思うようになる。逆にファーストクラスでサービスをする側の人間がせこせこすべきではない、などというまことしやかな教えもあって、もったいないという意識が育っていなかった。

これが、教官が言っていた「外の世界とかけ離れた人間にはならないように！」という注意事項だったのだろう。

ただ、組合活動に熱心な先輩たちも仕事のモードに入るとラスターをはずし、乗客を目の前にした時は少なくとも組合のことは忘れて、皆ひとつの塊となって仕事をしていた。

きっと空の上では全員が同じ立場であったからだろう。

Tグループの Tはタイガーと呼ぶ（注2、33頁）。クルーはお酒が飲めないと仕事にならない、先輩のお酒に付き合わないと仕事を教えてもらえない、そう言われていた時代でもある。このグループは、タイガーの名前にふさわしく酒豪の集団だった。

横浜の中華街で新人歓迎会兼忘年会を開いてくれた時、初めて飲んだ紹興酒は味わい深く、ようやくこのグループの一員になれたような気がした。

制服がどうにか様になってきた頃、国際線へ移行することを心に決めた。

せっかくスチュワーデスになったのだから当然、世界の空へ羽ばたきたい。

この時代は入社するとすぐスチュワーデス訓練所へ行かずに、まず地上業務を学び、地上職員とのコミュニケーションを図るために各地空港や市内支店等で地上研修を三ヵ月から半年ほど受けた後に、入社年度ごとの退職者状況、導入機材によって国内線、国際線とそれぞれ無差別に振り分けられて配属された。

国内線の羽田と国際線の成田にそれぞれオペレーションセンターがあって所属が分かれていたので、一端移行してしまうと、Ｔグループのメンバーと同じフライトで飛ぶことはもうない。

移行試験を受けて合格し、再び訓練所に入って約一ヵ月半の訓練を受けて国際線へと移ることが決定した。

国内客室乗員部に配属されての一年間、一緒に日本の空を飛び回り、まだほんの「ひよこ」を飛べるように指導してくれたお姉さんたちに別れを告げる日が来た。

アナウンスは心でするもの、と教えてくれた前山由梨子さん。

自分に厳しくすることが粋なサービスへつながることを教えてくれた富士野美香さん。

あくせく働くのではなく余裕をもって、ゆったり生きるがモットーの村木千代さん。

愛するご主人との生活が大満足であることをいつも顔に書いていた江川三枝さん。

ユーモラスな表情で何事も笑い飛ばす精神を教えてくれた二之宮良子さん。

生まれたばかりの息子といる時が一番幸せ、とは微塵も見せずにきびきびと働いていた黒岩利代子さん。

鳥は生まれてすぐ、最初に見たものを親として慕って真似て飛び立つというが、スチュワーデスの「ひよこ」もそうである。

初めに出会った先輩に影響されて成長する。サービスの仕方も乗客への対応も、知らず知らずのうちに真似て、いつの間にか自分の形として身に付いてゆく。

国内線でこのグループでチェックアウトしたことによって、細やかな気配りと心遣いを一生自分の中に持ち続けるほど強くインプリントされたのである。

いざ国際線を飛び始めてみると、自分自身の体力、気力が最も大切であることを痛感した。時差との戦い、各国の人々との言葉の壁、さらに真夜中の長時間労働、不規則な食事、すべてを乗り越えたうえで、笑顔でのサービスが要求されるのだ。

悩んだ時やちょっとした仕事での行き詰まりを感じた時、いつも国内線を飛んでいた頃を思い出した。そのたびに先輩たちの顔が浮かび、さらに新人時代なら許された失敗も後輩が入ってくると、だんだんと許されなくなっていく寂しさを感じていった。

とはいえ、フライト先での充実した日々は幸福な時間だった。どんなに疲れていても、着く場所が、パリ、ロンドン、ニューヨークなどであり、それを当たり前のように何度も行き来する毎日。文化、芸術あらゆるものに興味が沸々と湧いてくる。とりわけ趣味である世界中の演劇や舞台芸術を観ることに夢中の日々であった。

ナショナルフラッグキャリアとしての誇りを、そしてその責任を知らず知らずのうちに感じるのが国際線乗務だ。政府専用機がない時代、首相フライト、外国の要人、皇室関連など、海外への特別便はすべて日本航空が受け持っていた。さらに企業トップのほとんどが日本航空のファーストクラス、ビジネスクラスを利用していた時代で、乗務員にも教養と品格が重んじられた。また海外で突発事項が発生した場合は、すみやかに邦人救出のための飛行機を飛ばす義務があった。

訪れたどの国の都市にも中心部に支店があって、そこは日本人にとって駆け込み寺と呼ばれ、日本大使館よりも身近な心の拠り所として存在していた。他社の飛行機で来た人も、なぜか緊急事態が起きると日本航空支店へ駆けこんできたし、異国で働くビジネスマンにとっても存在そのものが日本とつながっている気持ちになると言っていただいた。

特に中近東での南回り路線には、現地の駐在員として数年滞在し、やっと日本へ帰国出来るという商社マンたちがよく乗っており、飛行機に乗り込んだ途端、安堵して奥様が泣き出す場面もあった。無味乾燥な砂漠の中の空港に、鶴丸の飛行機を見つけると、「ああ、日本だ！」と叫びたくなったというお客様も多かった。

世界中を飛び回り、三十ヵ国三十七都市を訪れ、ようやく自信がついて、「もう雪だるまにバケツじゃないですよ」と、Ｔグループの皆さんに会いに行こうかなと思い、いつの間にか二年の月日が過ぎようとしていたあの頃――。

もし国内線で一緒に飛ぶことがあったなら、きっと成長した姿を見せられるのにと残念に思っていたその時――。

彼女たち六人全員と再会したのは、一九八五年八月十二日に起きたあの事故を伝える新聞記事であった――。

第2部

エマージェンシー

墜落か不時着か

第1章　八月十二日

明日が私の誕生日、なのに仕事か——。

一九八五年（昭和六十年）の八月十二日（月）は、じっとりした蒸し暑い一日だった。お盆やお正月に休みをとることはベテランのパーサーでも難しく、航空会社にとって最も忙しい稼ぎ時である。この仕事を続ける以上はこうやって休みもとれず、誰にもお祝いされず、ひとり寂しく過ごすなんて、なんだかいやだなあ——。

仕事にも慣れてきて、少しずつ不平不満を言うようになってきた時期であった。

明日からのフライトはアンカレッジ経由北回りヨーロッパ。

当時はヨーロッパへの直行便はなく、欧州行きは全てアメリカのアラスカ州にあるアンカレッジを経由していた。東京から約六時間半のフライトで着き、アンカレッジで乗務員の交代が行われた。乗客は一時間二十分ほど空港内で休憩ののち、給油した飛行機で再び目的地へと飛び立った。乗務員はアンカレッジで一、二泊したのちにヨーロッパ各国へ向けて乗務した。さらにイントラヨーロッパといって、パリとロンドン間、ハンブルグとフランクフルト間などヨーロッパ内を飛んで何日か滞在する。そして再びアンカレッジへ、そこから東京へという十一日間は日本に戻れないパターンの乗務であった。

八月十二日は明日からの仕事に備えて、フライト先の入国審査、空港状況や税関、担当フライトのサービス内容、アナウンスの練習、乗務する機種について緊急事態発生の場合の下調べに忙しく、さらに十一日分の着替えなどを濃紺のスーツケースに次々と詰め込んでいた。機内持ち込みバッグ（オーバーナイトバッグ）には、フラッシュライト（エマージェンシー用懐中電灯）、キャビン用ローヒールシューズ、エプロン二種類、アナウンスハンドブック、マニュアル、辞書などの他に、替えのストッキング、着物サービス用の足袋などを入れる。

ＪＡＬという文字が光る濃紺のショルダーバッグには、絶対忘れてはならない必需品として、パスポート、ラスター（顔写真入り社員証）、行く国によって必要な注射証明書、機内で壁に掲げる自分のネームプレート、安全バッジ（社内の決まりによる）をまず入れる。次に機内サービスで必要な通貨換算表、制服のポケットサイズに合わせて作った手製のマニュアル、国際線と国内線時刻表、気圧の変化に強いボールペン、お財布（円、ＵＳドル、フラン、ポンドなど）であるが、当時まだユーロはなく、前回のフライトで余った各国の通貨が手元にあった。そして最後に、同期の仲間全員が持っているお守りと母がくれた航空安全お守りをバッグ内側ポケットのいつもの位置に入れる。これは毎回フライト前の準備として、自分で決めた手順である。特に、パスポートは「忘れ物してごめんなさい」で済む世界ではないのだ。

さらに教官の教え通り、部屋をきれいに掃除して洗濯も済ませた。万が一何か起きて帰れなくなった場合でも、家に誰が入ってもいいようにすること、それが乗務員としての心がけであり、マナーだと言われてずっと実行していることである。

航空機の事故率は0・0009％だとか。日常的な車による交通事故に比べれば飛行機は驚くほど安全な乗り物で、ひとりの人間が毎日乗ったとして四百三十八年間に一回遭遇するかどうかと説明しても、理解しがたい人も多い。IATA（国際航空運送協会）において、飛行百万回ごとに機種、航空会社別に機体損傷の事故率を算出するが、毎年事故は減ってきている。ちなみに二〇〇九年は百四十万回の飛行で一回の確率であった。

空という空間を飛ぶことで、人間の本能的な不安定さや気持ちの弱さが出るのだろう。私自身、制服を着ていると不思議と何が起きても絶対に大丈夫だという気持ちになる。プライベートで乗ると、クルーの動作がいちいち気になり、逆に落ち着かないものだ。

制服のパワーというものは、きっとどの職業でも恐ろしいほど強いものなのである。

私の住んでいた北品川にあるSKYハウスという名前の寮は、主に国内線勤務のクルーや訓練生のための女子寮であった。ただ部屋が空いていたため、その後に国際線に移行したクルーも住むことが出来た。もとは日本食堂の従業員用寮だったそうで、十二畳ほどの部屋にベッドと洋服ダンスが備えつけてあった。電話が各部屋に一台ずつ引いてあって、それぞれ異なる番号がついている。自宅待機（スタンバイ）のためであると聞いた。

携帯電話などない時代、休日といえどもいつ変更の電話がかかってくるかもしれず、二十四時間各自さまざまな勤務体制のために不可欠だったのである。

十階建の建物は、一階入口にメールボックス、大浴場、寮監さんの部屋、二階は食堂とテレビのある応接間と制服のクリーニングの受取場所、三階から十階まで各フロアーに四十二の部屋が南側、北側に並び、常時二百名近い女性の客室乗務員が住んでいた。

もちろん男子禁制、面会の父親といえども寮に入るのはロビーまでである。唯一部屋に入れるのは、退寮、つまり結婚退職するなどの引っ越し時に手伝いに来る男性（主に婚約者が多い）のみであった。ちなみに婚約者が手伝いで入る場合、寮母さんは退寮するクルーの氏名が書いてある大きな名札を用意して待っている。ある時引っ越しをするクルーを手伝いに来た男性にそれを左胸につけるよう指示をしながらこう言った。

「他の人に取られないようにね。私のものですよってこうして印をつけておかないとね」

なんだか意味深な言葉だと思った記憶がある。

さて、明日から長いフライトだという軽い緊張感を持ちながら、外に出る気もせず、特別美味しいとは言えない寮の食堂へ足を運んだのは、NHK夜七時のニュースが始まる直前であった。食券を買い、今日のお勧めメニューを眺めながらお盆を持って並んでいると、ちらほらと同期が部屋から出てきていた。

「あらいたの?」「明日から仕事だもん」

「どこ? ロン・パリ?」「パリ」

「いいなあ、私は札幌」

そんないつもの会話が交わされ、しばらく日本に帰れない私は、冷奴と焼き魚、ご飯とみそ汁、きんぴら、漬物などをトレイに乗せていた。

頭にホットカーラーを巻いたり、よれよれのTシャツを着たり、パジャマだったり、みんな気ままな服装である。

隣に座った同期の子と話をしながら焼き魚の骨を取ったり、ぼんやりと食堂のテレビに映し出されていたニュースを見ていたような気がする。

突然何やら〝速報〟の文字が出た。

気にもとめずにおしゃべりをしていた私の耳に「ギャー」という声がする。

何事？

誰が騒いでいるのよ？　うるさいわねえ……。

そんな気持ちで声のする方向を見る。

ふと壁掛け時計に目をやると、十九時二十六分だった。

テレビのアナウンサーのこわばった顔と同時に流れた速報ニュースが目に飛び込む。

「臨時ニュースを申し上げます。日航123便、十八時羽田発大阪行きのB747機がレーダーから消えたもようです……」

え？　うちの飛行機なの？

123便？　私の初フライトの便名じゃないの……。

消えた？

ジャンボジェットが？　まさかそんな……。

背筋が凍るとはこのことなのか、一瞬で全身に鳥肌が立つ。

「テレビ！　テレビ！」

真っ青な顔で寮母さんが大声で叫びながら食堂に飛び込んで来た。

食堂にいる全員がテレビの前に釘付けとなった。

「臨時ニュースを申し上げます……」

……。

バタバタと走る足音。叫び声が廊下から聞こえる。

この日寮にいた人たちが皆、続々と食堂に集まってくる。ひとりではいられない
寮母さんがいつもは使用していない応接室の鍵を開けて、もうひとつの大きなテレビをつけた。ＮＨＫも民放も次々と速報のテロップが出ている。

自分たちが毎日乗務している会社の飛行機だという現実がまだ受け入れられない。

１２３便？　どこのグループ？　誰が乗務？

まだ何も分からない。誰かが部屋に戻り、スケジューラーに電話する。

通じない。会社内はどこも混乱しているらしい。

不時着？　墜落？　本当にうちの飛行機なのか？

どのチャンネルを回して見ても、速報の文字が同じ文言を伝えている。

こわばった顔の画面から出てくる言葉は「レーダーから消えた」ということだけだった。


何が起きたのかと全員が凍りついた表情で画面を見つめていた。

その時――。

一斉に寮中の黒電話が鳴り響いた。

寮の部屋全部から、同時に電話のベル音が鳴り叫ぶ。

ジリリーン！　ジリリーン！

ベルの音は怒りに近いものであった。

ジリリリリーン！　ジリリリリーン！

どす黒い色の電話機が激しく震える。

ジリリリリリーン！　ジリリリリリリーン！

圧倒されるほどのその音は寮の外にも聞こえている。

夏の夕涼みを楽しむ向かい側の公園にいる人たちが驚いて建物を見上げている。

ジリリリリリリリーン！　ジリリリリリリリリーン！

黒電話の叫び声が頂点に達した。

こんなにもすごいボリュームなのか！　耳の鼓膜が破れそうだ！

それぞれの部屋に引かれた電話のその向こう側にいる肉親たちの叫び声だ。

「皆さん！　部屋へ戻って！　早く！　電話に出て！

ご両親や親戚が心配して電話をかけてきたのよ！　さあ早く！　早く行かないと！」

寮母さんの金切り声にせかされ、皆それぞれの部屋へ一目散に駆け出した。

エレベーターは大混乱。走り回る足音がベルの音と重なり、まるで地響きのようだ。

私も急いで階段を駆け上がった。自分の部屋にたどり着くまで、あちらこちらの部屋から電話の音がする。

廊下の外に怒りのベル音が鳴り響いていた。急いでドアを開けて走り込む。

ジリリーン……ジリリーン……

私の部屋の電話も鳴っていた。仙台の親からである。一応スケジュールは毎月渡していたこともあり、国際線を飛んでいたのでまさかと思ったらしいが、母親の声は震えていた。父や妹とも話し、親戚にも無事だと伝えておいてほしいと言った。

「明日は？」の問いかけに、仕事でアンカレッジに行くと言った途端の母の絶句は忘れられない。きっと今どの部屋も同じような会話がなされているのだろう。こんな時でも明日は飛行機に乗り、仕事なのである。娘といえどもプロとしての職業とはそういうものであると、お互いが身をもって感じた瞬間であった。

その後、友人や、海外の遠くアフリカのコートジボアールにいる知人からも電話がかかってきた。こうして案じてくれる人たちがいることが幸せであった。

それにしてもなんと世界中が同時に報道しているのだ。

電話を切った途端、飛行機事故という事の重大さにガクガクと震える自分の手を茫然と見つめた。同時に、はっと思った。

きっと、この寮の中で乗務中の人が必ずいる！

そう思った途端、今度は足が震えてきたのである。

居たたまれずに廊下に飛び出ると、ベルの鳴りやまない部屋の前で呆然と立ちすくんでいる同期の智ちゃんが目に飛び込んできた。

「そこ誰の部屋！」

おもわず大声で叫ぶ。

そこは彼女と同じグループで国内線を飛んでいる先輩の部屋である。六〇九号室と書かれた入口に、クマさんマークのシールが貼ってあり、「welcome」と書かれている。

「今日、大阪の家に帰るって言っていた……」

大阪弁で話す、コロコロした声の、大柄でよく喋る楽しい人であった。その部屋では時折賑やかな宴会が開かれていた。つい八ヵ月ほど前に空港ハンドリングの会社の人と結婚して姓が変わったばかりで、大阪が新居であった。

「それ本当なの?」

「うん、仕事帰りに見かけたばかり……」

智ちゃんはそのベルが鳴り止まない部屋の前でしゃがみ込んでいた。


寮母さんの震える声で館内放送が流れる。

「消灯は十一時ですが、今夜は夜通し応接室のテレビをつけっぱなしにします」

主が不在の真っ暗な部屋の中で電話のベルだけが鳴っている。
ジリリリーン　ジリリリーン
電話の音が耳奥にこびりつく——。
それぞれの部屋で鳴り続ける何百台もの黒電話の叫びが……。
夜更けまでずっとどこかの部屋で、電話の音は鳴りやまなかった——。

「乗客乗員合わせて五百二十四人」とテレビのキャスターが叫ぶ。

なんと恐ろしい数字だ。

いくらエマージェンシー訓練でも五百人で行ったことはない。

日頃、満席だと疲れる、サービスが大変だと思っていたが、まさかこの人数での緊急避難とは、想像を絶する。

乗務員たちはどうやって乗客を速やかに救出したのだろうか。

数々の緊急事態を想定してエマージェンシー訓練を行ってきた私たちは、123便のクルーはきっと乗客を助け出して生きているに違いないと思いたかった。


それにしてもなぜ、まだ場所が分からないのだろうか。

一体どこに不時着したのだろう。

電話が一段落すると、部屋から食堂へ戻って来る人たちと再びテレビを囲んだ。

二十一時以降はすべての局が予定を変更して緊急報道の特別番組を放送した。

日航123便という言葉が心に深く響く。

私の初フライトナンバーがなぜこんなことに……。

いつまでたっても墜落現場が二転三転し、正確な情報が伝わってこない。

いくら夜とはいえ、場所が特定できないとは、何ということか。

人命救出は時間との戦いだ。

誰もが画面に向かって苛立ちを隠せなかった。

奥秩父で低く飛んでいたとか、長野県の北相木村付近だとか、ぶどう峠付近でオレンジ色の炎が目撃されたとか……群馬だ、長野だ、御座山《おぐらさん》だ、小倉山《おくらやま》だ、と聞いたこともない地名が次々と出てくる。

羽田発、大阪行きの123便がなぜそんな場所を飛ぶのだろう。

いつも飛んでいる自分たちの飛行ルートとはまったく異なる情報に、一体機内で何が起きたのかと誰もが首をかしげていた。

ハイジャックか、それとも操縦が不能なのか……。


三時間半分のジェット燃料を搭載していたが、それが切れた頃、二十一時三十五分に羽田空港の日航オペレーションセンターから会社の記者会見が始まった。

羽田にある日航オペレーションセンターが画面に出る。

そこは国内線乗務をしていた時にいつもショウアップ（出勤）した懐かしい場所だった。入口には鶴の飛ぶ銅版がはめ込んであった。

詰め寄る報道陣の前で話す広報部長のこわばった顔や張り出される飛行ルート。

機長の名前と機長の飛行時間。機体番号8119号機の整備状況が説明されている。

8119号機。ここにいる誰もが何度も乗ったことのある飛行機だ。

カタカナで書かれたおびただしい数の乗客の名前と年齢を書いた白い模造紙が壁一面に張られている。

まだ事故原因も分からず、墜落場所も確実に特定出来ずにいる中、航空会社の出来ることとは、安全を信じて乗っていただいたお客様の名前を出すことしかない。

何と悲しいことだろう。そして十五名の自分たちの仲間も一緒なのだ。

墜落か――。

墜落しても、絶対に何人も生きているはずである。

お盆前日のほぼ満席に近い五百九名の乗客たちをどう救出したのだろうか。

その人たちをクルーはどのようにして脱出させたのだろうか。

今、この時、暗闇の中で救出されるまでの間、先輩たちは必死に乗客を励ましているだろう。そればかりを考えながら画面を見つめていた。

ラジオでもテレビでも一晩中延々と乗客名簿が読み上げられている。

恐ろしいくらいおびただしい数の名前を読み上げる声が延々と続く。

テレビでは羽田東急ホテルが映し出される。

ここも国内線乗務の時、空港スタンバイに使用したホテルである。

部屋で先輩たちといろいろな話をしながら、いつ呼ばれるかとドキドキした時間を過ごした思い出がよみがえる。まだ「行方不明者」と書かれている文字が物語るように、間違っても遺族と言ってはならない、そう教えられた同僚たちが今この時間も世界中の空でフライトを続けている。

そのホテルには、搭乗者名簿の公開によって乗客と思われる家族や親戚の方々が続々と集まり始めていた。墜落現場はまだ特定されていないが、現場近くまでバスが出るらしいとニュース記者が怒鳴るように話している。

テレビ画面に映るのは、張り出される模造紙に書かれた名簿をのぞきこむ人たちの苛立つ姿だ。

うつむき加減の人、泣き崩れている人、どんよりした眼で壁を見つめている人、緊迫した表情で懸命に取材している人、壁に貼られた名簿の前で、囲まれて詰め寄られている職員……。

皆、汗だくで、白いワイシャツを腕まくりしながらもみくちゃになっている様子が映される。報道陣の興奮した雰囲気と、乗客関係者の激しい怒りと焦りが画面から伝わってくる。

そんなテレビの向こう側を、応接室で肩を寄せ合いながら見つめる寮の仲間たち。

ふと、周りを見渡して思った。そうだ、ここにいる全員が客室乗務員なのだ。

もしかして、自分が乗務していたかもしれない……。

そんな思いで全身を震わせながら、みんなが無言で画面を見つめている。


突然、誰かが走って来て叫ぶ。

「DUTY（乗務担当）は国内線の119Aグループ！」

「えー」と、口ぐちに叫ぶ声が部屋中にこだまする。

どの部屋も扉は開けっぱなしで、ドタバタと走る足音が響く。

寮母さんが外出と宿泊ノートの二冊を慌ただしくめくりながら叫んでいる。

「この寮の人が乗っているわ！」

「私の同期がいる！」

泣き叫ぶ声がどこからともなく聞こえてくる。

119A——。お世話になったTグループじゃない。同期もいないはずだ……。
一瞬安堵したその気持ちは、自分の会社の事故でありながらもまったくそう思えない、テレビの一般視聴者と同じような意識であることが突然顔を出した瞬間であった。

この程度しか実感がないとは、自分で自分が情けない。なんと愚かなことだろう。今この時間に、絶望の淵にいる方々の張り裂けそうな気持ちを考えると、所詮人間とは自分に火の粉が降りかからないと、心の底から相手を思いやれない愚かな生き物なのかと、自分自身を恥じた。

テレビでは夜通し評論家や解説委員たちが右往左往しながら話している。

お盆を前にして帰省客や旅行客、一日の仕事を終えたビジネスマンで混み合う中、五百九名の乗客と四千四百六十三キログラムの貨物とペット犬一匹搭載の日航123便、羽田発大阪行きは定刻十八時より十二分遅れで飛び立った。

この時の機材であるJA8119号機は私も国内線乗務中、何度も乗った飛行機である。

ボーイング式747SR－100型。

製造は一九七四年一月三十日、総飛行時間二万五千三十時間十八分、総着陸回数一万八千八百三十五回。直前に366便として福岡から羽田に飛び、十七時十二分に羽田の東京国際空港へ着陸。十七時十七分に十八番スポットへ移動し、駐機した。

その後、123便として十八時十二分に大阪へ向けて飛び立ち、長野県と群馬県の境で十八時五十六分頃にレーダーから消えて、墜落が確認された。

乗客数日本人四百八十七名（大人四百三十二名、子供四十三名、幼児十二名）、外国人二十二名の計五百九名、運航乗務員三名、客室乗務員十二名の計十五名、合計五百二十四名を乗せた単独機世界最大の航空機事故となった。

墜落した場所は変更につぐ変更でいまだにどこか分からない。それが翌日報道された御巣鷹山と呼んでいる場所――。正式には群馬県多野郡上野村大字楢原字本谷にひっそりとたたずむ標高一、五六五メートルの上野村呼称高天原山系の無名の尾根（スゲノ沢付近の尾根）であるが、それが一瞬にして世界中にその名が知れ渡ることになろうとは、その時、誰もが思わなかった。

この日、会社の動きはこうである。

十八時三十三分――管制当局から123便緊急事態の連絡が入る

十八時四十一分――航務部から東京空港事務所へ通報。スケジュール統制部、社内外関係先へ通報

十八時五十七分――機影がレーダーから消滅

二十時二十分――羽田に対策本部を設置する

二十時三十分――羽田東急ホテルに乗客家族控室設置

二十一時二十五分――第一次現地への派遣団を結成しバスにて羽田出発、F取締役

を団長として、医師、社員、看護婦総勢百八十名
二十一時三十五分——広報部長による記者会見で「日航123便の墜落を確認し、
炎上中」と発表をする
二十二時五十分——日本航空の高木社長が羽田東急ホテルにてご家族へ陳謝する
二十三時〇〇分——総理官邸に対策本部が設置。山下運輸大臣が対策本部長となる

私の誕生日に日付が変わり、八月十三日となった。

部屋に戻り、明日からの乗務に備えて寝なくてはならないと気持ちは焦るが、目はさえる一方である。

そっと北側に面した部屋の窓を開ける。湿気を含んだぬるい空気が入り込む。

明日も暑いに違いない。北側の公園が闇の中にぽっと浮かび上がる。その先には食肉市場があり、いつも夜明け前にカアカアと鳴きながらカラスが空を舞う。

今日も牛の頭を積んだトラックが時折見えて、生臭い匂いでむせかえる。

青白いこの空を墜落現場で必死に助けを求めながら見上げている人たちがいる。

自分たちの仲間も乗客の救出に全力を尽くしているに違いない。

今、どこかで助けを求めながら懸命に頑張る乗客と仲間たち。

絶対に生き延びてほしい、そう心から願わずにはいられなかった。

第2章　見覚えのある顔写真

眠れぬ夜を過ごし、耳奥に電話のベル音がこびりついたまま、これから乗務する真夜中のロングフライトに備えて昼すぎまで体を休めていた。事故について気にはなったが、すべては自分の担当フライトを優先させるため、テレビは見ないようにした。

刻々とショウアップ（出社）する時間が近づいてきた。気持ちを切り替えるために氷水で顔を冷やして気合いを入れ、自分の支度を最終チェックした。

乗務予定の北回りヨーロッパ、アンカレッジ経由パリ行き425便は東京発が二十一時三十分である。余裕を持って十九時までに成田オペセン（オペレーションセンターの略）に着き、向こうの食堂で軽い夕食を食べようと思いながら、箱崎までタクシーに乗る準備をしていたところ、早朝からのフライトから帰って来た寮の仲間たちに出くわした。皆、表情が硬く、こわばっている。昨晩、ステイ先で事故を知ったのだ。墜落報道の後、すぐ仕事をしてきた彼女たちは、口々に言った。

「絶対に鶴丸を隠して行ったほうがいい。服も制服とわからないように着替えて行くべきだ」

それはなぜかと聞くまでもなかった。世の中の人の視線が恐ろしく鋭かったからである。当然、自分たちが逆の立場だったら、日本航空の社員をそのような目で見るだろう。

空港を歩く時も、リムジンバスに乗る時も、モノレールに乗る時も、すべて今までとは異なるその視線が背中を貫く。憧れの目で見てくれていた人たちも、今日を境に全く逆の目で私たちを見るのだ。突然後ろから押されて、階段を転げ落ちそうになった人もいたとか、空港では地上職員たちが唾を吐きかけられ、胸倉を摑まれて土下座をして、足で蹴られる場面がそこら中で起こっているとか、次々と報告がくる。

これから乗務する寮の仲間たちにその伝言は受け継がれ、皆、濃紺の靴やストッキングをはき替えて、カバンを隠すように別のバッグに入れる準備を始めた。

なんだか虚しさで涙が出てくる。自分の誇りや自信、そして責任感もしぼんでしまい、無力な気持ちでいっぱいになる。それでも乗務をするために行かなくてはならない。

同時刻にショウアップする寮の人たちと相乗りをしてタクシーで箱崎へ向かう。そこから荷物を持ち、オレンジ色のリムジンバスで成田空港へ行き、第一ターミナル前で社内連絡バスに乗り換えてオペセンへ行くという、いつもの道のりがとてつもなく長く、恐ろしい。

仕事前にリラックスしたい時間なのだが、より一層緊張の連続である。いつもは風景でしかない人たちが刺さるような目つきで睨んでいる気がする。

この時になってようやく自分たちの会社が起こした事故なのだという事実が重くのしかかってきた。きっと二万一千人もの人間たちが、世界中の空港で、世界中の支店で墜落という最も恐れていたことに深く落胆し、苦悩しながら黙々と仕事を続けている。四千八百人もの乗務員たちが、悲しみの中で黙々と世界中の空を飛び続けているらしいが、記者会見場となった羽田オペセンや空港周辺は多くの報道陣でごった返している成田空港周辺にはその姿は見られず不気味なまでに静かであった。

オペセンに着くと、四人が生存して救出されたらしいという報道を聞いた。ということは、きっともっと生存者がいるに違いない。クルーも助かっているかもしれない。そうなると事故の詳細も原因も解明しやすくなるだろうと少し気持ちが楽になった。

オペセンの食堂では、なぜかいつもつけっぱなしのテレビが消えている。ここでは同じ会社の人たちだけだという安心感で少し気持ちが安らいだが、食事をする人たちの目は真っ赤である。恐らく夕べは誰もが寝られなかったのだ。

事故の詳細は気になるが、今は自分が担当するフライトに集中しなければいけない。気が散っては自分の仕事がおろそかになる。今、目前のフライトについての様々な情報を頭に入れるほうが先だと自分に言い聞かせて仕事への集中力を高めた。

ロッカールームで制服に着替えて、スケジュールカウンターに行き、自分の名前を探して、二本の線で消すことで出頭報告が済む。一般の会社でいう出社に値する。自分のメールボックスをチェックして、次にフライトのシップナンバー（機体番号）、スポットナンバー（駐機場番号）、掲示板に書かれている行先国や担当フライトに関係する情報をすべてメモし、オーダーチャート、タグ、他国への入国に必要な税関申告書等、仕事で必要と思われる書類を棚からピックアップする。同乗予定のチーフパーサー、パーサーたちが次々と現れてくる中で、挨拶をしながらアロケーションチャートを受け取り、自分がどこを担当するのかを確認し、サービス内容をマニュアルや時刻表で最終チェックする。

グループフライトがせめてもの救いで、いつもの顔が揃った。

「一体何があったのだろうね」

「まだ事故原因はわからない」

「五百二十四人とは……」

誰もが暗い顔で、誰もが墜落した原因を一番知りたがっていた。

なぜならば、それは事故を心配する気持ちと同様に、今から自分たちが乗る飛行機は大丈夫なのか、フライトの安全は保たれるのか、緊急事態が再び起きたらどうなるのか、という思いからである。

とにかく、真実が知りたい。事故原因は一体何なのだろうか。


ブリーフィングが始まる時刻となった。細長いテーブルを囲み、まず客室乗務員だけの出発前打ち合わせが始まった。乗る飛行機はB747LRである。

夏休みのアンカレッジ行きはほぼ満席に近い、はずであった。だが本日の予約状況はファースト、ビジネス、エコノミーと各クラスがすべて変更されていた。

国際線仕様のジャンボジェットは四百二十名ほどの座席数になるが、予定の半分ほどしか乗客がいない。

重苦しい雰囲気の中、アロケーションチャートの順に自己紹介、各自携行品の確認、サービスの流れの説明、目的地の免税基準、業務知識の周知徹底など、いつもの打ち合わせが粛々と行われた。

チーフパーサーが最後に一言付け加えた。

「今はただ精一杯、目の前の仕事を安全に確実にすることしか、事故に遭った方々に報いるすべがないと思います。皆さん、それを肝に銘じてしっかりと仕事に取り組んでください。亡くなられた方々に、そして私たちの仲間たちに、黙禱――」

機内でお客様と対面した時、いかなることが起きるか分からず、またどう挨拶をして良いのかも分からなかった。ただ誠心誠意尽くすことしかないのである。

キャプテンブリーフィングも同様であった。機長は昨日どのような思いでテレビを見ていたのだろうか。表情が硬く、苦悩している様子がうかがえる。自分たちの仲間が操縦ミスを犯したのではないか、せっかく逆噴射事故が収まりつつある中、またコックピットがやり玉に上がるのではないか。運航と整備は事故の根本的な原因としていつも取り上げられる。しかし、今回の状況は全く見えてこない。

何か想像を絶する事態が起きたのか……。

機内に乗り込み、食事の搭載が始まったが、相次ぐキャンセルでフライトキッチンの人たちも戸惑っている。ギャレー担当の私は、人数が減った分でガラガラのカートをのぞき込み、食事の数をチェックしてサインをした。いつもは搭載品をチェックしながら、出発前のわずかな時間をリラックスするために雑談をするフライトキッチンのおじさんやおばさんたちも無言だ。ひとりのおばさんが悲しそうな顔で私たちを見ながら降りて行った。長年この仕事をしている人も多く、もしかすると見覚えのある顔が新聞に載っていたのかもしれない。

「ボーディングです」

いつもより、緊張した声でパーサーがアナウンスをする。どう挨拶をしたら良いか、自分でも分からない、複雑な気持ちであった。いらっしゃいませと言うだけか、申し訳ございませんというべきか、笑顔でお迎えするのが果たして良いのか……。

やり場のない気持ちは乗客も同じである。お互いに顔を突き合わせながら、今から長いフライトの始まりなのである。

私のジャンプシートの真向かいの席に乗客がひとり座った。他がガラガラにもかかわらず、このシートをリクエストしたという。きっと、何があっても一番先に逃げられるから……。

その乗客が自分で持ってきた複数の新聞。大きな見出しが、目に飛び込む。

「日航機墜落」「満席のジャンボ、無残」「帰省、出張、一瞬の暗転」

とても見るのがつらかった。この飛行機が大丈夫という保証もない。でも飛ぶしかない。制服を着ると気持ちがすっと切り替わるのが常であったが、この日はさすがに息が詰まり、心も重かった。

「あなた方も大変だね、いつ何があるか分からないものなあ」

目の前の乗客が話しかけてくれた。思い切って言ってみる。

「このような時にうちにお乗りいただいて恐縮です」

「飛行機事故は続くというが、二日続けて同じ会社で起きたためしはないからね。他社よりもこっちのほうが安全だと思ったんだよ」

　複雑な気持ちで返す言葉もなかった。

　その新聞の全面に並ぶ乗客名簿のおびただしい数。

　そのページの下に、乗員の顔写真入り氏名が小さく載っていた。じっと見つめる視線を察したのか、「もう読んだから」とポンと私にその新聞をくれたのである。

　新聞の紙面を埋め尽くしている文字や写真が、すべて自分たちの会社のしたことだという現実をいまだに受け入れられない私がそこにいた。

　サービスはあっという間に終了し、機内も暗くなり乗客たちが寝静まる。

　クルーもそれぞれが食事をとったり、休憩したり、トイレ掃除をしたりと、機内に散っていった。

　ようやく一段落した頃、暗がりのギャレーで、私はひとり、ひっそりと先程いただいた新聞を開いた。

　乗員氏名――。写真がある。

「あ！」さっと体中の血の気が引いた。

　そこには見覚えのある顔がたくさん並んでいるではないか！

　なんということだ！

十二名の客室乗員のうちの六名が私のいたグループの先輩たちであった。
119Aグループというのは、このグループだったのか？
どうして？　なぜ？
体中が凍りついて、動けない……。

「その帽子のかぶり方は雪だるまにバケツじゃないの？」と言った富士野美香さん。
厳しいけど、息子の話をする時は優しいママさんスチュワーデスの黒岩利代子さん。
旅行好きでいつもユーモラスな二之宮良子さん。
熊本弁で、もったり、ゆったり緩やかに話す村木千代さん。
そしてご主人の写真をニタニタ見ていた江川三枝さん。
あ、この顔はアナウンスの上手な前山由梨子さんに違いない。でも苗字が違う……。
もしかして結婚したのだろうか。新婚だったのか……。
涙がぽたぽたと頬を伝い止まらない。
どうしてTグループが……。
本当にここに載っているのが墜落した飛行機のクルーたちなのか……。

他のクルーたちの写真を見る。

私と同じ時期に入社して、同じ時に訓練所にいたセミ同期（クラスは別の場合）。訓練所を六ヵ月前に出てOJTを終えたばかりの昔の私のような新人もいる。あの時、国際線へ移行した自分と、また逆に入れ替わって国内線へ移行して、このグループに入った人もいる。

国内線で一緒に飛んだ日々が脳裏によみがえる。まったく仕事が出来なかった自分を教えてくれた人たちの声が聞こえてくる――。

心臓が張り裂けそうであった。

その場でしゃがみ込み、カーテンの向こう側に漏れないように嗚咽を殺して泣いた。もしも……あの時、国際線に移行していなかったら、きっとこのメンバーと共にフライトを続けていたに違いない。

もしかして……自分もこの新聞の片隅に顔写真が載っていたのかもしれない。

乗客名簿のカタカナの名前が紙面いっぱいにつながっている。夕刊では一部が漢字に変わり、住所やこの飛行機に乗った理由なども書いてある。こんなにも顔写真が載っている新聞など見たことがない。

そしてこの人たち全員が死亡したという恐ろしい事実。

認めたくない事実がそこにある。

ポーン・ポーン

その時、コールボタンが鳴った。ギャレー横にあるブルーの天井ライトが光っている。

急いで顔を拭き、小さな手鏡で目の周りを確かめてカーテンの外に出る。

映画を上映中の暗い機内で、天井にある小さなブルーのライトが点滅している。

ファミリーサービスで乗っている十歳ぐらいのお兄ちゃんと四歳ぐらいの弟が、隣でぐっすり寝込んでいる母親を見ながらコールボタンをいじっている。

「はい、お待たせしました。何かほしいのかな？」

気持ちを切り替えて出来る限り、微笑みながらそう言うと、

「すみませんが、オレンジジュースください。弟の分もお願いします」

と、しっかりした口調で答えた。よくいたずらでコールボタンを押して遊ぶ子どもが多いので、きっとそれだろうと思っていた私は、思いのほかしっかりとした口調で弟の分までジュースを欲しいという兄らしい振る舞いに驚いた。きっと母親が寝ている間はお兄ちゃんが弟の面倒を見ることが自分の義務だと思っているのだろう。自分が眠いにもかかわらず、弟が起きている限り付き合っている様子だ。なんだか昔の私を思い出す。

「はい、ちょっと待っていてね」

そう言って、急いでギャレーに戻ると、そこに慌てて広げっぱなしにして置いた新聞が目に入った。おびただしい乗客名簿の下に、先に分かった八十三名だけの顔写真が並んでいる。ふと見るとその中に多くの幼い顔が並んでいる。苗字が同じ人たち、兄弟、姉妹もいる。

この墜落した123便には子どもが四十三名、幼児が十二名も乗っていた。写真の顔は皆嬉しそうで、きっと楽しい思い出の写真からとったのだろう。微笑む幼い顔が痛々しい。

今、ジュースをくださいといった男の子ぐらいの顔写真もある。オレンジジュースを取り出してふたつのコップに注ぎながら、自分たちの会社の飛行機がその命を奪った事実に、そして亡くなった先輩方の顔写真を見ながら今こうして同じジャンボジェットに乗っていることに、どうしようもないほどの不条理と、やりきれない気持ちでいっぱいであった。

アンカレッジはクルー同士が入れ替わる交差点である。それぞれが複雑な重苦しい思いを抱えながら、西へ東へと飛び立っていった。

行きはどの便もキャンセル続きで空いていた。帰り便の乗客は、帰国するのに仕方なく乗ったという顔つきで皆不安そうである。これからどうなるのだろう。お客様は戻ってくれるのだろうか。

一九八七年の完全民営化を目前にしての大事故。

他国のクルーたちも大勢アンカレッジに滞在している。異なる制服の乗務員たちがすれ違うホテルのロビーで、私たちの顔を見るたび、お気の毒にという表情に変わる。他人事とは思えない共通の感情を持ってお互いの心の内を察するのである。

「奇跡的に救出された中に非番のクルーがいたらしい」

アンカレッジのホテルで各方面から飛んできたクルーたちが輪になり話し込んでいた。

救出されたその人はなんと同じ寮で、結婚したばかりの落合由美先輩だと分かった時は、本当に信じられない気持であった。あの夜、彼女の部屋で一晩中電話が鳴り響いていたことを思い出す。

のちに事故当時の機内の様子や事故原因究明の証言として重要な役割を担うことになろうとは、その時彼女も思っていなかっただろう。

それにしても女性ばかり四名の生存者とは、あまりに悲しく、事故の凄まじさを物語る。

まだ事故原因も解明されていないが、きっと想像を超えた事故だったに違いない。

訓練所で必死に習ったエマージェンシー訓練をどこまで生かせたのだろうか。

乗客と運命を共にしたクルーたちはどう働いたのであろうか。

それにしても絶対安全といわれていたジャンボ機なのに、一体何が起きたのだろうか。

次々と浮かぶ疑問、そして先輩方の顔、顔、顔――。

まだ原因が分からないため、世界中で今もフライトをこなす自分たちも大きな不安を抱えている。


アンカレッジのホテルの部屋で窓を開ける。

つんと張りつめた澄み渡る空気が入り込み、夜明けを迎えて薄紫から白色へと変化してゆく空を見つめる。

眠れぬまま過ごした私は、日本がなぜか遠く、得体の知れない恐ろしい国に思えてきた。

これからもこの仕事を続けていけるのだろうか。

心は青白く光る氷河のように凍り付き、深く、深く沈んでいった。

帰り便のフライトでは、何をするにも先輩方の顔が浮かんできた。

ああ、これも注意されたなあ、これも教えてもらったなあ……。

仕事をしながら、不思議と先輩たちが周りにいるような気持ちになっていった。飛行機の窓から見える無数の星たちが自分の仕事ぶりを見守っているような、そんな気がしてならなかった。

すべてが運命だ、というだけでは片付けられない。

五百二十人もの命を奪ってしまったその事実は、私たちに何を投げかけているのか。

ただひとつ言えることは、乗客や乗員を知る残された者たち、そして事故に関わった者たちもあの瞬間、大きな宿命を背負った、ということである。

そして私の果たすべき宿命とは何か――。

突然起きた事故の原因も分からずに、必死に仕事をしながら亡くなっていった先輩たちを想う時、もしそれが私であったなら、一番知りたいことは何か。

あの時、一体何が起きたのか、なぜ死ななければならなかったのかということだ。

今、私に出来ることはこのことを調べて先輩たちへ伝えることではないか。

そして、この事故とかかわった者たちにとって、それが残された人生への重い課題かもしれない。

第3章　原因は何か　新聞報道の陰から見える事実

JA8119号機の動き

十一日間のヨーロッパフライトから無事に戻って一息ついた休日、不在だった八月十三日から八月二十四日までの事故状況を知りたいと図書館へ行った。先輩方の顔が一人ひとり浮かび、どうしても気になって仕方がなかったからである。さらに友人が録っておいてくれたニュースビデオを見ながら、本当にこれは大変な惨事だと改めて思った。特に遺体状況があまりにひどく、紙面からでも飛行機事故の凄まじさが想像を絶するほど伝わってくる。

各社の新聞を読み比べると、安全神話が崩れてジャンボジェット機が事故を起したことに大きな驚きと、事故原因をめぐっての様々な状況について多くの紙面を割いている。

さらに日を追って順番に読むことでは見えてこないことが、逆に日付の後ろから読んでいくと見えてくることもある。それぞれの新聞を比較することで、あぶりだされる真実もある。

明日、明後日も飛行機に乗り続ける乗務員として、当然のことながら一番気になるのは事故の原因についてである。それが分からなければ、自分の職場が安心出来ないばかりか、同じような事態になった時に備えて、また新たなエマージェンシー訓練を行って再発防止に努めることも出来ないのだ。

そして何よりも、鶴のマークを信頼して乗ってくださる方々に申し訳が立たないのである。

まず、あの8119号機は、事故当日、次のような動きをしていた。

東京―札幌　503便（07：55〜09：20）
札幌―東京　504便（10：20〜11：50）
東京―福岡　363便（12：55〜14：35）
福岡―東京　366便（15：30〜17：00）
東京―大阪　123便（18：00〜19：00着予定）墜落事故便

飛行機自体の動き方と運航乗務員の動き、そして客室乗務員の動きは部分的に一緒の場合もあるが、基本的にはそれぞれ別のスケジュールで動く。パイロットの中でも機長、副操縦士、航空機関士もそれぞれが違う動きの場合もある。

あの日、福田航空機関士が363便、366便に乗務した以外は、事故時とは別の運航乗務員が503便、504便、363便、366便に乗務した。

客室乗務員たち十二名は全員が119Aグループで、前日の八月十一日に903便（東京—沖縄）で始まる二泊三日のフライトパターンだった。

私が国際線へ移行した後に国内線全体でグループ替えがあって、旧Tグループが三つに分かれて119Aに移動していたために、当初私はピンとこなかったのだ。

この時はちょうど沖縄線がキャンペーン中で、制限以外に南国を思わせるコスチュームに着替えて髪飾りをつけるサービスが行われていた。

八月十一日　903便（11：55～14：25）で始まり、夏休みで臨時便やシップチェンジもあっただろうが、この日は福岡にてステイ。

八月十二日　366便から8119号機に乗務して、そのまま同じ機材で123便へ。

事故がなければ大阪ステイの予定であった。

飛行機は着陸ごとに点検整備を行う。8119号機は朝から四回も点検していたことになる。この毎飛行時に行う飛行前点検はT整備と呼ばれ、全般的な外部点検、燃料補給、潤滑油点検、タイヤ圧点検、前のフライトで発生した故障の処置などを主な作業内容として〇・五時間ですべての作業を行う。

この時、直前の福岡から東京の便に乗った乗客も特別な音や不具合を感じたという報告や形跡はない。さらにちょうどその366便には、三光汽船会社更生法適用申請のために福岡に出向き帰京した山下徳夫運輸相が偶然にも乗っていた。同行した記者も多く搭乗しており、特に二階席（アッパーデッキ）担当の村木千代アシスタントパーサーが、三光汽船問題で疲れていた山下運輸相を温かくもてなした、とある。

そうか、村木さんがアッパー担当だったのか。

あの熊本弁でもったりと話す、温泉好きの村木さんである。栗原小巻似の素敵な笑顔が私の瞼に浮かんできた。九州の温泉の話でもしたのだろうか。

事故を知った運輸相のコメントが、新聞各紙に次のように書いてあった。

「自分が乗ってきた飛行機がその帰りにすぐ事故に遭うなんて、何かの因縁とも感じている。機内ではアシスタントパーサーの村木千代さんにお世話になった。降りる時、お孫さんにとプラモデルのおみやげまでもらった。とても感じのよい人だったと思ったのだが……本当に何があったんだろうね。あんなやさしい気立てのよいスチュワーデスがこんな事故にあうなんて」

と思わず涙ぐんだ。

その後政府は、日航事故対策本部を総理府に設置し、奇しくも山下運輸相が本部長となった。村木さんからもらったプラモデルの入った紙バッグを手にしたまま閣議へ向かったという。

十二日深夜午後十一時五十分からの運輸省での記者会見で山下運輸相は、「まったく予想できない事故でびっくりしている。現段階ではまず、乗客、乗員の救出に全力をあげる」と述べたとある。

不思議なことに、ここで事故原因を究明することに全力を挙げるとは一言も書いていない。

中曽根首相のコメントも、

「大変な惨事が起こり、遭難した方やご家族の方に、心から追悼申し上げる。原因はわからないが、政府として再びこのような惨事が起こらないよう、万全の対策を講じる」

と述べているだけだ。

普通、事故原因を徹底的に究明するという言葉が必ず付き物のように入るものだが、閣議直後のコメントにはどの新聞にもなかった。

それよりも、再びこのような惨事が……と、再発防止に関する発言が先にきている。まだ、何も分かっていないのに？

不可思議なコメントだと思った。

翌日の十三日に山下運輸相は現場視察のためヘリコプターで上野村を訪れた。その日の午後、上野村役場で記者会見をして、「指導・監督官庁の責任者として誠に残念で申し訳ない。ひとりでも多くの人が存命していることを望む」と語り、さらに事故の原因についての問いには、「事故機は福岡〜東京便で羽田に着いた後、東京〜大阪便として出発した。私はその福岡から東京便に乗っていたが、そのあと整備や点検はしっかりなされた。機長もベテランで、人災ではなかったと信じている。あくまでも天災と信じたい」と述べている。

またしても、まだ事故原因も何も詳細が分かっていないにもかかわらず、人災ではないと信じたいという言葉を発しているのに驚いた。

あくまでも天災と信じたいなどとは、一体どういうことなのだろうか。これも事故が起きたばかりの段階で運輸大臣が言う言葉ではない。こんな事故が起きて遺憾だ、徹底的に調べるというのがごく普通なのではないだろうか。これらの記事を書いた記者は、何の疑問も持たなかったのだろうか。

ただ十四日の新聞各紙によると、十二日の深夜運輸省五階会議室で政府の対策本部設置を発表した山下運輸相は、会見終了後、ソファで大きく溜息をつき、「技術的なことはわからないが、これは人災だ」とまったく違うことを言っている。

記事では日航のたるみがミスを生んだとして、ちょうど一ヵ月前の中曽根首相訪欧での日航特別便における整備ミスを取り上げている。

ならばより一層事故原因を追究するという一言があっても良いのではないか。山下運輸相にも、どの新聞にもその一言が見当たらない。

機長については、

「高浜雅己機長（四十九歳）海上自衛隊出身、乗務時間一万二千四百四時間に及ぶベテラン機長で、うち四千五百八十八時間はジャンボ機の機長だった。海上自衛隊から東亜国内航空を経て昭和四十一年十二月に日本航空に入社」

と各新聞に書いてある。

この時の運航乗務員たちは二千百人ほどで、高浜機長と一緒に飛んだ記憶はなかったが、社員名簿で調べてみるとB７４７操縦教官室の専任乗員教官であった。海上自衛隊出身ということはこの報道で初めて知った。

今、相模湾で機体の残骸を捜索している人たちと同じ職場の仲間だったということか……、それも奇偶なことだと思った。

この事故は単独航空機が起こした史上最悪の事故として世界中でトップニュースとして報道され、エリザベス女王やローマ法王ヨハネ・パウロ二世、パキスタンのハク大統領とジュネジョ首相、東ドイツのホーネッカー社会主義統一党書記長、ワイツゼッカー西ドイツ大統領、韓国の全斗煥大統領、フランスのミッテラン大統領、ソ連政府、中国の趙紫陽首相、アメリカのレーガン大統領などから次々と見舞いの電報が届いたとある。

特にレーガン大統領はいかなる協力も惜しまないとして、

「われわれは、航空機事故を防止するために全力を尽くさなければならない。アメリカに出来ることがあれば知らせてほしい」と言っている。

事故原因調査のため米ボーイング社（本社・シアトル）は、十二日、調査員五名を十三日に東京へ早急に派遣すると発表した。

「日本政府並びに米当局を側面援助して原因を徹底究明する」とある。

また、一機の事故で五百人以上の死者が出たのは前例がないとして、今回の墜落事故に強い関心を寄せており、米政府の全国運輸安全委員会（NTSB）も、事故調査に協力するために米国調査官二名を同日、派遣するとのことだ。

ボーイング社と米政府の動きがかなり早い。これまでは、事故が起きてもなかなか動かなかったボーイング社の事故調査だが、今回は随分違う印象がある。それほど事が重大だということなのだろうか。

さらにたくさんの関連記事の中で、事故原因に直接関係する箇所を中心に読み進めると、意外なことが見えてきた。

R5ドアが飛んだ?――八月十三日の事故原因

事故原因についての報道を見ると、八月十三日付の朝日新聞に掲載された、航空評論家たちによる座談会記事が目にとまった。

東京航空交通管制部とのやりとりが出て「R5ドアブロークン、緊急降下中」と連絡したことを重んじて、「ドアの破損や爆破などによって、ドアが飛び、気圧が下がり、吹き飛んだドアが水平尾翼や垂直板などを破壊、操縦不能に陥ったのではないか」という説を話している。

R5ドア――。最後尾の5番目右側のドアである。

反対側の左5番目のドアは、クリーニング用トラックがついて、清掃作業のためによく開け閉めをするが右側はめったなことでは開けたことがないドアのひとつである。

地上ではドアモードを「マニュアル」の位置にして、出発の合図によって「オート」の位置に変えるのがスチュワーデスの役目だ。なお、機種により、「アームド」「ディスアームド」など、名称が異なる。巡航中は常にオートモードとなる。非常事態の場合、緊急時にドアが開いた際にスライドと呼ばれる滑り台が自動的に飛び出るようにするためである。

ドア自体は、幅一・五メートル、高さ一・九メートル、厚さは上部が約二十センチ、下部はスライドが収納されているために約五十センチあって、重さは約百キロあり、気密構造になっている。通常のドアとはまったく形状が異なり、機内の与圧に耐えられるように設計されている。エマージェンシー訓練でよく開け閉めをしたが、閉め方としては、一度機内へ引き込み再び外へ押し出す構造になっている。機体側の手すりをしっかり持って開け閉めしないと、ドア自体が非常に重いために自分の体が外へ飛び出してしまう。

巡航中はここに約十七トンもの圧力がかかる計算であり、このドアを内側に引き込んでから開けることは不可能となる。墜落現場でどういう形で見つかるのか大きなカギである、と各新聞が書いている。

いつも仕事でドアモードを変えており、訓練でも何度か開け閉めをしたが、これが吹き飛ぶとは考えられず、もしかしたら時限爆弾か何かが仕掛けられていて、それによってドアについている小さな窓が壊れたのではないだろうかと思うしかなかった。

垂直尾翼が飛んだ？──八月十四日の事故原因

この日の朝刊では、相模湾の三浦半島沖の海上で垂直尾翼が発見されたことについて、前代未聞の出来事だとし、後部ドアがぶつかったのか、整備ミスなのかと報じている。

発見された状況は次の通りである。

「十三日午後六時五五分に運輸省に入った連絡によると、石川島播磨重工（本社　東京）が建造して試運転中の防衛庁護衛艦『まつゆき』が同日午後六時頃、三浦半島の灯台から南西八・一海里（約一五キロ）の相模湾内で白い大きなものが浮いているのを見つけた。回収してみたところ、赤い鶴丸マークの一部がついており、飛行機の尾翼らしい。大きさは長さ約四・五メートル、上部が一メートル、下部一・六メートルの変形四辺形。同省は形状などから見て、十二日夜、群馬県内に墜落した日本航空ボーイング７４７機の垂直尾翼部分の後部についている上部方向舵の一部とみている。これにより、同機は洋上を飛行中に尾翼部に異常が発生、操縦不能になって墜落した可能性が出てきた」（一九八五年八月十四日付朝日新聞朝刊）

毎日新聞では『まつゆき』から引き渡された物体を巡視艇『あきづき』が同日午後十一時四十二分に横浜港に陸揚げした時の垂直尾翼の写真を大きく載せている。

鶴のマークの羽先前方が見え、その上部はめくれ上がってボロボロになっている。その物体は朝日新聞の記事でいう後ろにある方向舵ではなく、垂直尾翼の前方であることが写真からわかる。きっと混乱していたのだろう。さらに詳しくこう書いてある。

「内田利周・事故調査委員会次席調査官は、『慎重に判断しないといけないが、マークとか構造からみれば、墜落した日航機の垂直安定板の可能性が強い。こんなものがはがされて、飛行機がその後も飛んだという話は聞いたことがない』と語っている。墜落した日航機は大島西三十七キロを飛行中に、緊急事態発生、その後コントロールできないと通信。駿河湾上空で右に急旋回、そのまま群馬山中へ向かい墜落している。そのため回収された物体が機体の一部とすれば、何らかの衝撃を受けて尾翼の前方部分がちぎれて海に落ちて、操縦不能となった見方が裏付けられる」

「伊豆半島東部沿岸の静岡県賀茂郡東伊豆町に住んでいるS氏が、伊豆大島方面の上空で〝ドン〟という短い爆音を聞いた時、時計を見ると六時二十五分だった」と証言している記事が八月十五日付の毎日新聞朝刊にあった。

第三管区海上保安本部によると、日航機尾翼の落下地点は伊豆半島と大島の中間地点だと潮流の流れから推定している。どちらもこの事故機がエマージェンシーコール（緊急事態発生の通報）を発信した時刻と地点にほぼ合致している。

他の新聞でもなぜ相模湾の海上でこの部分が発見されたのか非常に謎だと書いてある。

それとは別に、このJA8119号機の事故歴が日航の根尾征三技術部機体グループ課長の説明によって明らかになった。七年前の一九七八年六月二日に胴体後部底部を滑走路でこすり、問題の箇所は全て修理し交換しているとのことだった。さらに八二年八月十九日に、千歳空港にて着陸時、第四エンジンを滑走路にこするという事故を起こしていた。

なお、七年前に事故機を検証した運輸省航空事故調査委員の平栗次席調査官は検証後の記者会見で、「損傷は滑走路をこすった外板部分だけでなく、フレームなどの骨組みにも異常が見つかった」と指摘していた、ということである。

事故歴のある飛行機だったことが分かり、その修理方法に目が向いている中で、さらに同日の各紙夕刊では次のような報道があった。

「垂直安定板の下の部分に通常の飛行では考えられない力によってできたとみられるへこみがあることがわかった。……発見された安定板にはリベットや主要構造物の一部がついており、リベットがはずれて安定板がとれたのではなく、通常の飛行では考えられない力が加わったとみられる」

「尾翼のうち垂直安定板は飛行機の基本構造そのもの。この部分が損傷を受けると航行する際の直進性を保つ事は出来ず、操縦は極めて難しくなる。……舵とりが出来ない状態に陥っていた可能性が強い。しかもこの部分に異常がおきていることは、コックピット内の警報装置では知る事が出来ないし、機内からも見えない。パイロットは何が起きたのか理解できないまま、操縦不能になっていた可能性もある」

なんと、垂直尾翼が欠けたまま操縦していたとは？

一体どうしてだろう。あの部分にはスパーと呼ばれる三本の桁が入って補強され、機体の中では最も頑丈な部分である。内部から与圧をかけていないため、金属疲労が生じる確率も低い。

この点について、このような記事を見つけた。

「この部分はジャンボ全体同様ジュラルミン製。尾翼全体に縦に三本のケタ材が入っており、補強されている。表面には無数の、ボルトなみの強度を持つリベットが打ち込まれ、機体の中では最も頑丈なところのひとつだ。胴体部分のように、内部から与圧がかけられたりしていないので、外気圧とのからみで金属疲労が生じる確率が最も低い。

『なぜ、吹っ飛んだのか、全くわからない。これまでジャンボ機の尾翼が壊れたなんて聞いたことがないので……とにかく、来日するボーイング社や米国の専門家の意見を聞いてみたい』と、運輸省航空局の担当者。日航123便は尾翼が欠けたまま三十分も飛んでいたわけで、場合によっては世界でも前例のないような原因で墜落事故が起きた可能性も出てきた」（一九八五年八月十四日付朝日新聞夕刊）

なぜそのように頑丈な部分が一瞬で吹き飛んだのだろうか。

その後次々と相模湾から部品が発見されていく。尾翼の心臓部といえる四つのエンジンからの油圧を受けて方向陀を左右に動かす役目を受け持っている場所も海上から見つかった。十四日の午前五時から、『たかとり』を含めて巡視船（艇）計五隻、搭載ヘリ一機、飛行機一機を動員して、相模湾、駿河湾で捜索を続けているとのことだ。

あらためて引き上げられた垂直尾翼の写真を見ると、これは前例のまったくない異常事態だったことがわかる。新聞各紙によると、海上自衛隊の護衛艦『まつゆき』が試運転中に引き上げた垂直尾翼の一部には、両端にもぎ取られたような跡と、何かがぶつかったような大きな穴があいていると記されている。

一体どうしてこんなことが起きたのか。この護衛艦『まつゆき』がこの相模湾で試運転中に、たまたまタイミングよくこの落下物を拾ったのだろうか。

上部がめくれ上がった尾翼の写真が事故の特異性を物語る、信じられない写真であった。

プロの証言　機内の様子が明らかに——八月十五日の事故原因

当初問題だったＲ５ドアは、完全な形で損傷もなく胴体についたままの状態で山の墜落現場で発見されたことが発表されて、Ｒ５ドアに異常が起きたという説が消える。また生存者の証言でもドアの破壊がなかったことが分かっていく。

今度は、奇跡的に助かった落合由美さんの証言をもとに、尾翼接合部が破損したのではないかという説に代わっていった。胴体と尾翼をつなぐリンクという部分がちょうど落合さんの座席上付近にあったことで、〝バーン〟という音がしたということと関連づけたのである。

落合先輩が語った内容が各紙でトップ記事として全文が載せてある。

彼女は同じ寮で部屋も近く、よく見かけた大阪弁でおしゃべりの好きな楽しい先輩だ。その中で私が気になったことが二つあった。なぜ初めに会社の人間が彼女の証言を発表したのだろうか。普通警察の事情聴取が先なのではないか。それに「ダッチロール」「ベントホール」という言葉だが、私は聞いたことがなく、これは客室乗務員が日常的に使う言葉ではない。（注５）

証言の内容から分かることは、一瞬の減圧はあっても激しく物が散乱するわけでも、人間が機体の外へ吸い出されるわけもなく、異常発生後は次第に呼吸も楽になったということであるから、これは訓練所のエマージェンシー訓練で学んだ軽い減圧だったことを物語る。

さらに、先輩方が機内で安全姿勢の指導やライフベスト着用の手助けをしながら乗客の間を回っていたという事実が手に取るように分かっていく。非常事態用のアナウンスもあったようだ。これは前山さんだったのだろうか。いつも一番後ろにアサインされる前山さんだから、この日もそうだったのではないか。なんだか、あのちょっぴりはにかんだような笑顔を思い出す。

なお、この日墜落現場の山腹の斜面下約五百メートルの沢から、コックピット・ボイス・レコーダー（ＣＶＲ）とフライト・データ・レコーダー（ＦＤＲ）の両方が見つかった。これで一気に事故原因が分かっていくだろう。この二つは十四日、午前零時半に東京の運輸省に運ばれた。

なお、またこの日も三浦半島の城ケ島から西約十二キロ海上で巡視船『たかとり』が機体の一部を発見した。さらに垂直尾翼の下部を発見したのは相模湾で操業中の漁船である。どちらもねじれたり、激しく切れたりしているとのことだった。

また山の尾根の北側において、機体の後ろ部分が見つかったが、尾部から垂直尾翼がもぎとられており、四、五十センチの垂直尾翼の付け根のみが残っていたとの報道だ。

さらに読売新聞には、墜落寸前の垂直尾翼がもぎとられて航行している123便をカメラに収めた山崎啓一氏の写真が掲載されている。

航空関係者は、その写真を見て、「明らかに垂直尾翼がほとんどなくなっている、これでは機体の安定を保つことは無理だ」と語り、墜落原因を示す証拠写真であることを強調した、とある。確かに高さが十メートル程ある部分が三分の二ほど消失しており、主構造部と前縁部の一部だけが、短いツノのように残っているだけである。

ふと、別のページに目をやると、棺にすがりついて号泣する方の写真や茫然とする人達の写真がこの日の一日を表していた。

一人っ子を失って慟哭する母親が、町田直日航副社長に詰め寄る記事である。

「私たちの大事な一人っ子を落とすような飛行機を、なぜ飛ばしたんですか！」

（注5）ダッチロール・ベントホール

機首の左右の揺れと機体の横回転がほぼ同時に起きる運動をダッチロール運動という。落合由美さんは後に、この言葉を自分は知らず、当時言っていなかったと証言している。ベントホール（気圧調整孔）も落合さんの座席からは確認出来る位置にはなかったと語っている。

とても辛い言葉だ。しかし、もし私がその母親の立場ならそう言うだろう。怒鳴り声が響き渡る中、西日が差し込みはじめた体育館の窓からは、まだまだ往来する遺体収容のヘリコプターが見えた、とある。

どんなことがあったとしてもＪＡＬのマークの飛行機が落ちた事実はかわらない。ただ、なぜ落ちたのかは明日も飛行機に乗る客室乗務員として絶対に知りたい、知らなくてはならない。当然のことながらこれは整備、地上職も含めた全社員の気持ちであった。

その結果、自分たちの落ち度であったならば、すべて受け入れる。ただし、何が起きても真実が捻じ曲げられることがあっては、この飛行機に乗っていた五百二十四名が絶対に許さない、同僚たちも決して許さないのだ。

まだボイスレコーダーを再生していないのに圧力隔壁破壊説？
――八月十六日の事故原因

ボイスレコーダーの説明記事が各新聞に書かれている。

「回収されたボイスレコーダーとフライトレコーダーは、十四日深夜運輸省内の事故調査委員会事務局に保管された。このテープの再生にはジャンボ機と同様の電源を使用した特殊な電源と再生装置が必要で、運輸省羽田空港事務局にある分室で再生する。

ボイスレコーダーはコックピットの中での会話、計器の警報音、異常音など事故原因究明のカギとなる各種音声が録音されているはずで、墜落までの三十分間が残されている。

今回の事故の場合、自衛隊のレーダーから事故機の機影が消えたのは十二日午後六時五十七分。したがって午後六時三十分以降のコックピット内の会話や音が収録されていると思われる。事故機が緊急信号を発したのは午後六時二十五分だから、異常事態発生から最初の五分間は収録されていないと思われる」といった内容だ。

そしてその解明だが、「運輸省事故調査委員会は、両レコーダーとも箱の外側の損傷がひどく、中のテープを取り出すことが出来ない状態とわかり、このため箱の修復を優先して、テープの再生は十六日以降になる見込みだ」と書いてある。

ということは、まだテープを聞けない状況にあるということだ。

さらに、「来日した米ボーイング社などの事故調査担当者と米大使館員ら七人、運輸省事故調査委員らは、一五日午後、相模湾で回収した方向舵の一部など落下物が保存されている神奈川県警第一機動隊（横浜市金沢区）を訪れ、詳細に検分した。立ち会った同県警の話によると、国家運輸安全委員会（ＮＴＳＢ）のスタッフと米ボーイング社の事故調査担当者ら五人だけが中に入り、落下物を検分。五人は十三日に回収された垂直安定板の一部に注目。特に何かの強力な衝撃でちぎられたようなギザギザの切断面をみせる下部（接合部分）とさらに上部を詳しく見た」とある。

つまりボーイング社とNTSBスタッフは、墜落現場に行くよりも、まず相模湾で回収された垂直尾翼の検分を行ったとのことだ。

そしてまだボイスレコーダーやフライトレコーダーを解明するには時間がかかると書いてある事実。

にもかかわらず、「日航機墜落、最初に後部隔壁破壊　客室から与圧空気が噴出垂直尾翼を壊す」という見出しが、なぜ八月十六日の毎日新聞朝刊に載っているのだろうか。

重要な証拠がまだ解明されていないのに、隔壁破壊の文字が踊っている。

「運輸省航空事故調査委員会と群馬県警捜査本部は十五日、現場検証で、尾翼下にあるアフターバルクヘッド（隔壁）が爆風をうけたように破損していたことを確認した。このため、隔壁が客室内の与圧された空気に耐えられず破壊したとの見方が有力となってきた。隔壁が壊れると客室内の空気が爆発的に尾翼内に噴き上げ、内部から垂直尾翼を分解させると専門家は指摘しており、救出されたアシスタントパーサーの証言とも一致している。隔壁が壊れたのは一九七八年の尻もち事故などで金属疲労、微細な亀裂などの劣化が進んでいたことに起因するものともみられる。―略―

事故調委などは、墜落原因は垂直尾翼の空中分解にあると断定、墜落現場の山中や、相模湾内で見つかった方向舵などの部品について、破損状態の分析や落下の状況について調査を進めている。―略―切り口にも内部から強い力が加えられ、もがれたとみられる形跡が認められた。一方、墜落現場周辺から回収された機体最後尾部などには、墜落時の衝撃を思わせる横からの強い力が加わった跡があり、海上から回収したものとの間には差異が認められる。しかし、回収した胴体に付着していた隔壁は破壊していた」（一九八五年八月十六日付毎日新聞朝刊）

これは見切り発車の記事なのか？　それともスクープと捉えるべきなのか。

これを客観的に読むと、隔壁の破壊が墜落時の強い衝撃によるものかどうかまだ不明である。さらに海上から見つかったものと墜落現場の山中から見つかったものには、かなりの差異があるということだ。

また、尻もち事故が遠因と書いてあるが、確かにそうであったとしても、まもなく行われるフライトレコーダーやボイスレコーダーの解明や分析の後に出てくるべきではないだろうか。このように見切り発車的な記事は一体どこから出てきたのだろうか。

なお、いまだに相模湾や神奈川県内の海岸にて、墜落した機体の一部と見られる破片が次々と漂着している。十六日だけで、十七ヵ所に三十一個も見つかっている。これらの分析も十分していない中で隔壁破壊説が出てくる状況に一般的感覚として理解出来ないが、実際に今なお懸命に現場検証している人々はこの説が急浮上したことに、いったいどう思っているのだろうか。

さらに尾翼の破壊については、

「同機が飛行中に何らかの強い力を受け、後部から破壊されるという『航空機事故史上極めて異常な事故』としたことから、十六日、事故調内部に金属疲労、機体構造に関する専門委員会を設置、徹底した原因究明に当たることを決めた。垂直尾翼の破壊につながる直接原因は明らかではないが、尾翼の主要構造部が外からの力に極めて強いものの、内部から力がかかった場合、比較的弱い構造になっていることを重視。機体最後部にある客室の隔壁など外壁に亀裂が入り、与圧された空気が噴出して破壊が起きた可能性もあると見ており、機体構造、亀裂の原因となる金属疲労など、広範囲な分野の専門家を原因究明に当てることになった」とある。

「運輸省、日航は、相模湾で発見された垂直尾翼の前縁上部の分析を進めていたが、主要構造部の各上部が同時に吹き飛ばされたと断定した。このような破損は、外から加わる力では、衝突などのような異常な衝撃以外には考えられず、機体内側から強い力がかけられた場合には、十分可能性があるとしている。―略―

こうした破壊力について、技術陣は、主要構造部は横風など外から加わる力には十分耐えられる設計となっているので、飛行機同士の衝突など異常な衝撃が加わったケースなど以外には、外からの力による破壊の可能性は小さい。しかし、内側から加わる力に耐えることは設計の前提になっていないため、『内部からの力には非常に弱い』としている。

一方、生き残ったアシスタントパーサーが、①上の方でバーンという音がして、客室の空気圧が急減した現象が起きた②客室最後部のトイレの天井が落ちたと証言している。

このことから、このトイレ上部付近から胴体下部までつながっている客室と機体後部のアルミ合金製の隔壁が金属疲労で破裂、高圧の空気が爆発的に機体後部へ流れ込んだことや、金属疲労などで、機体外壁自体に亀裂が入り、尾翼を破壊したことなどが可能性の一つとして浮かびあがってきている」（一九八五年八月十六日付読売新聞夕刊）

この記事は非常に大きなヒントを含んでいるではないか。

つまり、このような垂直尾翼の破損は、外から加わる力で、飛行機同士の衝突などのような異常な衝撃で生じるのだと書いてあることになる。

それ以外には機体内側より与圧された空気など強い力が噴出した場合にも十分考えられるとのことだ。ということは、逆に主要構造をちぎるほどの強い爆風が起きなければ、外から加わった衝突の説となる。外的要因と内的要因の二者択一ということだ。

生存者や落合さんの証言に出ている事実は、機内で減圧現象が起きたのは一時的で、一瞬周りが白くなったがそれもすぐおさまったということだ。さらに、生存者の証言によると、爆発的空気の流れや爆風ではなかったということも分かってきた。つまり誰ひとりとして機外へ吸い出されず、機内の荷物も散乱せず、突風も吹かなかった。落合さん自身の鼓膜も無事だったからインタビューにすぐ応じられた。

そうなるとつまり、残るひとつ、外から衝突などの強い力が加わった説も考えなければならない。

しかし、なぜか外的要因をまったく考えずに内的要因による原因へと絞られていく。近くを飛んでいた飛行機がいなかった、他の接触は考えられない等の意見は出ているが、まったく事故原因からはずすことは出来ないのではないか。内的要因だけとなると、どうしても生存者の証言と食い違っていくからだ。

このように新聞を読んでいくと、次の日から内的要因のみで事故原因が歩き出していったのが不思議でならない。

隔壁破れ垂直尾翼破壊が原因か？——八月十七日の事故原因

この日の新聞は、全紙一面がすべて隔壁破壊説で埋め尽くされている。

産経新聞では隔壁に亀裂が生じて、与圧された機内の空気が尾翼へ急激に流れ込み、垂直尾翼を吹き飛ばしたとある。尻もち事故の後遺症が考えられるとしている。

毎日新聞では、日米合同現場調査で隔壁（アフター・プレッシャー・バルクヘッド／直径四・五六メートル）が破裂していたことを確認し、客室内部で与圧された空気が尾翼内に爆風となって流れ込んだための事故としている。（十六日に合同調査実施）尻もち事故の修理ミスも原因のひとつではないかとのことだ。

ただし同日朝日新聞夕刊では、事故調査委員会のメンバーのひとりがこのような発言をしている。

「事故直後十三日に機体後部が見つかった谷底で、お椀状の原型をとどめたほぼ完全に残った隔壁を発見。アルミ合金製の隔壁に放射状の亀裂が数か所入っていることを確認した。写真に収めているのでその後分析が必要。隔壁はその後捜査活動の中で、エンジンカッターで切断されてバラバラになったらしい」

したがって破裂ではなく、エンジンカッターでバラバラにしてしまった後に検証しているという事実だ。

なお、上毛新聞はその内容を十八日付の紙面でこう書いている。

「事故調査委員会は一七日午後も四時まで墜落現場で、原因究明の大きなポイントである機体後部の与圧隔壁の残骸などが山積みにされているスゲノ沢で隔壁を中心に調査を続行した。調査場所周辺にはロープが張られ、報道陣は一切シャットアウト、調査活動を見ることは出来なかった。午後四時前、再び墜落現場近くのヘリポートに現れた藤原次席調査官は、調査については『ノーコメント』としながらも、今日はスゲノ沢にある胴体や機首部分を見た。とだけ語った」とある。

報道陣はすべてシャットアウトした中で検証が行われたということである。地元の新聞らしい丁寧な記事である。

いずれにしても、圧力隔壁は当初ほぼ完全に残った状態で発見され、十五日の救出活動中にカッターで切断した際に五分割された。その後に検証し、検証過程は報道関係者を締め出して行われたという事実が分かる。

ちなみに客室内では、飛行中は〇・八気圧前後の状態に保っており、この与圧はボーイング社の資料によるとジャンボジェットの場合、約二万五千フィート（七千六百二十メートル）上空で、一平方メートルあたり、三から四トンの圧力となる。このため胴体、隔壁など安全率も考慮して十数トンの圧力にも十分耐えられるように設計されているのである。

さらに破れた隔壁発見という記事の中で隔壁の現状を次のように書いてある。

「この隔壁は遺体収容作業時に、遺体確認と運び出しの邪魔になるとして切断され、再度調査委員が発見現場を訪れた時は、亀裂と放射状の骨組みにそって細かく切り刻まれたうえ、積み重ねられていた」

細かく、切り刻まれて積み重ねた状態になっている隔壁を調査するということか？

各新聞記事には、必ずしもその原因を全面的に支持しているとは言えない部分も見られる。

「亀裂と収容時の切断面と判別は可能と話しており、隔壁の破損が飛行中に起こったのか墜落した衝撃によるものかは、現段階では不明としている……客室部分からの与圧は均一にかかるため、お椀状のアルミ合金製表面材は、数か所がめくれ上がるような形になる。しかし、機首から地面をこするような形で山頂へ向け墜落しているため、フレームの破損でめくれ上がることも考えられ、運輸省内部などにも、客室内の与圧が加わってのものとは速断出来ないとする見方もある」

隔壁の破損は、飛行中なのか、墜落衝撃によるものか、さらに救出活動の中でカッターで切られた際に亀裂が入ったかどうか不明だとある。切断面を詳細に調べることが不可欠のようだ。

さらに隔壁破壊が墜落の原因とすると、客室内を爆風が吹きぬけることが前提条件となる。

そうなると爆風によって生存者たちの体にはどんな症状が出ていたのだろうか。

爆風が吹くほどの急激な減圧となると、耳は聞こえなくなり、航空性中耳炎となる。さらに肺から一気に空気が吸い出されることにより、肺出血もありうる。そのような症状が四名にあったのだろうか。医師のコメントでは四名に見られる症状として、骨折しか見当たらないが、落合さんやほかの生存者もインタビューに答えていることから、鼓膜は破れていない。助かった四名は皆最後部の席であり、ちょうどトイレの向こうにある隔壁に一番近い席である。このトイレの前の席で、さらに最強の垂直尾翼を吹き飛ばすほどの爆風を体験した四名が生き残っているという事実……。

この説は本当なのだろうか。どうも客観的事実と食い違っている。

もうひとつ不思議なことがあった。事故直後早々に来日していた米国国家安全委員会（NTSB）、米航空局（FAA）、同機を製造した米ボーイング社の三者からなる米政府事故調査団は十六日午前九時二十分すぎに、米軍のヘリで現地入りし、墜落現場を中心に日本の事故調査委員会と初めて合同調査を行った、とある。

「初めての合同調査」とあるが、十三日にアメリカを出発して今まで日本側と会わずに、どこで何をしていたのだろうか。相模湾で回収された垂直尾翼の検分を、墜落現場へ行くことよりも先に独自で行った以外は、一切ニュースになっていないのが気になった。

ボイスレコーダーの一部解明——八月十八日の事故原因

「『機首を上げろ』と冷静な機長」というタイトルで毎日新聞、「隔壁破壊で墜落が固まり、整備点検に手落ち」とあるのが産経新聞、「尾翼の大半がまだ洋上にあり、原因なお調査」というのが朝日新聞だが、読売新聞では、「隔壁破れ垂直尾翼破壊」のタイトルの下に、「隔壁説をボ社は否定」ということで、ボーイング社が否定した記事を載せている。

「シアトル十七日UPI共同によると、群馬県の山中に墜落した日本航空のボーイング747ジャンボ旅客機を製造した米ワシントン州シアトルのボーイング社スポークスマンは、十六日、客室後部の圧力隔壁（アフターバルクヘッド）が破壊され、垂直尾翼などを吹き飛ばしたのが墜落原因、との報道を否定した」（一九八五年八月十八日付読売新聞）

ボーイング社が日本側の隔壁説を否定している大変重要な報道内容だ。わざわざこの早い段階で否定するということは、よほど確信があるからと思われる。

さらに毎日新聞でも同じ内容の記事が出ていたが、さらに次のように詳しく書いてある。

「同スポークスマンは、『墜落の際、機体から散乱した与圧隔壁の破片を調べたが、腐食や金属疲労の証拠は発見されなかった』と述べ、与圧隔壁をめぐる日本側の見方を否定した」とある。

つまりボーイング社は、日本側の事故原因報道を否定していることになる。このジャンボ旅客機の製造元である会社が自らの調査に基づき、隔壁による破壊で、垂直尾翼が吹き飛んだという説には異議を唱えたことになる。もう一度繰り返すが、調査係員がそう言うにはきちんとした根拠があるに違いない。日本側の報道と異なる見解が明確に示されたことになる。

なお、垂直尾翼の胴体と取り付け部分については、リンク付近その他もきれいな形で見つかっており、これで十五日に出たリンク部分の説も否定されたことになる。

ボイスレコーダーも雑音が多くすべてが解明されていない状況の中、機長が必死に操縦していた様子だけが発表された。

この日は初七日だが、まだ遺体確認が終わっていない人も多く、法要も出来ない状態であった。

日航による隔壁破壊実験結果を発表—八月十九日の事故原因

揺れ落ちていく機内で遺書を書いた人たち。四名の生存者による証言など、次々と機内の様子が明らかになっていく。さらに墜落後、生存者の周辺では、かなりの人たちがしばらくの間生きていたことが分かった。多くの人の声を聞き、ヘリコプターの音を聞き、助け合って生きながらえることを願っていた様子が痛々しいほど分かってくる。

さらにこの日の新聞記事には、日本航空の技術陣が客観的事実を基にして実験を行ったというのもある。

「日本航空の河野宏明整備部長は十九日の記者会見で、垂直尾翼の破壊と隔壁の破裂について、推論として、『突風など、何らかの外圧で垂直尾翼が壊れ、それと同時か、直後に機体の歪みに耐えられず、隔壁が破裂したと推定も出来る。』と外的要因強調の見方を明らかにした」（一九八五年八月十九日付毎日新聞夕刊）

その根拠となる実験で、機体に大きな穴があいて垂直尾翼の内部に客室内の与圧空気が吹き上げられた場合、同尾翼のどの部分が最初に壊れるかを検証した結果が次の通りである。

垂直尾翼に客室からボーイング社が想定している上限圧力をかけた場合、日航の計算では、最初に同尾翼トーションボックス（主要構造部）の最上部（前桁ウエーブ）が吹き飛んだという結果が出た。しかし、実際の事故の状況を見ると、前桁ウエーブは壊れておらず、その下の部分から破壊されていることを重視し、同部長は、隔壁が破壊し、垂直尾翼が下からのプレッシャーで破壊されたとは考えにくいと指摘した。

加害者側の人間の実験だからと退ける人もいるかもしれないが、これは科学的なデータに基づく客観的な実験であるから、他の人がやっても同じ結果となる。それだけは動かせない事実であろう。

読売新聞八月十九日付夕刊にも同様の記事があり、実験の詳細が出ている。

「日航のコンピュータ解析実験の結果を発表。機内の与圧を八・七PSI（一インチ四方にかかる圧力の単位、事故機は八・九PSI）とした場合、一番先に壊れるのは垂直尾翼最上部のふたで、次は垂直尾翼の中央にあるトーションボックスと尾翼の仕切りであることがわかった。しかし、相模湾から発見された垂直尾翼の前縁上部は、トーションボックスの一部も一緒になって吹き飛ばされていた。この様な壊れ方は、突出した与圧だけの力ではとても考えられにくく、他に外部から別のもっと大きな力が加わらなければならない、という。その力がなにかについては、日航は垂直尾翼に働くねじれ力もあるとする一方、晴天乱気流（CAT）や突風などのようなものがきっかけ

となり、垂直尾翼に何らかの変形が生じる場合もある、としている」（一九八五年八月十九日付読売新聞夕刊）

当時の天候は他の飛行機も飛んでいる中でCATの報告もなく、天気は安定していたという記事もあった。

このほかにも産経新聞にて、日時は前後するが、

「日航技術陣が面目をかけて、垂直尾翼の強度実験を行ったことがある。隔壁に大穴があいたことを想定してのことだが、その結果はやはり、一番強度の弱い垂直尾翼の突端が壊れ、ついで、前縁部がはずれる、という順番になった。

単にはずれるのならば、海上で見つかった前縁部がなぜ、主要構造体の外板がもぎとられたようにくっついていたのか？」（一九八五年八月二十二日付産経新聞朝刊）

海上から引き上げられた破片と実験結果が違うことが分かる。事故原因と言われはじめた隔壁破壊で、機内から爆風が吹き上げたとしても、実際に回収した破片の状態にはならないのだ。それだけではなく、もっと強力な外圧力がなければこのような破片とはならないと語る。

強力な外圧力、外からの信じられないほどの力……。予想が出来ない外からの大きな力とは……。

それにはもっと客観的証拠となる破片を海から引き上げなければならない。次々と海上から上がってくる破片はすでに四十五点となっている。さらに十九日午後二時四十分ごろ、神奈川県真鶴町、真鶴港北東の相模湾で日航機の破片らしい物が漂流しているのを横須賀海上保安部の巡視船『たかとり』が発見回収したとある。それは垂直尾翼の一部とのことだ。

この破片を出来る限り集めて、客観的事実に基づいてひとつずつ解明することが最も重要であることが見えてくる。

最後のアナウンス

その後、ボイスレコーダーの内容やフライトレコーダーによる分析が進み、運航乗務員たちが突然、予想不可能な事態に陥り、自分たちの置かれた状況が理解できないままに、コントロールがまったくきかないジャンボジェットを三十分ほど必死に飛ばし続けて墜落した過程が明らかになっていく。

なぜか機長は操縦不能を繰り返し叫んでも、トラブルの原因には答えていない。

また、ボイスレコーダーの交信内容が書かれた紙面にもなにが起きたのか、言葉として出ていない。ちょうど緊急発信が六時二十五分二十秒で、それ以前のボイスレコーダーが消えているから、事故の前触れとなる言葉が消えているせいかもしれない。

フライトレコーダーのデータによると、突然異常な衝撃が記録されているのは、午後六時二十四分三十秒とある。

また別の動きとして、上毛新聞八月二十三日付には、米国調査団がヘリにて午前十一時四十五分、山頂のヘリポートに到着し、さっそく隔壁破片をジグソーパズルのように組み合わせて復元していたとある。

さらに現地入りしている運輸省航空事故調査委員会の藤井洋次席調査官は、「圧力隔壁は一見して大穴と言えるような大きな裂け目はなかった」と語っている。

吹き飛んだような大穴がない――。

これが、事故調査官が語る事実であることに間違いはないということだ。


ここまで読み、ふと一息つきながら次の新聞に目を奪われた。

なんと前山さんではないか！　あの表情、あの笑顔、懐かしい。

その記事は乗客を励まし続けたスチュワーデスの行動を生存者が証言してくれたという内容であった。他の新聞各紙にも同じような記事が載っていた。

最善を尽くした紺の制服、スチュワーデスが客席を飛び回りながら救命胴衣の付け方を指導し、絶対大丈夫ですと、最後までアナウンスを繰り返したとある。

柔らかな語り口でアナウンスが上手だった先輩。

初めての機内アナウンスで行先を間違えた時にさりげなくカバーしてくれたあの先輩だ。

やっぱり結婚して苗字が変わっていたのか！

五年間の交際を経て、ちょうど一ヵ月前に結婚したばかりと書いてある。福島への新婚旅行から帰って二日後、休み明けの新婚初フライトだったそうだ。ネームプレートのついた制服姿で発見されたと書いてある。何ということだろう。それにしても新婚一ヵ月とは……。

五年前から交際していたということは、私が出会った三年前はおそらく一番アツアツの時だったのだろう。だからあんなにも落ち着いて、優しい雰囲気だったのか。

最後の瞬間、ご主人の顔が浮かんだのだろうか。それともぎりぎりまで乗客を導くことだけを考えていたのだろうか。

アナウンスは心でするもの……そう教えてくれた言葉がよみがえる。

L5担当ということは、きっとそのアナウンスは前山さんに違いない。あの声で最後まで乗客を励ましたに違いない。

ただ、乗務員の遺族は皆、加害者側の人間として、夫や妻や娘の死をおおやけに悲しむことも出来ず、本人が好きで選んだ道だと言い、ひっそりと耐え忍ぶその姿があまりにも痛々しいものであったという記事もあった。

「急降下する機内で自らの恐怖に耐え、乗客を励まし続けたに違いない彼女らは、全員大空に散った。事故後ずっと『日航社員だから』『乗客の方々に申し訳ない』と乗務員の遺族の口は重く、華やかな職業の裏に潜む危険と厳しさを浮き彫りにしている」

と各紙に書いてあった。

突然襲いかかったこの事故死に、不条理とか無念とか、そんなものでは片付けられない強い悲しみと憤りを持たざるを得ない。

会社側の人間でありながらも、同じ飛行機に乗る乗客とは運命共同体であり、その上でさらにエマージェンシーの際は乗客を導き、最善を尽くすのがこの仕事であると改めて認識させられた。

図書館の窓の外は暗くなってきた。窓ガラスに見える都会の真ん中とは思えない公園の大きな木が風に揺れ、叫ぶようにすさまじいセミの鳴き声から、鈴虫のコロコロ、リンリンの音色にかわっていく。

ふと時計に目をやると、六時五十分になろうとしている。

今、この時刻に１２３便は墜落していったのだ。

夕日に赤く染まっていた西の空が急速に暗くなっていくのを見上げながら、静かに新聞を閉じた。

第4章　プロフェッショナルとはなにか

フィジーの夜

数日間休んだ後、次のフライトでナンディ・オークランド路線を飛んだ。チャーターフライトの臨時便であったため、出発時刻も定期便のタイムテーブルとは異なり、クルーの滞在日程もいつもより長く、一週間ほどナンディに滞在し、オークランドへ往復したのち帰国するというスケジュールであった。ナンディ国際空港は、フィジー諸島共和国の約三百三十ある島々の中に位置している。DC－10機で八時間二十分ほどのフライトタイムで到着する。

こういった自然豊かな島に入国する場合は、植物検疫や動物検疫が非常に厳しく、オセアニア諸国のオーストラリア、シドニー路線で入国する場合は、到着後すぐに半ズボン姿の係官が入って来て、乗客をまだ機内に座らせたまま、大きな殺虫スプレー（人体への影響は少ないそうだが）を両手に持って、天井に吹き付けて、飛行機の内部を歩きながらくまなく殺虫する。

ただこのナンディの場合は少々おっとりしていてそれほど厳しくなかった。さらにこの島の人たちはフィジースマイルといって、茶褐色の肌からまっ白の歯が見えて「ブラ!」という現地の「こんにちは」という意味の言葉を誰にでもかけてにこやかにほほ笑む。


ホテルに到着したのは深夜を回っていた。花の芳香がロビーに漂う。

真夜中に到着した私たちを「ブラ!」とニコニコしながら迎えてくれたのは、半ズボンに色々な色のついた布がぶら下がっている民族衣装のような制服を着たホテルマンだった。フィジー美人の条件のひとつは、太っていることである。だから、クルーはやせ過ぎだと言われた。こんがりと焼けた肌にアフロヘアー、そしてお相撲さん並みの体格が最高の美人だという。

そんな話をしながら、コテージタイプのホテルの各部屋へカートを引いて、たいまつが神秘的にゆらめく中庭を通って歩いていた。

ふと見上げると、驚くほど澄んだ夜空に浮かぶ満天の星が見える。

「あら、素敵な星空!」と言いながら上を見て歩いていたら、むにゅ!　とする感触がクルーシューズの下にあった。

「うわあ！」「なにこれ？」「ギャアー」

私だけではなく、近くにいた後輩や先輩も皆悲鳴を上げている。

クルーたちに踏まれた何かの物体は、またゆっくり自分の手足を引き寄せながら、体勢を整えて、ひょこ、ひょこ、と再び動いていった。

巨大なカエルだ！　ものすごい大きなカエルだ！

それも沢山、足元でピョン、ピョンしている。

「きゃあー、わあー」

真夜中のホテルの中庭に響き渡ってしまった。慌てて口を抑えると、

「ＯＫ、ＯＫ、大丈夫！　カエル、ピョコ、ピョコ、ミ、ピョコピョコねえ」

と、片言の日本語でホテルマンがニコニコ笑っていた。思わずつられて皆が笑う。

カエルも大きいのが美人（？）らしく、人間同様にこの土地のものは何でも巨大らしい。

「ここはね、ゴキブリも、蜘蛛も何でも大きいのよ！」

ベテランの先輩が私達を脅かした。

「もういやだ！　帰りたいよ！」と泣きべそになる後輩と一緒にカエルを踏まないように、跳びはねながらギャア、ギャア叫んで中庭を横切るその姿は、自分たちもカエルになったようで可笑しかった。

事故発生からずっと、暗い気持ちでフライトを続けてきた仲間たちが、南太平洋の生暖かい空気の中で思わずおなかの底から笑った瞬間であった。

フィジーの果てしなく広がる青い空とエメラルドグリーンの心洗われるような海。次の日、照りつける日差しを浴びながらホテル近くの桟橋を歩いた。私たち日本人を見つけて、楽器を抱えた現地の人たちが歓迎に弾いてくれた曲は坂本九さんの『上を向いて歩こう』だった。

日本の曲で米国のビルボード一位に輝き、外国の人になじみのある歌で、『スキヤキ』というタイトルに変更されて歌われている。なぜかこの歌は不思議といつまでも外国の人たちの心にも残っているようだ。

独特の歌い声とリズムが心地良いのだろう。日本人が来ると歓迎に必ず弾くそうである。

ただ、なんというタイミングだろうか——。

その突然の歓迎ソングにただ私たちは涙が流れ、その場にしゃがみこんでしまった。乗客として事故に遭遇して亡くなってしまった歌手の坂本九さん。

それにダブってお世話になった先輩方の顔がひとり、またひとりと浮かんできた。

せっかく楽しく弾いて聞かせたのにどうしたのか？　と不思議そうなフィジーの人

たち。

褐色の顔に白い歯がこぼれる笑顔を向けてくれたが、みんなが泣いている姿に驚いている。

おそらく、日本から遠いこの南の島では、事故の詳細など知る由もなかったのだろう。

彼らは、いつもは喜んで聞いてくれる日本人のはずなのだが今日はおかしいなあ、という複雑な顔で私たちを見つめていた。


その夜もまた眠れない時を過ごした。

ホテルのバルコニーから南十字星を眺め、煌めく星となってしまった五百二十名の人たちの無念さを思い、申し訳ない気持ちでいっぱいになり、心から哀悼の意を表した。

そして、事故を起こした会社側の人間としての複雑な思いを背負いながらも、乗客と同じ運命の下、最後の最後まで仕事を成し遂げたであろう先輩方の叫び声が聞こえてきた。

この仕事を自ら選んで事故に遭遇した人間の、乗客を守り切れなかった責任感がひしひしと伝わってくる。そして、なぜこの事故が起きたのかを徹底的に突き止めて、二度とこのようなことがないようにする責任が残された者にあると叫んでいる。

無念という言葉で表わしきれないほどの怒りが聞こえてくる。

どうしてあんな事故が起きたのか――。

どうして死ななければならなかったのか――。

どうして乗客を救えなかったのか――。

残された者の責任として、彼女たちを知る人間として、いつか必ず自分に出来ることでその気持ちに報いたいと南半球の夜空に誓った。

赤い手帳

●前山由梨子さん

〝機内より、がんばろうの声がする……スチュワーデスは冷せいだ〟

そう書き遺してくれた乗客。

日に日に、事故に遭遇した人たちの遺書や、事故機に乗るまでの出来事、あの日の状況の記事が多くなり、それぞれのドラマがそこにあった。

その中で遺品として、不時着を想定しながら書かれた英語と日本語の緊急アナウンスを記した手帳が見つかったという報道があった。

　あの手帳だ！　絶対そうに違いない！

「遺品の整理をしていた夫のKさんが、壊れた化粧品などに交じって小さな赤いカバーの手帳を見つけた。手帳には耳の不自由な人のために、―略―手話の方法や航空機の名称、地名などがきちょうめんな文字でメモされていた。ところが、このメモの後ろから三ページの字体が違っていた。―略―事故機が不時着するものと考え、その時に乗客を避難誘導するために必要な言葉がズラリと一ページ半にわたり続いていた。これらのメモの字はさほど乱れているとはいえないが、もともとが整った字を書くだけに、違いがくっきり。線を引いた手帳の余白に手帳の後ろのページから書き埋められていた。―略―犠牲者の中には遺書を残した人もいたが、由梨子さんのメモはアナウンス文章ばかりで、プライベートな文章はひとつもなかった」（一九八五年九月十日付毎日新聞朝刊＊名前は仮名）

　やっぱりそうだ！　あの赤い手帳だ！

　落ち着いた雰囲気の前山さんとは思えないあの赤は、もしかしてすぐバッグから取り出しやすいように目立つための色だったのかもしれない。

記事の写真を見ると確かに前頁までの文字とは異なり、乱れた字で書いてある。その横にはディスティネーション（目的地）を書いたきちょうめんな字があり、比較してみても明らかだ。

次が全文である。

「おちついて下さい　ベルトをはずし　身のまわりを用意して下さい　荷物は持たない

指示に従って下さい　↓　PAXへの第一声（注6）

各DOORの使用可否　機外の火災C'K

CREW間C'K　↓　再度ベルトを外した頃

ハイヒール　荷物は持たないで

（注6）PAX

パックスと呼び、乗客のことを意味する。『パックスインフォ』と言って、乗客の人数や詳細を地上旅客担当者と客室乗務員間で情報交換する場合や連絡によく使う略語。

前の人2列　ジャンプして　Jump and sit
機体から離れてください　Go to a safe area
ハイヒールを脱いでください
荷物・物は持たないで下さい
年寄りや体の不自由な人に手を貸し・・・
Release Your seat belt Remove high（heel）
Don't take baggage follow our instruction

火災　姿勢を低くしてタオルで口と鼻を覆って下さい
前の人に続いてあっちへ移動して下さい・・・・

Low position with a wet towel covering nose and mouth」

エマージェンシー訓練そのものである。陸上で不時着した場合、火災を想定しての緊急脱出である。自分の担当ドアが開くか、または使えるかをチェックして開けるかどうかを判断する。
スライドという膨らました緊急脱出用滑り台は、とがったものやハイヒールなどで傷がつくと使い物にならなくなる。そこでハイヒールや荷物を持たないで、一気に滑り降りてもらうためのインフォメーションだ。全員が脱出する時間は九十秒以内が原則、指示がもたついていては意味がない。前山さんは不時着したらすぐに乗客を誘導できるように、と考えて揺れる機内で必死にメモを書いたのだ！　それを日本語だけではなく、英語も……。

信じられないほどの責任感……。驚くほどの冷静さ……。

ふんわりした雰囲気を醸し出す彼女から、想像もつかないほどの強さを感じる。

さらにボイスレコーダーに何度かスチュワーデスが、冷静に乗客のパニックを防止するアナウンスをして、救命胴衣や酸素マスクの付け方を誘導していた様子が録音されていた。最初のパニックは収まり、痛々しいまでの他愛行動が起きたとある。

そのきっかけとなったのは次のようなアナウンスであった。子どもを思いやることで乗客の気持ちを励まそうとするプロとしての工夫を垣間見ることが出来ると、八月二十九日付朝日新聞朝刊に記されている。

十八時四十七分三十九秒

「赤ちゃん連れの方、背に、頭を、座席の背に頭をささえて……

赤ちゃんはしっかり抱いてください。ベルトはしてますか？　テーブルは戻してありますか？　確認してください。」
十八時四十八分〇八秒
「……の際は、あの｜予告しないで着陸する場合が……」
十八時五十五分三十六秒
「……からの交信はちゃんとつながっております。え｜その他……」
十八時五十六分二十八秒

ボイスレコーダー録音終了

Ｌ５ドア担当者。通常のフライトアナウンスや、突発的状況の中で乗客に的確な情報を流すＰＡ（アナウンス）をするのがこの場所にアサインされたクルーの役目であった。

恐らく、この便のＬ５担当であった前山由梨子さんがこのアナウンスを行ったと思われる。あの優しい語り口、落ち着いた態度、冷静で適切な指示、前山さんに違いなかった。最後の最後まで、交信が繋がっていると放送して乗客に希望を持たせ、不時着後の指示まで考え、いかに速やかに乗客を導くか、それだけを考えてこの手帳に書きつづったのであろう。

墜落寸前までしていた最後の放送を「見事だった」と書いてくれた新聞に、私は前山さんの穏やかな顔をダブらせながら、アナウンスの指導を受けた日々を思い出していた。

何事も心が大切。声にも心が表れるもの。温かみのある安心感のある声を出すように練習することが一番。そう教えてくれた通り、身をもって極限の状態で実行した前山さん。

恐怖心などまるで感じさせない、震えない、そして大声で叫びもせず淡々とした語り口で優しい声を、どうしてあの状態で出すことができたのであろう。

最後に手帳にメモしたことは、すべて仕事のことであったとは……。

自分の家族や親しい人たちへの思いはどこに記していたのであろう。

すべての思いを捨て去り、己の職務だけを考えていたのであろうか。

職業上のプロ意識といえばそれまでだが、まだ二十代の彼女がそれを成し遂げたという事実に、同じ乗務員として、ひとりの女性として涙が止まらなかった。

それほどまでに全力を尽くして逝った先輩の強さは一体どこからくるものなのか。

墜落直前、前山さんが最後のアナウンスを終えて、生存者の座席である56Cから通路をはさんでふたつ後ろの空席に座り、大声で何度も何度も緊急着陸の姿勢をとるように乗客へ叫んだそうである。

「頭を下げて！　足首をつかんで！　頭をひざの中に入れる！　全身緊張！」

エマージェンシー訓練で習った手順で乗客に安全姿勢をとらせている風景が目に浮かぶ……。

急降下していく機内で、最後の瞬間まで叫び続けたに違いない。

叫んで、叫んで、叫び続けて……。

きっと、そのまま……激突したのだろう。

私たちが訓練で習得したことは、さすがにすべてを網羅出来るものではない。

そしてあのように異常な状況の下、訓練と職業意識だけですべての人たちが、その行動を成し遂げられるものではないと私は思う。

専門的な訓練を受けた人間が特別に強いわけでもなんでもないのだ。

何が彼女をそこまで強くしたのだろうか……。

アナウンスを冷静な言葉で行った前山さんは、その自分の声を客観的に聞きながら、目の前に迫る危機に立ち向かっていく覚悟を決めたのだろう。

ネームプレートも変更しておらず、まだ旧姓のままで、新婚ほやほやの、結婚特別休暇明け最初のフライトがなんとこの事故であった。

たった数日間、夫婦として過ごした楽しい思い出をしまい込んだまま、逝ってしまったのである。

前山由梨子――享年二十九歳。飛行時間、四、二二七時間〇三分であった。

119Aの仲間たち

●富士野美香さん

他のクルーたちも自分自身の恐怖を乗り越え、強靭なパワーを発揮させて、自分たちが何とかすれば必ず助かると、そう信じて、不時着のその先を考えていたに違いない。

しかし、その生き様を単にプロフェッショナルと呼ぶだけではあまりに軽すぎる。乗客と一緒に運命と戦い、そして恐怖を超えたその先まで見据え、自分自身のなすべき役割を全うして逝ったのである。

制服を着用することから生まれてくるその恐ろしいパワーは、それを着ている以上逃れられないという己の恐怖と闘いながらもそれを律する心と、自分以外にこの状況を救える人間はいないという究極の場面で現れてくる力なのかもしれない。

アシスタントパーサーのあの富士野美香さんは、初めは国際線乗務で、三年前から国内線乗務と書いてある。すると、ちょうど私と出会ったあの時は国内線に移行してきたばかりだったということになる。

各新聞に三つ年下の妹さんのコメントとして、

「その頃私が結婚して家を出たので、さびしがる両親を気遣い、月に一度は必ず帰省する優しい姉だった。二人の子どもを育てている私にとって、華やかに飛び回る姉が眩しかった」

と書いてあった。

そういえば、あのスタンバイルームで、お見合いのために寮に入りたいと言った富士野さんのまじめな顔が浮かぶ。

なるほど、妹さんの結婚が決まってちょっぴり焦っていたのだろうか、その気持ちはよく分かる。その後ご両親と一緒によく旅行に行ったとのことで、そこに自分の役割を見出していたのだろう。

もしあの時のお見合いが上手くいっていたら、運命はどう動いたのであろうか。

そう言えば大阪ステイの時、しばらくぶりに富士野さんとフライトをした際、たった一泊なのに大きな荷物を持っていたのに驚いた。ホテルのエレベーターの前で各自の部屋へ行く途中、あまりに大きい荷物を引いている富士野さんに、思わず話しかけた。

「そのお荷物、一体何が入っているのですか?」

するとこう答えたことを思い出す。

「あなたがね、寮に入れないって言ったから、結婚はあきらめたわ。自分の力で生きていくことにするのよ。だからこれ、通信教育の教材なの」

「えー、通信教育ですか?　教材って何をこれから勉強するんですか?」

「これ?　あのねえ、絵画よ。絵を勉強するのよ。」

「え?　絵ですか……」

なんだか面白い考え方をする先輩だった。ちょっと浮世離れしていて、それでも美人の特権でそれが許されてしまう、そんな感じだったのを思い出す。

俳優の時任三郎さんの大ファンで、あの風貌の男性が乗って来ると大きい目がさらに倍以上大きくなり、いつも仕事に厳しく、ちょっと怖い目がほんのり優しくなっていくのを私はしっかり見ていた。

そしてカーテンの開け閉めにあれほど気を遣い、私に厳しく指導した人はいない。「あなたねえ、そうやってバフッて勢いよく開けたり閉めたりしたら、その近くに座っているお客様の顔を風が切っているって分かる？　それって不快でしょう。そこに座って体験してごらんなさい、ほらねえ、いやでしょう。

それにねえ、夜間フライトの場合は、ギャレーが明るくて、キャビンが暗い時があるでしょう。国際線は特にそういう場合が多いけど、その時、いきなり光が目に飛び込んできたら寝ていても起きてしまうでしょう。だから、お客様側のカーテンは常にブロックして開け閉めしないこと。出入りするのは、必ず進行方向側のカーテンをそっと開けて入ること、いい？　分かったわね」

確かにその通りである。それ以来、私はギャレーのカーテンの開け閉めには人一倍気を遣うようになった。その反動か、自宅のカーテンは思い切り開けて発散してしまう、その程度の自分が情けない。

R1（最前方右側一番目ドア）担当とある。SS（スチュワーデス）業務のアシスタントパーサーだが、きっと一番前のAコンパートメントからBコンパートメント右側の乗客にきびきびと酸素マスクや救命胴衣を着けて回ったのだろう。

常にキャビンをテキパキと歩いていた姿が目に浮かぶ。きっと気丈な雰囲気でお客様に安心感を与えていたに違いない。

富士野美香――享年二十八歳。飛行時間、四、四三二時間一三分であった。

●江川三枝さん

アシスタントパーサーの江川三枝さんは東京の浅草生まれで、あの愛する旦那さまと言っていたご主人の話が載っている。

「二十代のうちに子どもがほしい。ただ来年制服が変わるので、一度絶対に着るまでは頑張りたいと言っていた。冗談まじりに、『万が一事故に遭ったら私を迎えに来て』と話していたが、まさかそれが現実になるなんて……」

アーガイルのセーターを編んでいたあの姿がどうしても忘れられない。

盆踊りのやぐらの上で太鼓をたたくのが大好きだった彼女にとって、今まで夏が来れば自分の季節だと最高の気分だったのだろうに、いつも八月が待ち遠しかっただろうに、なんという皮肉だろう。撥《ばち》の代わりに箸を持ってタンタカタンとカートを響かせてくれたあの日が懐かしい。

明るい表情とパワフルな声が、きっと事故の時も周りの人たちを勇気付けたに違いない。

ただその脳裏に浮かんだであろうご主人の顔は、プロとして写真と一緒にクルーバッグにしまい込んだままだったのか。

その江川さんの担当はＬ４とある。左側の後ろＤコンパートメントの乗客たちに大きな声で安全姿勢のとり方を叫んだであろう。

「頭を下げて！　Head down　全身緊張！」

江川三枝—享年二十八歳。飛行時間、三、五四一時間〇一分であった。

●黒岩利代子さん

アシスタントパーサーでママさん乗務員の黒岩利代子さんは島根県出身である。

自宅に戻った遺骨をはさみ、普段着と制服姿の遺影が二つ並んでいたという。

ご主人は、外で遊ぶ一粒種の長男を見ながら、「残念だとしか言いようがない」とポツリと話す。

黒岩さんと出会った時、哺乳ビンの扱い方を注意されたことを思い出す。あの時はちょうど産休明けで、お子さんが一歳だったからその点が特に厳しかったのだろう。

事故の時は三歳……一番かわいい盛りだ。働くママだから保育園だったのかなあ、きっと少しずつしっかりしてきたわが子の成長に目を細め、小学校に入学する日が待ち遠しかったろう。

きっとあの時……。

禁煙席のあるCコンパートメントのL3担当とあるが、この付近はインファント（幼児）が多い場所である。お母さんたちの味方として心強い存在だったに違いない。息子さんのことが脳裏をかすめただろうに、制服の重みを全身で感じ、目の前のお子さんを無事に救うことだけを考えていたのではないだろうか。

何も残すことは出来ないが、お母さんはプロだったよ、と……。

黒岩利代子――享年三十一歳。飛行時間、四、八一五時間四三分であった。

●二之宮良子さん

アシスタントパーサーの二之宮良子さんはどうしてもこうなったことが信じられないほど、陽気で明るい人だった。この便ではちょうどシックスマンスチェックのスチュワーデス、旗本恭子さんと同じ席、R4（右側四番目ドア）乗務員席に座っている。わずか半年しか乗っていない彼女をサポートして、その仕事ぶりのチェックを任されていたのだろう。でも二之宮さんならば、緊張をほぐして仕事がしやすいように、思い切り楽しくニコニコと指導をしていたに違いない。

きっと次のステイ、大阪で美味しいものを食べに行こう、一緒に食事をしようと誘っていたかもしれない。半年しか乗っていない旗本さんは心強いお姉さんのような二之宮さんにほっとしたことだろう。一緒の席に並んで座る緊張感は、離着陸時の緊張と相まって新人にとっては相当なプレッシャーがある。正直いって何を言われるかとビクビクするものである。私がチェックの時、一緒に座った二之宮さんが面白い話でリラックスさせてくれたことを思い出す。

一緒に飛んだあの頃、二之宮さんはまるで限られた人生の中で最高の時を過ごすために生き急いでいるかのように見えた。そして心から自由を謳歌しながらも、まもなくその終わりがくることを予感したかのように次々と旅行に行っていた。

きっと自ら選んだ道の大切な日々を少しも無駄にすることなく、思う存分味わいたかったのかもしれない。

二之宮良子――享年三十歳。飛行時間、三、一六一時間一三分であった。

●村木千代さん

アッパーデッキ（二階席）担当の村木千代さんは、乗務歴十一年のベテランであった。

ジャンボの二階にドアがふたつあるので、それぞれドアの数だけいる客室乗務員は二階も二名アサインされるはずだが、二階席は十六名と乗客が少ないため、満席で人手がいるメインデッキにひとり回されるのが常である。よってひとりで二階席を任されている。

あの時周りに乗務員が誰もいない中、操縦室のドア一枚隔てた向こう側にいるコックピットの機長、副操縦士、航空機関士の必死の操縦を背中に感じながら、ひとりでエマージェンシー対応を行っていたのだろう。

アッパーデッキの担当者は、何もなく無事なフライトの時はコックピットケアをする役割もある。乗客へのサービスが一段落したら、コックピットの人たちへ飲み物を持っていき、リクエストに応じてクルーミールを持って行く担当だ。ちなみに食事は機長、副操縦士はそれぞれ違うもので、時間をずらして食べるのがルールである。万が一、食中毒になった場合などを想定してのことだが、飛行機の運航にはそういった細部にわたってすべてに気を使っている。着陸後、一段落したところで熱いおしぼりを持って行くのも役目である。

私もおしぼりをもってコックピットに入った時は、どんなベテランのキャプテンでも手に汗びっしょりだった。パイロットは、熟練してもなお、緊張する仕事なのだ。温泉でくつろぐのが大好きだった彼女は、もし無事に着陸出来たら、この疲れを癒しにご主人と一緒に温泉に行く予定を考えていたのではないか。そういった心に余裕がある彼女だからこそ、二階席の十六名の乗客一人ひとりに安心感を与えたことだろう。

そして、ひとつ前の福岡便でサービスをした山下運輸大臣の顔が浮かんだろう。運輸大臣なのだから、万が一の時はきちんと原因を調べて対応してほしい。なぜこの飛行機がこうなったのかを、絶対にうやむやにしないでほしいと願っただろう。

これが操縦ミスでも整備ミスでも何らかの突発的事態でも、自分たちの会社が加害者なのか、それとも同じ被害者なのか、天災なのか、人災なのか、白黒はっきりつけてほしいと思っただろう。

なぜならば村木さんは姉御肌で、おっとり見えるわりには、結構凄味があったからである。究極の状況でもなお、希望を持たせて皆さんをリラックスさせていただろう。

村木千代―享年三十歳。飛行時間、五、七〇四時間五五分であった。

●**波川　淳さん**

事故機のチーフパーサーは山口県出身、波川淳さんである。チーフは常にＬ１担当である。

波川チーフはこの年、四月に国際線から国内線へ移行したばかりだった。入れ違いということもあり、私自身はご一緒したことはない。

お兄さんは朝日新聞通信部に勤務しており、朝日新聞社報道部に事故名簿が届いた時、その中に弟の名前を見つけた。それゆえ事故関連の報道は一行も書かなかったという。それは被害者側であると同時に加害者側である気持ちがあったからだという。

テニスが得意で、ステイ先では「まずビール！」というのが口癖の、ひょうきんで面白く、どちらかというとスマートなタイプより田舎もんタイプのチーフだったと追悼文集の思い出話に書いてあった。

常に飾らず本音で話す、そんなドロ臭さが魅力的な方だったようだ。

フランス文学科を卒業しているわりには、茶道や盆栽が好きな面白い一面をもち、ふたりのお子さんの良きパパであり、仕事では常に心のサービスの重要性を熱く語っていた。

そんな彼が、事故直前のフライト、福岡から羽田行き366便乗務の際、L1乗務員席の見合い席となる目の前の座席に座った乗客と話をした際に、なぜか突然のタービュランス（乱気流）が怖いと語っている。そして何度乗務してもどこかに怖さはありますよ、と言ったという。何か虫の知らせだったのか、つい言葉に出てしまったのだろうか。

あの日、同じ119Aグループの他のメンバーたちは、DC－10機にて沖縄へ向かっていた。台風だったせいでひどく揺れながら到着し、フライトを終えて沖縄のホテルに向かうクルー用のバスの中で事故を知ったという。夜通しテレビの前で仲間たちと乗客の安否を思い、泣き続けた。

またつい四ヵ月前まで飛んでいた国際線の仲間たちは、カラチ、アブダビ、アンカレッジ、パリ、ロンドンと世界各地で墜落のニュースを聞き、乗務員リストにナミカワという名前を見つけた。

国際線に比べて国内線は提供するサービスが少ない分、心に残るサービスを提供しようと語っていた彼は、乗客一人ひとりの恐怖心を出来る限り取り除く努力をして逝ったに違いない。

波川　淳―享年三十九歳。飛行時間、一〇、二二五時間三三分であった。

●吉山正子さん

アシスタントパーサーの吉山正子さんは宮崎県出身で、結婚して前年に国際線より移行してきた。彼女も私と入れ違いである。

マイケル・ジャクソンのダンスが得意で、休日はご主人とバイクでツーリング、と活動的だった。彼女は、この仕事がこの上なく楽しいと話していたそうである。「まだまだたくさんやりたいことがある」といつも明るく輝いていた彼女は、きっとあの時Ｌ２担当として、ボーディング時の入口にて搭乗するお客様を満面の笑みで迎えたに違いない。

その時、まさかこのような事故になるとは思わなかっただろうが、万が一の場合に備えて、様々な状況を考えながらお客様一人ひとりの顔を見て把握し、お子様ひとり旅の子どもさんには、「今晩は！　お姉さんと一緒に楽しい旅にしようね！」と声をかけて、座席まで案内していただろう。かわいい子どもたちの手を引いて不安がらないように、より一層明るく振る舞っていたはずだ。

吉山正子──享年二十七歳。飛行時間、四、一六五時間五四分であった。

●白鳥ゆかりさん

スチュワーデスの白鳥ゆかりさんは、神奈川県出身で名字が変わったばかり。「新婚さん」という言葉が良く似合う初々しい人で、国際線から移行したばかりであった。

あの日の一週間後に誕生日、その次の日に結婚記念日を控え、ご両親と共にハワイ旅行の計画を立てていた矢先の事故だったという。六月にするはずの親孝行旅行を八月十九日に延期し、楽しみにしていたハワイで、どこで食事をするか、どこに泊まるか、色々楽しく考えていたに違いない。約束を果たせず、きっと無念だったであろう。そのようなエピソードを書いた彼女と同じグループのT先輩やH先輩の名前を追悼文集で久しぶりに見た。あの国内線で教えていただいた日がまたよみがえる。

Ｒ３担当の彼女は、子どもたちの多いCコンパートメントで、素敵なお姉さんとしてきっと憧れのまなざしで見られていただろう。きめ細やかな心配りで、子どもたちの不安を和らげ、「ほら、富士山が見えてくるよ。綺麗な富士山だね」と語りかけていたはずだ。

荒井由実さんの『ひこうき雲』という曲が大好きでいつも口ずさんでいた。この詩のとおり、何も恐れず、空に憧れて、空を翔けて、その命は飛行機雲となって、天へ舞い上がってしまったのである。

白鳥ゆかり――享年二十五歳。飛行時間、二、一七九時間四四分であった。

●大林幹子さん

私と入社年度が一緒だった大林幹子さんは千葉県出身で、いつも実家のある館山上空を飛ぶたびに家が見えるかもしれないと喜んでいた。彼女とは千葉の土気《とけ》にあった日本航空合宿所での新入社員研修で寝起きを共にしたはずである。

当時の新卒採用は三千人以上が応募して三百名程度が採用され、新年度四月より訓練所の関係で順次、期ごとに入社していった。同期入社だが、訓練中のクラスが別のクラスをセミ同期というが、彼女は私のセミ同期であった。

札幌での地上研修中は、いつもお母さん手作りの「ちゃんちゃんこ」を着て、彼女のその落ち着いた態度はすでにパーサーと呼ばれていたという。

この事故年度になってから、突然、湿疹が出来たり、天ぷら油でやけどをしたりして、乗務できなくなる寸前の状況が続いたらしい。それにもかかわらず、包帯を巻いた姿でなんとかフライトをこなしていたとのことである。それほどまで仕事が好きで、頑張り屋さんであったという。

当初の事故原因とされたR5ドア担当だった。コックピットにR5ドア付近についての事故状況を報告していたに違いない。一番後ろのEコンパートメント担当で、通路を歩きながら、乗客一人ひとりの酸素マスクをチェックしていたことだろう。

大林幹子――享年二十六歳。飛行時間、一、六一〇時間三七分であった。

●大泉征子さん

大泉征子さんは東京都出身で、まだスチュワーデスになって十ヵ月という。

幼い頃からなりたかった夢を実現したが、地上研修中に二期遅れで訓練所に入った。病気か家庭の事情かと思うが、その後は元気一杯に飛び回っていた。ちょっと甘えん坊で、ひょうきんな彼女は、「お家が一番だから、国際線は月の半分もの長い間日本を離れるなんて考えられないよ」と、大好きな実家から通勤していた。

休日には愛車のロイヤルサルーンでドライブすることが大好きで、東京中の道は知り尽くしていて運転が上手く、大きな声でワイワイ話をしながら逗子マリーナによくテニスをしに行っていたと同期の人が思い出を書いている。

まだチェックアウトして十ヵ月ということは、ようやく一人前として乗務し始めた頃である。

R2ポジションの彼女は、前方ギャレー担当となる。つまり台所でお絞りや飲み物を用意する役目で、キャビンを歩いてお客様にサービスする側ではなく、カーテンの内側で仕事をする担当となる。新人はまずここにアサインされるケースが多い。彼女も教えられた通り常にエマージェンシーに備えて、台所の備品やカート類をきちんとロックして収納したことだろう。そして、あの時は再度それを確認してからキャビンに出て、酸素マスク着用を手伝ったはずである。

同期が甘えん坊と呼んでいた彼女は、先輩方に甘える暇もなく責任を果たすことに精一杯だったろう。

大泉征子――享年二十四歳。飛行時間、五四九時間一九分であった。

●旗本恭子さん

ＯＪＴを終え、六ヵ月目だった旗本恭子さん、茨城県出身である。

このグループの中で一番新人であり、シックスマンスチェック中だった彼女は、訓練中に努力賞を受賞したほど、同期仲間では責任感の強いお姉さん的な存在であったという。

福岡での地上研修先の皆さんにかわいがられ、事故前便の福岡発羽田行きの３６６便ではパックスインフォメーション（乗客人数などの搭乗者情報）を取りに旅客課へひょっこり顔をだした。

「がんばって飛んできます！」

その言葉を残して飛び立った。輝くような笑顔とその声を地上職の誰もが覚えていた。

後方ギャレー担当のＲ４で、指導してくれる二之宮良子さんと一緒の席に座っている。

きっと二之宮さんの楽しい海外旅行の話で、早く国際線へ移行したいと思っていただろう。まるでついこの間の私のようだ。

スチュワーデスになる前、内定をしていた他の会社を断ってまで選んだ道だから仕方がない運命だったと、妹さんが語っている。また、大学の教育実習で訪れた学校の教え子たちが、あのまま先生になっていたら……先生になっていてほしかった……と悲しんだ。

六ヵ月しか飛ばなかった彼女……この仕事の魅力を十分味わう前に逝ってしまったのだ。

旗本恭子―享年二十四歳。飛行時間、たったの三六三時間四一分であった。

以上、十二名が８１１９号機の客室内で、最後の最後まで乗客と運命を共にした客室乗務員たちの素顔である。

その年の『昭和六十年十二月二十日現在』と記された社員名簿。

一度に十二名を失った１１９Ａグループだけ、他のグループよりも空欄で名前が少なく、その悲しみを物語っている。

想像を絶する運航乗務員たちの苦闘

ジャンボジェットの二階席の最前部にはコックピットがある。

その狭い空間に入ると、いきなり目の前に天空が広がり、まるで空中に自分が浮かんでいるような錯覚を覚える。後ろに大勢の人が乗る空間があるとは思えないほど、ここだけが空に飛びだしている感じである。ちなみに、コックピットという名称は、「鳥小屋のように狭い」という意味でついた。

新人スチュワーデスのうちは常に緊張しながら、この空間へ足を踏み入れる。必ずノックをして声を出し、周囲に不審な客はいないか安全を確認してからさっと入るのがルールである。

離陸して巡航高度に入ってから、キャプテン達がほっと一息ついた頃合いを見計らって、お茶や食事を持って行く。もちろん機内サービスを優先させてからだが、前もって飲み物を聞いておき、食事の順番やクルーミール内容を考えながら、持って行く時は確実に渡すこと、必ずお盆を使うことと教えられた。万が一、飲み物がこぼれてもお盆の上であり、計器に液体がかからないようにとの配慮である。

左がキャプテン（CAP・機長）、右がコ・パイロット（F／O・ファーストオフィサー副操縦士)、その後ろに横向きで座るのがフライトエンジニア(F/E・航空機関士)である。
航空機関士は自らを通称、「たこ踊り」と呼び、天井までおびただしい計器類が貼り付いている狭いコックピットで、慌ただしく両手を上下に動かしながら仕事をする。

あの123便は、副操縦士が機長昇格のために実機訓練として左側に座って、順調に離陸し、スタートをした。
巡航高度に入り、間もなく水平飛行となってサービス開始OKの指示を出し、コックピット内が一段落する直前、ドーンという大きな爆発音でエマージェンシーへ突入する。八月十七日に運輸省の航空事故調査委員会が現時点で解明が出来ている部分のボイスレコーダーを発表した。その会話が二十日の新聞各紙に載った。目立つ主な言葉を並べてみる。

高浜CAP「なんか爆発したぞ」「スコーク77」(注7)
福田F/E「ハイドロプレッシャー(油圧)が全部落ちていますね」
高浜CAP「バンク(角度)そんなにとるな、マニュアル(手動)だから」

佐々木F／O「はい」
高浜CAP「戻せ」
佐々木F／O「戻らない」
高浜CAP「ハイドロ（油圧）全部だめ？」
福田F／E「後ろのほうですか、何がこわれていますか。—略—一番後ろですね、荷物の収納スペースのところが落っこってますね。これは降りたほうがいいと思います」
「R5ドアブロークン降下しております」
佐々木F／O「われわれもマスクかけたほうがいいです」

（注7）スコーク77

ATC（Air Traffic Control）航空交通管制で使用するトランスポンダ（自動応答装置）、で、飛行機側に搭載する応答装置に入力する番号によって飛行機の状況を識別する。ハイジャック、無線通信不能などによって番号が異なり、このスコーク77は、緊急コード番号7700（非常事態、緊急状態）の意味である。

高浜ＣＡＰ「降りるぞ……頭を下げろ　両手でやれ」
高浜ＣＡＰ「気合いを入れろ」

高浜ＣＡＰ「頭下げろ」
「パワーパワー」
「重たい、もっと、もう少し、頭を下げろ」
佐々木Ｆ／Ｏ「いっぱい、舵、いっぱいです」
高浜ＣＡＰ「ジャパン１２３、アンコントローラブル（操縦不能）」
佐々木Ｆ／Ｏ「え、相模湖まで来ています」

高浜ＣＡＰ「これはだめかもわからんね」
「おい、山だぞ」
「山にぶつかるぞ」
「マックスパワー（出力最大）」
「レフトターン」
佐々木Ｆ／Ｏ「今舵いっぱい」
「ききません、出来ない」

高浜CAP「頑張れ　頑張れ」

佐々木F／O「スピードが出てます、スピードが……」

　「あー、だめだ……高度落ちた」

高浜CAP「どーんといこうや」

　「頑張れ　頑張れ」

　「頭を上げろ、上げろ」

　「フラップ、おりない」

高浜CAP「リクエストポジション（この飛行機の位置を聞け）」

福田F／E「了解、熊谷から二十五マイル、ウエストだそうです」

高浜CAP／佐々木F／O「フラップアップ・フラップアップ・フラップアップ」

「はい」（佐々木副操縦士の最後の言葉）

「上げてます」（福田航空機関士の最後の言葉）

「頭上げろ！　パワー！　パワー」（高浜機長の最後の言葉）

三十二分間の声の記録が各新聞に掲載された時、その状況がつぶさに目に浮かんで茫然となり、あまりにもつらかったのを覚えている。

あのような極限の生死をかけた状況の下、きっと本当は乗員といえども恐ろしくて仕方がなかったに違いない。しかし、そう感じる一瞬も惜しんで操縦していたのだろう。

人間は究極の状態に追い込まれた時、その人の人間性や責任感、そして生き様が露見する。助ける側と助けられる側に分かれるとするならば、助ける側の人間はどこまでその恐怖心を超えて冷静に相手を助けることが出来るのであろうか。

突発的な異常事態を必死に乗り越えようと自分を律した時、どれくらい耐えきれるのか。それは覚悟を決めたから出来るのではないだろうか。

覚悟を決める――。

その状況から逃げないで最後まで役目を果たす。それが究極のプロ精神なのだ。

覚悟を決めた機長は「どーんといこうや」と周りを安心させて、自らの腹を据えた。

高浜雅己機長は、このとき運航乗員訓練部B747操縦教官室に所属して、多くの若い副操縦士を育てているベテランであった。

ボイスレコーダーにも時折その性格が表れるように、朗らかで明るく、何よりも強い根性を持っていたと同期のパイロット仲間が語っている。

あれほどまでに安全性能を追求したＢ７４７機が、フライトシミュレーションでも想定不可能な突発的異常事態に遭遇してもなお、キャプテンは、冷静さを失うことなく、機体を飛ばし続けることと安全に着陸させることを考えて、考えて、考え抜いていた。


まったく意のままに動かない巨大な宙に浮く塊を必死に操縦していた事実。

安全に不時着する可能性を少しでも模索しながらの飛行は、何よりも自分の命を懸けての操縦である。

人間は神ではない。

しかしこの操縦を神技と記した記事がある。

発表されたフライトレコーダー（飛行記録装置）のデータを基にして、飛行力学が専門の日本大学理工学部航空宇宙工学科、柚原直弘教授が分析している。

「巡航高度七千二百メートルに達し、エンジンを少し絞って水平飛行に移った瞬間、異状（原文のまま）が発生した。突然、機首がヒョコっと跳ね上がり、機体は右へ傾く。水平尾翼の付け根にある水平安定板が壊れた。『間を置かず、垂直尾翼の方向舵が吹き飛んだはず』と教授。

操縦席の足元にあるペダルが方向舵を右に向けるようういっぱいに動いているのに、ジャンボ機は全く動いていない。—略—異状発生から一分後、油圧の力が働かなくなると同時に主翼にある補助翼もきかなくなり、約一分半の周期で襲ってくる高さ千メートルの大波に乗ったようなフゴイド運動が始まる。—略—まるで荒海にほんろうされる小舟。

こんな複雑な飛行を経験した旅客機はかつてないでしょう」（一九八五年九月二日付上毛新聞）

この間、二人のパイロットはエンジンの出力をフルに上げたり絞ったりして、この運動を消そうと必死に試みる。胴体下部の車輪が下りる。同時にエンジンを絞る。山梨県大月市上空で旋回するころにはフゴイド運動（長周期の波揺れ）もダッチロール（横揺れ、縦揺れ）もかなり収まり比較的安定を取り戻した。次に迫るのは山である。「驚いたことに、この二人のパイロットはこの状態からエンジン操作だけで、上手く立て直すんですね」と、教授は二人の操縦に舌を巻く、とある。

だが、ジャンボ機のスピードは落ち、何とか揚力を得ようとフラップを下げたが、一時的には上昇するが、スピードは衰える一方である。スピードアップのためにエンジンを噴かすが、そうすると機首が上がり、結局失速の危険が増してしまう。しかしエンジンを絞るとこんどはスピードが出ない。逃れるすべのないままの、このジレンマをパイロットの死闘と記してある。

「二人のパイロットの操縦ぶりはまさに神技ですね。信じられないほどです」

そう語る教授は悲痛な思いを込めた感嘆であった。

航空機事故調査報告書に基づき、高度と時間、ボイスレコーダーを並べてみた。垂直尾翼が吹き飛ぶ程の急減圧が起きた場所で、飛行機がどういう状態だったのか、ポイントだけを再現してみる。（地図上の場所は図1参照）

①事故発生確定位置

伊豆半島と大島の間上空

時間：18時24分35秒

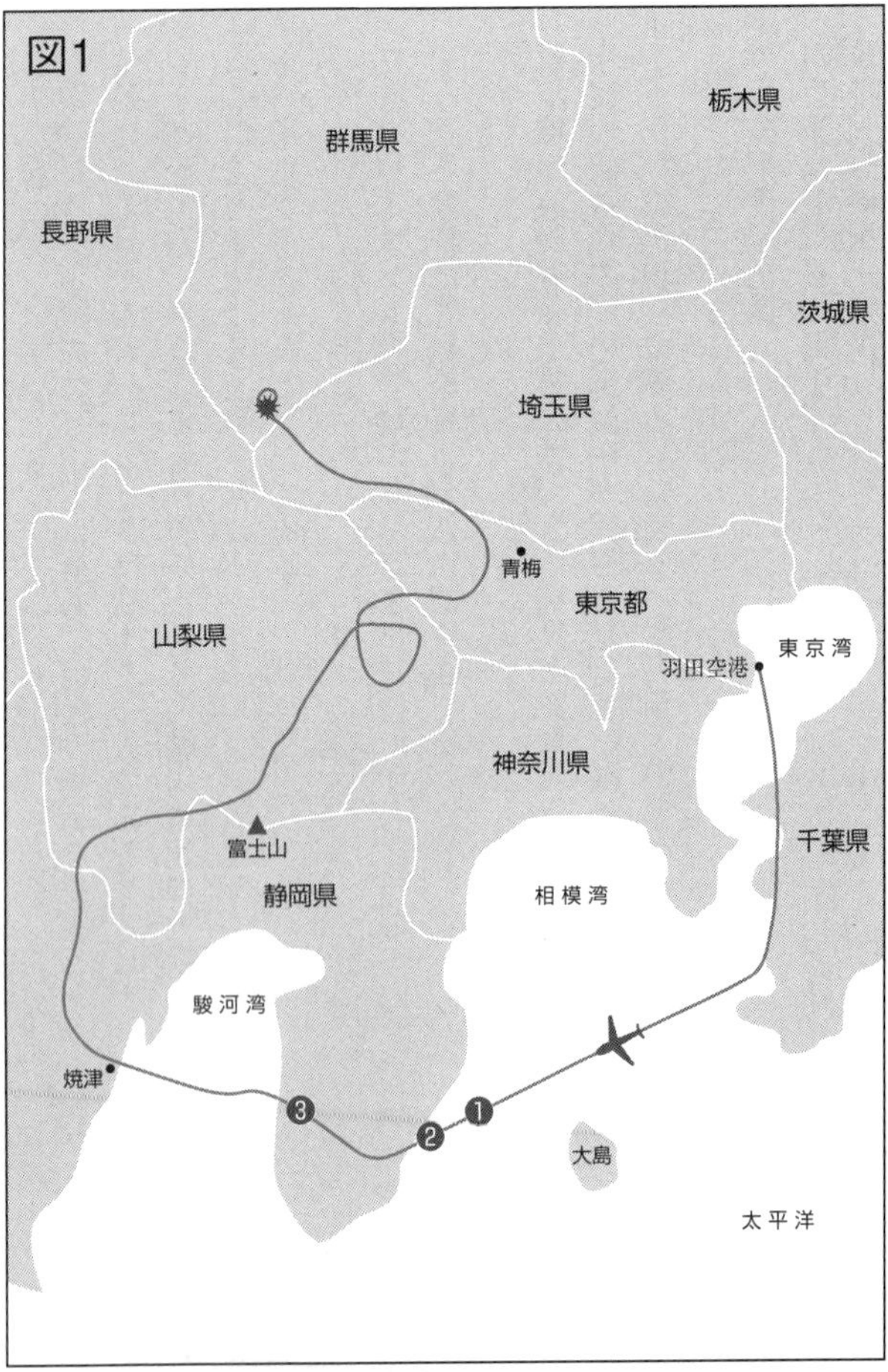
図1
栃木県
群馬県
長野県
茨城県
埼玉県
青梅
東京都
山梨県
東京湾
羽田空港
神奈川県
富士山
千葉県
静岡県
相模湾
駿河湾
焼津
❶
❷
❸
大島
太平洋

高度：23900フィート
（7284・72m）
スピード：300ノット
ボイスレコーダー音声
「ドーン」
「なんか爆発したぞ」
「スコーク77」（18時24分42秒）
②時間：18時25分18秒
高度：23900フィート
（7284・72m）
スピード：310ノット

この報告書では急減圧回避に不可欠な急降下がない。一年後のタイ航空機圧力隔壁破壊事故では一気に高度を下げている。それでも垂直尾翼は吹き飛ばない程度だった。

③時間：18時27分07秒
高度：24400フィート

（7437・12m）
スピード：310ノット
高浜機長「両手でやれ」
佐々木副操縦士「はい」
福田航空機関士「ギアダウンしたらどうですか？　ギアダウン」（18時38分32秒）

普通の正常な会話である。意識が低酸素でもうろうとしているわけではない。

＊1ft（フィート）＝0・3048m、1kt（ノット）＝0・51444m／s

不思議だ。このフライトレコーダーが出るまで、隔壁破壊による突風で急減圧が発生したと全紙が報道していた。だが、このフライトレコーダーの記録によると、急減圧ならば機内の酸素が薄くなるため、それを回避するために不可欠な緊急降下がまったく行われていないことになる。時系列に見てみるとすぐ分かる。高度は下がらず、むしろ緊急発生時は上昇している。そしてその後三十分も飛行している。

ということは、当初隔壁破壊で一気に降下したのではなく、降下が必要になるほど急な減圧ではなかったのだということが、スチュワーデスとして訓練をした者にすぐ理解できる。したがって当然のことながら機内で、物も激しく飛び散らず、人も飛びあがらず、外へ吸い出されずに済んだのだろう。

それゆえ四名の生存者の鼓膜は大丈夫で、すぐインタビューに答えられたのだと分かった。この事実が、爆風が発生するほどの減圧はなかったことを物語る。ただ、これらの高度は目撃情報とは異なる。

その後、八月二十七日の第一次中間報告では、ボイスレコーダーとフライトレコーダーの解読が中心で、隔壁には一言も触れていない。

だが突然、アメリカのニューヨーク・タイムズ紙で驚くべき記事が掲載される。それは、日航機墜落事故の原因究明にあたっている米当局者に近い筋の人が明らかにしたという。当人が特定できないにもかかわらず、もっともらしく力強い記事だ。

「同機の墜落事故原因は一九七六年、大阪空港での着陸の際、同機が尻もち事故を起こした時の修理の不備による可能性が強いことが明らかになった」（一九八五年九月六日付ニューヨーク・タイムズ紙）

同紙によると、大阪空港での尻もち事故の際、ボーイング社の専門チームが派遣された。この時、客室と尾翼構造部分を遮蔽している与圧隔壁の修理に二列にリベットを打つべきところを一列に打ったままにとどめたことが明らかになった。

この修理法によって隔壁が弱くなり、今回の事故で垂直尾翼が吹き飛ぶ原因となったという。

修理ミスについての詳細が載っているこの記事は、日本での発表ではなく、米国の新聞に載ったのである。

なぜ唐突にもこんな記事が米国から出たのだろうか……。

「日航整備部門によると修理はボーイング社への全面委託でその指摘が本当かどうかは不明とある。日本の事故調査委員会はこの報道を重視」と書いてある。（一九八五年九月七日付毎日新聞朝刊）

日本の国の事故であるにもかかわらず、事故原因特定につながる情報が、米国より流れてきたこの事実をどう受け止めれば良いのだろう。

これに対して、日本の運輸省事故調査委員会では、リベットが一列だといって直ちに欠陥とは言い切れないが、問題の部分がボーイング社の修理マニュアルでどのような扱いをすべきと規定しているか究明する方針としている。
それにしても、なぜ米国の新聞社が事故原因を報道したのだろうか。

その日の夕刊各紙では、直ちに「怒りの声」として、ボーイングの手抜き修理と日航、運輸省の甘すぎた点検を取り上げている。

「修理を請け負ったボーイング社がなぜリベット打ちで致命的な手抜きをしたのか。日航や、安全をチェックする運輸省はそれをどうして見逃したのか」
すべては手抜き修理を行い、それを見抜かなかったところへの非難と怒りである。
もしそれが真実ならば当然のことだ。私自身も情けないほど怒りが込み上げてくる。

ただ、もう一度冷静に考えてみる。なぜ米国の新聞にこれが突然載ったのだろう。

九月七日付の毎日新聞夕刊に小さい記事で、日本の運輸省航空事故調査委員会の八田桂三委員長は心外な表情で、「米当局者が事故調査委員会の公開に先がけて、調査過程を明らかにするのは好ましくない。この点はＮＴＳＢ（米国国家運輸安全委員会）側にも事情をただしたい」と語ったとある。それは当然の抗議だろうと、誰もが思うことである。

しかし、その次の日の新聞を見て驚いた。まったく別のことが書いてある。それは実は、日本側が本当はすべて事前に知っていたというのである。新聞なのでタイムラグがあるが、夕刊の記事を書いた時、つまり昨日のボーイング社の修理ミス記事が出た午前中は、事実を確認してみる、とか、分からない、などとあいまいなコメントを繰り返していた日本側もついに、その日の午後五時からの記者会見で一転して、この内容はすでに知っていた、少なくとも第一次中間報告発表よりも前の八月二十七日から分かっていた、という記事である。

「事故調査主権は事故発生国にあるのに、当方に何の連絡もせず、ボーイング社が一方的に声明を出したのは遺憾である。隔壁を東京に運んでから(接合部を)十分調べることにしていたのに……と藤富久司事務局長。知っていた事実を公表しなかったことよりも、ボーイング社に先を越され、いわばメンツをつぶされたことの方が重大、と受け止めているようなムードだった」(一九八五年九月八日付毎日新聞朝刊)

この記事では、航空事故調査委員会運営規則第十八条には、事故調査により知り得た事実は、可能な限り発表するよう努めるものとする(一九八五年当時)、と定められているのだが、先月の二十七日にこの事実を知りながら、事故調査委員会は隔壁には一言も触れていなかったことになると追及している。

これに対して、八田委員長は、まだ発表の段階ではなかったと弁明し、逆にこちら側に何の連絡もなく、なぜ突然発表したのか、信義に反すると不快感さえ表している。

航空評論家たちは、日本の事故調をお粗末だと言ったり、ボーイングは自首したのだと言ったり、また修理ミスを見逃した運輸省をかばったのか等々、色々な意見を述べている。事故調独自に専門家を総動員し、調査した上で自信を持って公表すべきだという意見、米国に対して弱腰だという考え方など、実に混乱している様子がうかがえる。

委員長の八田桂三氏は、この一ヵ月後の十月九日に辞任した。その後任として、武田峻氏が、第一〇三回国会の議員運営委員会にて任命、承認された。

NTSB―米国国家運輸安全委員会。大統領の直属機関として大変な権威を持つところである。そこに所属して日航機墜落事故原因究明にあたっていた何かしらの近い筋の情報として書かれた、修理ミスが原因という断定的な記事。

事故発生後二十五日目にして、唐突にニューヨーク・タイムズ紙で発表された事故原因であった。

その後一気にボーイング社の修理ミスを見逃した日航側、そして運輸省のチェック体制批判へと世論が集中してくる。

米国での一報道から始まったこの事故原因は、まるで、敷かれたレールの上をただ走ることだけを強要されたように、日本側の事故調査委員会も、修理ミスから生じた圧力隔壁の亀裂から爆風が吹き、垂直尾翼を内部から吹き飛ばした説へと傾いていく。

ふと別の新聞に目をやると「ようやく十七日ぶりに機長の遺体確認」の文字が目に飛び込んだ。

高浜機長の遺体は下顎《あご》の右側部分のみが見つかり、歯の治療を受けた歯科医からカルテ、レントゲン写真を取り寄せて照合し、ようやく判明したとのことである。遺族は顎のみの対面であった。

さらに機長について、八月三十日の新聞各紙の記事で、ひとつの縁というべき、驚くべき事実を知った。

なんと機長の奥様の母方の生家があるのが、この事故現場である群馬県上野村の隣に位置する多野郡万場町というのだ。これは奇跡に近い偶然だ。

そこには奥様の親族も住んでいるため、高浜機長は家族で墜落現場近くの「ぶどう峠」付近の道路をドライブしたことがあった。その際、上野村周辺の山々の風景がとても気に入っていたという。そしてもう一度来たいね、と言っていたそうだ。

この付近はメジャーな観光地でもなければ、抜け道でもなく、一生通ることがなくても不思議ではない過疎な土地だ。その山中の墜落現場の隣町が奥様の親戚が住む土地だったとは……。

なんということだろう――。

もしも、数々の運命が重なったとしても、ここまで重ならなくても良いだろう。

高浜機長は、風景が好きだった場所、そして奥様と思い出のドライブをした上空で、何を思いながら必死に操縦していたのであろうか。

操縦桿を握っていた責任は非常に重い。ただ、プロとして膨大な訓練と経験をもってしても計り知れなかった事態に陥り、その事実のすべても把握出来ぬまま、無事に着陸することのみを考えて、逝ったのであった。

高浜雅己機長―享年四十九歳。飛行時間、一二、四二三時間四一分であった。

そして墜落の寸前まで機長を支え、ありとあらゆる手段を模索しながら限界を超えてもなお、飛行機を飛ばすことのみを考え続けて逝った二人がそばにいた。

佐々木祐《ゆたか》副操縦士は、事故の三年前はローマ主席運航乗務員としてイタリアのローマに転勤していた。当時は南回り路線があり、その交代要員としてアテネやローマに運航乗務員が滞在していたのである。その後B747運航乗員部米州第一路線室第二グループに所属した。

このフライトではB747操縦教官室所属の専任乗員教官、高浜雅己機長の指導の下で機長席実務訓練として左席（機長席）に座っていた。

休みの日はいつも家で本をたくさん読み、きちょうめんで責任感が強い性格であったという。

前日は「お父さん」として、二人のお子さんと一緒に近くのプールへ遊びに行ったのが最後となった。お母さんも一緒でとても楽しそうにしていたよ、とお子さんは悲しく語ったという。

佐々木祐副操縦士──享年三十九歳。飛行時間、三、九六三時間三四分であった。

福田博航空機関士は、運航乗員訓練部に所属し、B747技術教官を務めていた。次男を交通事故で失うという不幸がありながらも、いつも優しく穏やかで、心身の健康を維持するためのジョギングを欠かさず、マラソンランナーとして大会に参加していた。ベテランの良き教官として訓練生を自宅に呼び教えるなど、面倒見のよいお父さんのような存在であったという。家族は二度も事故による不幸に耐えなければならなかった。

家族を失うことの悲しみを身にしみて知っている人だからこそ、最後まで必死に計器を動かしていたに違いない。

福田博航空機関士――享年四十六歳。飛行時間、九、八三一時間〇三分であった。

事故原因は――その後の展開

航空事故調査委員会による第一次中間報告での事故原因は、亀裂が生じた隔壁が破壊されて、急激な減圧による爆風が吹き、垂直尾翼を内部から吹き飛ばしたという隔壁破裂原因説である。（一九八五年八月二十七日発表）

実はその報道の七日前の八月二十日付新聞各紙に、「日航へ立ち入り検査・運輸省隔壁主因を認める」という内容で、衆議院運輸委員会が開かれた席での運輸省側の答弁が書いてある。

墜落事故の原因究明の質疑の中で、山下運輸大臣は、「警察、事故調査委員会の捜査が本格的に始まったばかりで、まだいつ頃判明するかわからない。相当時間がかかる様子だ」という答弁をしている。

運輸省の大島航空局技術部長は、「ジャンボ機の一斉点検では特に不具合は見つかっていない。日航立ち入り検査だが、今回は整備関係を重視する」と述べた。

さらに、運輸省の航空事故調査委員の藤富事務局長は、「機体後部に何らかの不具合がみられて、これが原因の一つであると思われるが、ただちにこれだという段階ではない」と答えている。

一番注目を浴びた発言は大島氏が、

「私どもは圧力隔壁が事故に重大なからみがあると理解している」

と言ったことで、山下運輸大臣の、「まだ捜査が始まったばかり」という答弁とは対照的である。大島氏はなぜそんなに早く理解が出来たのだろうか。

第二次中間報告――。

九月六日付けで突然発表されたニューヨーク・タイムズ紙によるボーイング社の修理ミス説が主力となり、七年前の大阪空港における尻もち事故の修理を全面委託されて請け負ったボーイング社が、後部圧力隔壁の修理の際、決められたリベットより少ない数で修理したことによって金属疲労が生じ、それが原因で隔壁が破壊された。（一

九八五年九月十四日発表）

これを受けて各新聞や雑誌では、

「ボーイング社は、世界中を飛んでいるたくさんのジャンボジェットの構造にミスがあるのではなく、悪いのはあの修理ミスを行った一機のみであるとしたくて発表したのだろう」

とか、「わざわざ弱いところを作るような修理をしたとは、信じられない。あれほどひどい修理をよく日航はだまって通したと思いますよ」という意見があり、さらに、

「事故調にお願いしたいのは、単なるつじつま合わせではなく、事故原因を突き詰めてもらいたい、今後に役立つようにしてほしいということだ」

などの声が上がった。

後部圧力隔壁――。

毎日、昼夜問わず世界中の空でフライトしている私を含めた乗務員たちの目にも、お客様の目にも、直接見えない場所にそれがある。さすがに私もそのものを見たことはなく、通常の整備中にものぞいて見えるものでもない。

新聞写真では、むき出しの圧力隔壁が四方八方にひび割れている姿であった。

事故現場で生存者救出の際や遺体を収容するためにカッターで切った部分も、激突

した時にひび割れたであろう部分も、金属疲労でひび割れたという部分も、すべてごちゃごちゃの状態で、ビリビリに割れている無残な姿が、「これが原因だ！」というように写っていた。

一九八七年六月十九日最終事故調査報告書――。

橋本龍太郎運輸大臣に提出した内容は、やはり、事故機が一九七八年六月二日に大阪空港で胴体後尾部を滑走路にこすった際にボーイング社が修理し、その修理ミスを起因とした後部圧力隔壁が、疲労亀裂となって破壊されて急減圧が生じ、垂直尾翼を突風が吹き飛ばしたというものであった。

日航側もその修理ミスを見逃したということで責任を指摘された。

報告書のほとんどは修理の際にミスをした断面図や隔壁の状況説明である。

乗客、乗員の死傷についての解析では、機体前方部は即死状態、後方胴体のさらに後方にいた生存者は奇跡であるとした。

また、運航乗務員は急減圧による低酸素状態で操縦したことにより、知的作業能力、行動能力がある程度低下したものと考えられるとした。

さらに捜索活動については、登山道がなく落石危険の多い山岳地域であり、夜間ということで機体の発見及び墜落地点確認まで時間を要したことはやむを得なかったとしている。

即死ばかりではないはずだ。墜落後生き残った人たちの声がしたということが生存者の落合さんや川上さんの証言であった。でもあれはすべて奇跡として想定外ということなのだろうか。

高浜機長、佐々木副操縦士、福田航空機関士は、意識がもうろうとしながらあの神業的なエンジン出力操作を三十分も行ったということか。減圧があったとしても、不思議なのは高度が下がらず、むしろ上昇していたではないか。

そして自衛隊が墜落地点確認までに時間を要したのは、夜間のせいと山のせいということなのか。

この報告書を受けて、新聞各紙の反応、および専門家たちからは、

「航空学上は妥当な内容と思われるが、なぜ修理ミスが発生したのかという部分の具体性がない」

「生存者の発言が全く取り上げられていない」

「発表されるたびに修正されてきたボイスレコーダーの生の音声自体がまったく公開されていない中で、報告書の内容は事実に関する以外は、すべて事故調査委員会の見

解にすぎない内容である」
といった声が寄せられた。

整備ミスなのか……

この事故が起きるまでは、日本航空の整備は世界一だと社員全員が誇っていた。ボーイング、米国連邦航空局、ユーザー航空会社の三者でとり決めた飛行時間よりも、早めに整備点検を行い、日本人らしく細かい部分まで念入りであるとの評価で、世界各地の航空会社から整備の依頼が来ていたのである。

さらに発展途上国においては、日本航空の中古飛行機を買いたいという希望が多く、それほどまでに丁寧に整備をしているという評判であった。

そして何よりも、私たち乗務員が皆、このプロの威信を懸けて行う整備を信頼していた。それで安心して毎日フライトが出来たのである。

整備士が出発前に最後の点検をしている姿や、前のフライトで故障が生じた場所を必死に直している姿を機内で見かける時、その真剣なまなざしと、油で汚れたつなぎ姿が実に頼もしく思えたことが何度もある。

これらはすべて幻想だったのだろうか。

客室乗務員たちは親しみを込めて、いつも彼らを「整備さん」と呼んでいた。昼夜仕事をしながら国家資格を次々取り、仕事に取り組む姿勢を尊敬していた。彼らとの接点は意外なところであった。

国内線の場合、一日のうちに何度も飛行機に乗るため、私たち客室乗務員はフライトとフライトの間に機内で休憩をする場合が多かった。

特に、機材繰り（飛行機が天候や整備など何らかの理由で予定通りのスケジュールを保てなくなって欠航したり遅延したりすること）などで空き時間が出来た場合や、ちょうど食事の時間などにかかった場合は、飛行機から外に出る時間も場所もないため、駐機中の機内でクルーミールというお弁当を食べて、ちょっと休憩するのである。

特に早朝フライトの場合は、まだ暗い朝の三時頃に起きて会社に来るためにとても眠い。

よく先輩方が少しの時間も惜しんで、誰もいない客席で毛布をかけて仮眠していた。そんな時、前便で故障のあった箇所や、シートの不具合、コールボタンなどのライト切れなどをチェックして直したりするために、ひょっこり機内に整備さんが入ってくることがある。

そして、すっかり寝込んでいる先輩たちの姿を見て笑いだしたり、お互いに驚いたり……。

整備さんがギャレーで、スチュワーデスが出したお茶を飲みながら立ち話をしたりする光景も時折見られた。つなぎや制服の胸には、ネームプレートがしっかりついているので社員名簿を見ればすぐ電話番号も住所も分かる。次の便の新しい搭載品が来るまで、機内清掃の人が入ってくるまで、乗客のいない飛行機は束の間の静かな空間となる。

整備さんは、あまり女性と知り合うチャンスがないとぼやきながらも、このほっとする空間が広がるわずかな休憩時間で、ちゃっかりと合コンの約束をする人もいた。きっと同じ会社で働く社員として、お互い気心が知れているため、独身者同士で盛り上がったのだろう。

人気のない無機質な機内でのたわいもない楽しい会話は、次のフライト開始まで緊張がほぐれて楽しい一時であった。そんな出会いで知り合って結婚した先輩も多く、時々、整備している夫の姿を見かけて手を振るスチュワーデスもいた。

その整備さんたちの仕事がいい加減であったとは――。

製造元のボーイングが手抜き修理したことを見抜けなかったとは――。

運賃をいただいてお客様を乗せる責任がまったく果たせないではないか――。

出発前の点検をする整備さんたちを見るたびに、より一層憤りと悲しみが深まって

整備工場の風景

ゆく。
　この気持ちをどうすればいいのだろうか。

　日にちは前後するが、事故から一ヵ月後の一九八五年九月二十七日、社内誌『おおぞら』の臨時発行冊子で、「これだけは理解してほしい　B747機体構造のミニマム常識」というものが社内で配られた。整備さんたちからのメッセージである。
　私も機内でお客様から「日本航空の飛行機は本当に安全なのか?」という質

問をされたことがある。このような問い合わせに対して、社員全員が正確な知識を持って的確な説明が出来るようにと、整備についての詳細を臨時で配ったものである。

国家資格を持つ整備士が行っている整備内容を非常にわかりやすく書いたものだが、事故の十ヵ月前に事故機に行われていたC整備の内容も書いてある。

C整備というのは、後部圧力隔壁を内側と外側から（機体後方内部からも）点検することになっていると書いてある。なんと、この事故の原因とされた箇所は十分点検していたではないか……。

そのC整備とは何か、少し具体的に説明をする。

墜落する十ヵ月前に行われた事故機Ｂ７４７のC整備とは、三、〇〇〇飛行時間ごとに運航を止めて四、五日かけて行う詳細点検で、作業内容は初系統機能検査、作動検査、配管、配線、機体構造検査等である。隔壁については機体内部、さらに後方から点検し、隔壁と胴体との取り付け部も機体外部より点検する。つまり最も事故原因とされる部分を丁寧に検査し整備したということになる。

ちなみにC整備以外にＢ７４７には、次の整備体制がある。

T整備（毎飛行時）。作業時間〇・五時間で、主にフライト前の外部点検である。

燃料補給、潤滑油点検、タイヤ圧点検、前のフライトで発生した故障があればその処置を行う。

A整備（二五〇飛行時間ごと）。作業時間五・五時間で、主に外部状態の点検となり、エンジン、脚、動翼、胴体、翼、操縦室、客室の状態点検となる。

B整備（一、〇〇〇飛行時間ごと）。作業時間九時間で、外部および一部内部状態点検を行う。エンジンおよび補器類の詳細点検、脚、動翼の詳細点検である。

そして前出のC整備。この時はCのみならず、A、B、そしてCの三つの整備を詳細に行うのである。

最後に、H整備（約四年毎）。これは十日から十七日間かけて全ての塗装を取り、客室内も椅子や壁、すべてを取り払い、丸裸になった飛行機の状態で行う、機体の改造修理である。そして外部も再塗装を行うという大々的な整備である。

整備士とは、心から飛行機を愛し、愛機が無事に帰ってくることを願って、日々地道に仕事をしている人たちだ。コツコツと経験を積みながら国家資格を取り、それを誇りとしてプライドを懸けて仕事をするプロの集団である。

機械ばかりに頼らず、懐中電灯を片手に機体の隙間に潜り込み、這いつくばり、ポケットからルーペを出して太さ三ミクロン（0・003ミリメートル＊ミクロンは一九九七年に法定計量単位から削除されて現在は一ミクロン＝1マイクロメートルとなっている）の亀裂を見つける。エンジン表面に液体が付いていれば、内部から漏れたオイルなのかどうかを、舐めて確かめた時代もあった。金属板の貼り合わせ部分は、たたいた音で異常を察知する。常に集中力を高め、職人芸のように五感も六感も働かせてチェックするのである。

あの時、墜落現場での現場検証、事故調査委員会の調査に立ち会ったある整備士は、バラバラになってしまったジャンボジェットを目の当たりにし、日頃夜を徹して這いつくばって舐めるように整備をし、自分の子どものように愛おしい飛行機の無残な姿に、本当に残念で、残念でたまらない、無念だ……と絶句した。

そして自分たちが体を張って整備した飛行機が、多くの人の命を奪ってしまった現実に、耐えきれない様子だった。

羽田整備工場メンテナンス・コントロール室調査役で遺族のお世話係を担当したT氏は、事故から一ヵ月後の九月二十一日に、心労からか、「死んでお詫びをする」と遺書を残して果物ナイフで首や胸を数ヵ所刺し、自殺した。

T氏は終戦まで満州航空で働いていたとのことで、トンボのようなフォッカー・スーパー・ユニバーサルという飛行機をこよなく愛し、いつも勤勉であったそうである。

戦後、満州航空のノウハウと人材を中心として日本航空が設立された。その時に入社し、満航時代の同期と再会してその頃の教訓をいつも語っていたそうである。

「だろう良かろう事故のもと」

これを聞き、飛行機整備や運航乗務員は常に肝に銘じていたという。

この精神をもってしても、プロである整備陣が事故機の原因を見抜けなかったのか。その後輩たちへの悔しさからの死なのだろうか。


父親が整備士である、夫が整備士であるという人は私の周りにもたくさんいる。

もし妻が客室乗務員で、あの事故で死んだとしたら……。

もし息子が、自らが整備した自社機に乗っていて事故に遭ったとしたら……。

本気で仕事をしていたはずのプロたちは一体どう思ったのであろうか。

本当に整備のミスだったのか……。

自分の心にもう一度、問いかけてほしい。それほどいい加減に整備をしていたのか。

本当に見抜けなかったのか……。

それとも何か重大な理由でもあるのか？

もし生きていることで何か償えるのであれば、真実を話すことではないだろうか。人は、真実を覆い尽くしたまま嘘をついて死んでいくことほど寂しいことはない。


一九八八年十二月一日に、群馬県警特別捜査本部は、事故は日本航空、運輸省、ボーイング社の過失が重なって起きたとし、業務上過失致死傷の疑いで、日航十二名、運輸省四名、ボーイング社（氏名不詳）四名、合計二十名を前橋地検に書類送検した。

日本航空側の十二名とは、一九七八年にボーイング社の修理後、領収検査を行った整備本部の技術部、検査部、羽田整備工場検査室長ら六名と、一九八四年十一月に事故機のC整備を行った羽田整備工場点検重整備部の六名である。

しかし、一九八九年十一月二十二日午後、前橋地検は群馬県警から業務上過失致死傷容疑で書類送検された日航十二名、運輸省四名、ボーイング社四名の計二十名と、さらに遺族側から告訴、告発された三者の首脳ら十二名（うち一人重複）の合計三十一名を全員不起訴とした。

不起訴か——。全員が罪を問われなくなったのだ。

それから、幾度も再調査を望む数々の声はかき消され、誰ひとりも起訴されることなく、罪を問われることもなかった。

五百二十名の命（衝撃で胎児が母体から外に出たことで五二一名という場合もある）が失われたこの大事故は一九九〇年に時効となり、誰も刑事責任を問われず、事故そのものが封印され、重い蓋がされたのである。

あの日を忘れない

あの事故後は、例年になく客室乗務員の結婚や出産による休職や退職者が多く、私もその中のひとりとなった。それは事故がきっかけというよりも、人生で何を一番に考えるべきか、自分の人生をどう生きるべきかについて、より一層深く考えた人が多かったからだろう。

私の初フライトの便名でもあった「１２３便」は一九八五年八月三十一日をもってタイムテーブルから消え、永遠に欠番となった。

スチュワーデスという職業に、ＪＡＬというロゴマークに、亡くなった先輩方の誰もが憧れてプライドを持って仕事をしていたこの時代。

これほどの愛社精神はいったい何から来るものだったのだろうか。

女性として粋に働く格好良さか。普通のＯＬよりも高い給料を得ている自信なのか。まだ航空券が高額だった時代に海外と日本を隣町の感覚で行き来する日々……。国際的なニュースを肌で感じ、まだ誰もが知らない珍しいものを見て、素敵な風景の中に身を置き、国々の美味しい料理が食べられる日々……。

それが楽しく、エキサイティングだったからか。

飛行機という空間で知り合う多くの人々との出会いが素晴らしかったからか。

ありがとう、と言って降りていく乗客たちの笑顔……。

皇族、政治家、有名企業の社長、芸術家、スポーツ選手……当たり前のように自分たちの航空会社の飛行機に乗ってくれる。

それがナショナルフラッグとしての誇りであったからか。

常に最高の接客サービスをしているという自負。その気持ちが、自分のすべてを律していたのだろうか。

あの突然起きた最悪の事故に立ち向かい、最善の方向へ持って行くことのみを考え、自らの恐怖も押し込め、乗客の安全を一番に考えて冷静に対処していった原動力となったのは、その強い愛社精神に裏打ちされた気持ちやプライドではないか。

先輩たちは乗客と向き合い、最後の瞬間に何を思ったのか。

おそらく、全員が生き抜くことを考えていたのだろう。

パイロットを信じ、整備を信じ、会社を信じ、国を信じ、そして己の力を信じる。

誰もが裏切られることなど思ってもいなかったのだ。

安全に不時着することを想定して機体から即座に脱出し、その後救出されることを願って、それまでは自分たちの責任として必死に乗客を守り、生き延びるのが自分の使命だと。

きっと、そう思っていたに違いない。

それがあのアナウンスであり、あのメモであり、あの冷静な行動であった。

私は、長年飛んでいた先輩たちにとって、多くの新人スチュワーデスの中のひとりでしかない。たった一年間しか一緒に飛ばなかった私をあの世で先輩たちが覚えているかどうか分からない。

そんな自分に出来ることは何か……とにかく、いつまでも彼女たちの事は忘れずにいようということである。

心の奥底に声が響き、瞼に彼女たちの笑顔が浮かぶ――。

夢がかなって自由に飛び回っていたあの頃の自分と共に生きていた人たち。

その輝ける思い出と一緒にいつまでも心に留めておくことが、私に出来るただひとつのことかもしれない。

第3部

乱気流の航空業界
未来はどこへ

第1章　過去からのメッセージ

つくば科学万博　ポストカプセル2001から届いたはがき

二十一世紀最初の正月——。

二〇〇一年一月一日に届いた年賀状の中に交じって、ちょっぴり古びた見慣れない一枚のはがきが入っていたということが、一九八五年のつくば科学万博に行った人々の家で話題となった年明けであった。

私は日本航空を退職後、教育の世界に身を置き、各種企業の社員教育から病院スタッフ、官公庁の窓口から博覧会スタッフの教育、さらに専門学校や各大学の講義などを行い、老若男女問わず毎年何百人もの人と接していた。

特に航空運輸業界に就職を希望する学生たちと話をする時が、過去の私を思い出す一番楽しい時間であった。

この年、二〇〇一年の新学期での話題は、ポストカプセルから届いたはがきであった。

一九八五年の筑波で行われた科学万博の郵政省の目玉は、『二十一世紀のあなたに届ける夢の郵便』だった。これは〝ポストカプセル2001〟のポストに、会場で投函されたはがきや全国から会場へ送付された手紙を郵便局で十六年間密封保管し、二〇〇一年の元旦に届けるという、過去から未来へ郵便物を配達する夢の企画であった。

残念ながら私は科学万博に行っていない。そこでつくば博に行った学生たちからその企画について聞いてみると、会場でとんがり帽子をかぶったような緑色のロボットの形をした〝ポストン君〟というポストへ手紙を入れたような気がするという。

ただ自分たちはまだ小さかったので、科学万博へ行った兄や姉の話を聞いて確認してきたようである。実際に幼い絵や文字のようなものが自分宛に届いたとか、自分が通っていた保育園で、保護者参観日にお父さんやお母さんと一緒にはがきを書いたような気がするとか、幼かった日々を必死に思い出しながら語っていた。

新入生の学生たちは、当時まだ二、三歳。大学四年生なら、当時五、六歳となってだいぶ記憶もはっきりしてくる。

規定のはがきはいろいろな種類があったらしいが、そのひとつは四つ葉のクローバーをかたどったもので、自分の身長、体重などの記録、学校での好きな科目や遊び、好きなスターの名前や宝物、友達の名前、二〇〇一年はどうなっているのだろうかという、自分の夢などを書く欄があったという。何を書いたのかすっかり忘れていた人も多く、驚きの年賀状となって十六年後の自分や家族に届いたのである。

一九八五年か――。私の心の中で何かが響いた。

そういえば、あの事故のあった年ではないか。あれから十六年経ったのか。

亡くなった乗客の中には、123便の飛行機に乗った理由として、ビジネスの帰りや法事の帰り、ディズニーランドへ行った帰り、つくば科学万博へ行った帰りという文字が多かったことを思い出した。企業トップの人たちの日帰り出張も多かったが、幼い子どもたちの楽しい夏休みの思い出となったはずの旅行も多かった。

子どもたちがお土産で買ってもらったミッキーマウスのぬいぐるみが、燃えもせずにゴロンと事故現場に無傷で落ちていた写真が目に浮かんできた。

ディズニーランドとセットで万博見学に行ったという子どもたちもたくさんいたのだ。

もしかすると、万博会場で十六年後の自分や周りの人宛てに書いた手紙を投函した人がいたのではないか。そして、この二〇〇一年の元旦に、遺族や友人たち宛てに亡くなった人から手紙が届いたのではないだろうか。

きっとそこには未来への言葉がぎっしり書かれていたに違いない。

自分の十六年後を想像して書いた幼い文章や手形。

家族が子どもの将来を思いやって書いた寄せ書き。

夢を見つめて、自分へのメッセージとして書いた努力目標の言葉。

好きな人への愛の告白……。


乗務員の先輩の中で、家族と科学万博へ行って、その後で事故機に乗務した人もいたということが追悼文集に書いてあったことを思い出した。

それぞれの十六年後――。

続いているはずであろう人生の夢に向かって書かれた言葉の数々。

それらが過去から突然届いた時、残された人々はどう受け止めたのであろうか。

まさに天国からのメッセージではないか。

事故機で亡くなった幼い子どもたちの将来の夢について、学校の友達や先生に聞いて書いた記事を手にしたあの時の衝撃がよみがえってきた。

その中で一番心が痛んだのは、まさに今私が教えている教え子たちのような夢を持っていた子どもたちであった。

「ぼくの心は飛行機に乗るとわくわくする」

そういって、将来は飛行機の整備士になりたいと小学校の作文に書いていた男の子。

「将来はスチュワーデスさんになりたい」

そういって、Ｖサインをしている明るい女の子。

飛行機が好きだった子どもの夢……。

科学万博を見に行った子どもたちの夢は、

「野球部主将で投手の僕の夢は甲子園出場！」

「一度祖国で踊ってみたい！（朝鮮舞踊クラブ）」

「日本を出て外国で仕事をしたい」

「将来は美術関係の仕事がしたい（美術部所属）」

「お母さんのように先生になりたい」

この子たちも、ポストカプセルに十六年後の自分へのメッセージを入れたかもしれない。そして、

「なわとびの二重飛びが五十七回出来るようになったので、今度は百回に挑戦したい」

「バレーボールの選手になりたい」

「動物が大好き、ムツゴロウさんのところへ弟子入りしたい」

「ピアノの先生になりたい」

「白バイの警察官が夢」

　この子らの持っていた夢は実現することがなかったのである。

　つくば博からの手紙で盛り上がっている学生たちに、同じ一九八五年に起きた日航123便の事故について聞いてみた。

　ほとんどの学生から「親が話をしていたような気がする、自分たちは覚えていない、あまり詳しく知らない」という答えが返ってきた。


　そうか、こんなものなのか……。

　あの事故で亡くなった先輩たちのことを私だけの思い出にしてはいけない。航空業界を目指す学生たちにもっと当時のことを語り続けなければいけないと、強く思った瞬間であった。

ポストカプセルが当時のことをよみがえらせてくれた時、授業の中でこの事故を取り上げる決心をした。それまではどちらかというと、憧れである航空業界への就職というイメージを壊さないようにして、業界のマイナス部分よりも、学生にとってプラスのイメージを持つような授業を行ってきたような気がする。少子化により、顧客である学生側に寄り添ったような学校側の教育方針に従っていた。しかし、教育というものにはポリシーが不可欠だ。私が教えているのは、航空業界へ就職を願う学生たちである。

これから事故後に生まれた学生たちが次々と入学してくる現実を考えると、今私に出来ることは事故の詳細について、彼らにしっかりと認識させることではないか。

実は、事故原因の結論が出て不起訴となってからは、自分自身もあまり注目することなく、過去の出来事として記憶の向こう側にしまいこんでいたような気がする。

これではいけないと、私は再びこの事故と向き合う決意をした。

航空業界事情について、航空関連の新聞切り抜きをもとにしたいつもの講義の中、早速私は学生たちに新たなレポート課題を出した。

①一九八五年の日航123便事故当時の新聞を図書館で調べて事実関係や事故の詳細を知り、自分の言葉で要旨をまとめること。

②多くの記事の中で一番心に残った記事を選び、それに対する感想および自分の意見。さらにこれから航空業界で働きたいと思っている自分が就職した場合、航空会社はどうあるべきか、どういう意識の中で働くことが重要かということを書く。新聞記事のコピーを添付して、自分の言葉で書くこと。事故を知る身近な人たちへのインタビューが出来ればそれも加えること。インターネット上の文章をコピーすることは絶対不可で、自分で図書館へ通って調べること。

以上を伝えた時、どよめきが起きたことを覚えている。一九八五年は学生にとって自分が生まれたばかりの頃で、遠い昔の話である。その時起きた大事故について書かれた記事は膨大であり、それをすべて調べるとは大変な作業だというのが単純な理由だ。

特に、まったく新聞を読まない、読む癖のついていない学生がこのところ増えている現実を見ると、どうも新聞言葉が読み難いらしく、馴染まない子が多い。日本語の乱れというよりも、あの細かい字でびっしり書かれた文字にアレルギー的反応が出るようである。

しかし、これが期末試験並みの点数がつくとなると、さっさと目の色を変えて授業終了後は作業に取り掛かり始めたようであった。

私が事故機に乗務していた先輩たちを知っているという事実はまだ伝えずに、一切の先入観を与えないでおくことを自分のルールとして決めた。さらに学生たちがどこまであの事故について意欲的に調べるかを見定めてみたいと思った。

真っ白な彼らの気持ちに事故の事実がどういう状態で入り込むか……それが真実を知る上で必要なのではないかと思ったからである。

私が受け持っている学生たちは、毎年、昼間部、夜間部と合わせて百八十名近い人数である。専門学校から大学、また夜間部は社会人もいる。

彼らすべてに課題を出したとすると、読む側は私一人であり、膨大な量のレポートを読み、コメントをし、点数をつけるという実に大変な作業が待っている。

しかし、それを避けるわけにはどうしてもいかない。こちら側にも覚悟がいるのだ。残業しても、家に持ち帰っても、毎年続けてゆく決心をしたのである。

この課題に取り組み始めた学生たちと毎週会うごとに、彼らの顔つきが変化していくのを感じた。さらに休み時間も昼食を食べながらも、新聞記事を黙々と読み続けている姿を見た。

そして数ヵ月後、それぞれの課題について自分の調べた内容を皆の前で発表し、それについてさらに話し合いをし、最後のまとめを加えてレポート提出という日が来た。

学生たちのレポートから

これは未来を信じる若い二十代の学生たちが、世界最大の単独機事故と正面から向き合った授業の一部である。

墜落して亡くなった当事者、その遺族、事故にかかわった人々、たまたまその時事故を知った人など、それぞれの絶望や無念、深い思いを自分のこととして考えながらも、客観的に考察をしていく。私自身も彼らの純粋で正直な心を受け止めながら、さまざまなことに気付かせてもらい、共に学んでいった授業であった。

さらに、学生たちの父母や親戚、周りにいる社会人たちが、強烈な印象を持ってこの事故を覚えていて、事故について疑問を持ち、まだ忘れられないでいることを知った。

彼らの心の中には、この事故に対してのしがらみや、利害関係など存在しない。その心がどう反応するのだろうか。

いよいよ教え子たちと一緒に、再び事故に向き合う時が来たのである。

●一枚の写真・事故から五年後に見えた真実

夏休み前の暑い日。強い日差しを遮るようにブラインドを下げた教室で前期試験に代わるレポート発表が行われた。

すべてのクラスでひとりずつ発表して質疑応答をするため、講師にとっては一ヵ月以上かけての長い期末試験の始まりとなる。

教室に入ると、いつになく学生たちの顔つきが神妙である。

いつものように授業開始の号礼がかかる。

全員起立、礼「宜しくお願いします」と三十度の角度で頭をさげて着席。

これが私の授業開始の鉄則で、いい加減なお辞儀や声が出ていない場合は、ニコッと笑い、「もう一度やり直しましょう」と言うことにしている。その昔、客室訓練部で教えられたこの挨拶の仕方は、フライト前のブリーフィングでは欠かせないことであった。

学生たちも毎回行うことで自然と身に付き、それが就職活動でも有利に働くため、彼らにとってもきちんと挨拶することが次第にプラスになっていくのである。

さあ、学ぶ心のスイッチが入った。まず一番印象に残った記事について発表が始まった。

一九八五年八月十二日当日の新聞記事には、相当のショックを受けたというのが多くの感想として出てきた。

事故についてなんとなく知っているつもりだったのが、まったく知らないに等しいということを認識したようだ。さらに、当時の新聞を通じて詳細に知ったことで、まるで自分が事故に遭ったような気持ちや、家族を失ったような気分になってしまったということであった。

すでに航空会社に就職が内定している学生にとっては、実際に自分がこうなった場合、どうすれば良いのだろうかという切実な思いで読んだという。

参考にするものは各社新聞記事としたが、インターネットで多数発表されている新事実や、様々な角度から書いた事故関連の本もかなり読み込んだ様子であった。ただし、ネット上の情報は間違いも多く、文章についても責任が明確ではないので、授業では取り上げないというルールにした。

そんな中で、整備ミスに焦点を絞った発表もいくつかあった。

事故から一ヵ月後、第二次報告書が出た時の日本航空側の河野宏明整備部長のコメントだが、「ボーイング社の修理ミスとは考えられない、修理後七年間も無事に飛び続けていたという事実がある。隔壁の亀裂発見については、隔壁の亀裂は一インチ（二・五四センチメートル）程度になったものを目視で発見して手当てすれば良い規定になっている。仮に数ミリ単位の亀裂があっても、客室内のタバコのヤニがここに付着するので、あればすぐわかるはずだ」と点検ミスを否定している（一九八五年九月十五日付毎日新聞朝刊）。

この言葉を重く受け止めた学生Aは、

「これはＪＡＬ整備部長の単なる言い逃れとは思えないです。だってこれほどまでに言うということは、この人は信念を持っていると思うし、記者もそれを知ってわざわざ書いたのだと思います」

と言った。

おそらくこの学生は、インターンシップで航空会社の整備士と接していたから、特にそう感じたのだろう。

たしかに当時はタバコ（機内で喫煙可のため）のヤニ付着によって亀裂部分がすぐ発見出来るということを整備さんから聞いたのを思い出した。

それは整備士であれば当然知っている常識であったが、この事故機においてもC整備の可視検査ですぐわかるほどのヤニについての報告はなかった。

またC整備では隔壁の下半分に腐食防止のための油が塗られたことも書いてある。

この発言に対して運輸省航空局幹部の見解として、「下の部分を見ただけで、亀裂の生じていたはずの上部は見ていなかったのではないか」と疑問を投げかけた、とある。

「この運輸省の人のあいまいな発言は、誰がどんな理由でした発言なのでしょうか。運輸省幹部は日航が悪いと思っているせいなのでしょうか。整備状況を自分がまるで見ていたように言っているけど、よほど何か確信があるのでしょうか」

この発表で、ほかの学生も、学科行事として行ったJAL整備工場見学を思い出してうなずいていた。整備工場の一部は一般にも時々簡単な見学コースで公開されている。

毎年学生たちと行くたびに思うが、二時間ほどかけてくまなく説明を聞きながら見る巨大な整備工場での作業風景は迫力があった。

機体整備工場の、ハンガーと呼ばれる巨大な格納庫では、ジャンボジェット機が小さく見える。ありとあらゆる場所に足場を組んで、どんな狭いところでも入れるようにして、整備士たちは機体を舐めるように屈みこんで、さまざまな体勢で検査をしていた。

解体された部品にひとつずつ、記号や番号がつけられていて、隅々まで神経が行き届いていた。

塵ひとつ落ちていない巨大な空間の中、学生たちは一切落とし物をしないように注意され、自分の足を置く場所をひとつずつ確認しながら歩いて見学をした。

目の前の広大な滑走路を飛び立つ飛行機たちが、こんなにも静寂な中で細かく丁寧にチェックをされている様子に、整備士たちの気迫を感じ、彼らは圧倒されたのである。

学生Aは、記事に書いてあるような軽い言葉で話す運輸省幹部は、果たしてこのような整備の現場を見たことがあるのだろうかと、直観的に無責任さを感じたのであろう。

それぞれが役職の立場で言う言葉と、それがもたらす重要な意味やその言葉の裏にある人間の思惑を、この記事を通して感じ始めていった。

事故から七ヵ月後の一九八六年三月二十八日に報道された、『事実調査に関する報告書案』の中で、まるでこの日航整備本部長の発言にヒントを得たがごとく、いきなりヤニについての記述が出たのである。なぜ突然ヤニなのか？

ヤニが付いていた事故機のリベット部分を指さしながら見せるヘルメットをかぶった人の写真が公表されたのだが、その新聞写真をみんなで回して見た。

三月二十八日付各新聞記事によると、そのヤニは修理ミスの継ぎ目に付着しており、長時間にわたって空気が漏れ続けていた証拠であるとしている。

報告書案に添えられた七枚の写真には、継ぎ目とリベット周辺にこびりついた黒ヤニが鮮明に写され、中には垂れかかったものまであるという。

垂れかかったものとは、長年洗浄もしていないということか？

「四年ごとに行うH整備では、すべてを洗浄して塗装もはがすのですが、七年前の尻もち事故から機体を洗っていないということでしょうか？」

学生Aがそう発表をすると、ほかの学生からも驚きの声が上がった。

「こんな状態なら、ちょっと意識して点検すれば見つけられたはずだよ」

「こんな見つけやすいのになぜ発見が出来なかったのだろうか？」

「これが本当ならば、整備ミスで明らかに人災だ！」とさまざまな声がする。

しかし、もう一度冷静に考える。

この事故機の整備にかかわった人は国家資格を持つ整備士であり、この事故機を整備した人は延べ百名を超えると書いてある。

その人たちが、突然発表された事故調査委員会の写真のように垂れかかったヤニを見つけられなかったのだろうか。

記事にも、こんな初歩的な常識を精密検査で見落とすのか？　と疑問形で書いてあった。

この報告があってもなお、「ヤニはなかった、これだけのものを点検せずに見過ごすはずはない」と日航側の村田芳彦技術部長は困惑を隠せなかった、とある。

「ヤニの付着が長期に渡って空気が漏れていた証拠だとすると、もともと機内は、密封された風船のようなものではなくて、少しずつ空気が漏れ出ている部分がどうしてもあるということですよね？　つまり、それを維持するためにエンジンで与圧している状況だから、事故原因とされるように、バーンと風船が割れるように、頑丈な垂直尾翼を吹き飛ばすほどの突風が、この隔壁に突然発生したのでしょうか。皆さんはどう思いますか？」と、私は学生たちに聞いてみた。

実はこの事故から一年二ヵ月後、海外の航空会社で本当に圧力隔壁破壊事故が起きたのである。

一九八六年十月二十六日、タイ国際航空のトイレで爆弾を爆発させた人がいる。（注８）

その時、爆風でトイレ壁面が破れ、圧力隔壁に大きなダメージを与えて大穴があいた。きっかけはどうであれ、１２３便の事故原因とされる状況とまさに同じになった。この時は機内にものすごい勢いで突風が吹き、物が飛び交い、乗客は耳に異常を訴えた。

（注８）タイ国際航空爆破事件

一九八六年（昭和六十一年）十月二十六日、タイ（バンコック）発、フィリピン（マニラ）経由、大阪国際空港（伊丹）行きタイ国際航空６２０便（エアバスＡ３００－６００）が、午後八時頃、高知の土佐湾上空を航行中、乗客が機体後部トイレ内で手榴弾を爆発させ、圧力隔壁が破損し急減圧が発生、大阪空港へ緊急着陸をした。

乗員十四名、乗客二百三十三名、合計二百四十七名のうち、乗員三名、乗客十一名、計十四名が重傷、乗客九十五名が軽傷であった。手榴弾を爆発させた暴力団員は一九八八年三月に懲役二十年の刑となった。

なお、圧力隔壁破損による急減圧によって油圧系統が破壊され、ダッチロール運動等が激しくなり操縦困難であったが、垂直尾翼は吹き飛ばなかった。

コックピットは急減圧と叫び、一気に高度を下げた。

しかし、飛行機の垂直尾翼はびくともせず、尾翼上部に穴も開かず、吹き飛びもしなかった。

その爆破事故の圧力隔壁破壊によって起きた急減圧の状況と比較してみても、日航123便の事故とはまったく異なる状況であることが分かった。

それを裏付ける証拠となるような写真も出てきて、この点を取り上げた学生も多かった。

写真が出たのは、一九九〇年——。不起訴が決まり、公訴時効となった年である。

私も知らなかった事故直後の機内写真を、学生Bが大きく引き伸ばして発表した。

それは一九九〇年十月十三日に遺族から新聞各紙に公開された一枚の写真で、なんと墜落直前の機内を撮ったものであった。

墜落直前の日航ジャンボ機の中で酸素マスクが落下している中、半そで姿の乗客一人ひとりが落ち着いているように見える。全員が座りながら、酸素マスクを口に当てている様子を確実にしっかりと写している。

通路真ん中に立っている姿はあの時代の懐かしい制服で、赤いベルトを締めた紺色のニットワンピースを着ている。恐らく後方担当スチュワーデスだ。顔がマスクで見えないのが残念だ。

短く切った髪の横顔に酸素マスクを当てて、乗客の酸素の出具合をチェックしているようだ。決まった列にはインファント（幼児）分の酸素マスクが余分に付いているが、それを吸いながら移動し、乗客一人ひとりとコミュニケーションをとっている様子である。

こんな時でもクルーらしい雰囲気を出しているその写真を見て、正直言って驚いた。もし、このような異常な事態で、自分ならばどう写るのだろうかと……。

ふと、見習乗務の時に自分が写された写真を思い出した。

知らないうちに機内で写真を撮られたり、お客様の旅の思い出として一緒に写真を撮ったりするのは日常のことであったが、ついつい忙しいと笑顔も少なく、通路を歩く姿も慌ただしくなる。

そんなある時、スナップ写真を撮った乗客から会社宛に写真が送られてきた。メールボックスに入っていたお客様からの手紙と写真を見て、私は愕然とした。

何これ！　私の歩き姿？

外股で、まるでアヒルのようだ。機内では突然の揺れに備えて、安定のためについつい足が外向きに開いてしまうのだが、しかしそれは言い訳でしかない。それにしても笑顔もなく、あさっての方向を見て顎を出している。

それに比べて、この時フライトが一緒だった前山さんはというと、ゆったりとした笑顔でお客様の方を見ながら顎を落とし、瞬間を捉えているのに美しく歩いているスナップ写真だった。

こんなにも違うとは……かなりショックだった。

私の写真が誰かのアルバムに一生貼られたら……そう思うとぞっとする。

手紙には、「実に楽しいフライトでした、他のクルーの皆様にもよろしく」と書いてあったが、知らない間に撮られた自分の写真と前山さんの写真を見比べて、いかなる場合でも瞬間に撮られることを考えて仕事をしようと心に誓ったことがよみがえってきた。


さて、新聞に公開された写真を見た学生の率直な感想は、なんと落ち着いた機内だろうということだ。客室乗務員が冷静に振る舞っているせいか、「乗客の背中は少し安心している様子に見える」と、学生Ｂが言った。自分の家族にも見せて同じ感想が出てきたという。

突発的な緊急事態、エマージェンシーが発生して、機体後方で穴があき、突風が吹き、すべてが吸い出されてもおかしくないほどの急減圧があった直後とは思えない。

さらに、急減圧があれば、一瞬で凍傷になるくらいのマイナス何十度の低気温になるはずだが、そんな体験をした後にも見えず、皆半そで姿である。フライトレコーダーによると高度はむしろ少し上昇しているのだから、減圧があればさらに凍えるほど寒いはずである。これは一体どう説明すれば良いのか。

中央に写る客室乗務員もエベレスト山頂なみの気温でいるとも見えないし、ハットラックと呼んでいた頭上にある荷物収納箇所が、激しい突風と減圧にもかかわらず、物が飛び出した形跡すらない。

酸素マスクが落下していなければ、まったく通常のフライトと同じ風景がそこにあった。

写真を公開した遺族（大学生の息子さん）によると、撮影して亡くなった父親は後ろから（Eコンパートメント・最後部）五列目のG席に座っていたとのことで、フィルムは二十四枚撮りで十枚が写っており、そのうち六枚を公開したという。

一枚目は離陸直後、窓越しに外の風景を撮ったもので、羽田空港周辺とみられる。二枚目から五枚目は雲の隙間から富士山が見える窓越しの写真、六枚目は天井から酸素マスクがぶら下がり、乗客が誰も立っていない中、スチュワーデスがひとり、通路でマスクを吸っている写真である。

各新聞に掲載されたこの機内写真があまりに冷静な雰囲気を醸し出していることに、誰もが驚いた。幸尾治朗元事故調査委員のコメントとして、
「ある時点での機内の状況を知る意味では貴重な資料だった。これ以降は機内を撮った写真は見ていない」と書いてある。(一九九〇年十月十三日付毎日新聞夕刊)
現場に派遣された調査官は、群馬県警の担当者から証拠品の一部として見せられた時、
「機内は意外に落ち着いている」という印象を受けたという。(同年十月十四日付読売新聞朝刊)

実はこの撮影者の席は生存者四名とほぼ同じ列となる。右側一番後ろから三番目、H、K(IとJは混同するためJしかなく、真ん中の座席Jがない場合、両側席の記号をつける)にこの夫婦名があり、一緒に乗った子ども(遺族の妹さん)の席は通路を隔てて中央席の後ろから五番目のGである。(チェックイン時)
ただ、毎日新聞夕刊によると、プライベート部分の非公開写真では、窓側の席でミッキーマウスのTシャツを着てピースをし、楽しそうに笑顔で写っている妹と、横でほほ笑む母親の姿があったというから、右側窓側が妹、その隣が母親、通路隔てて二座席前に座ったのが父親ということになる。

つまり妹さんの座席は問題となったR5ドアのすぐ前でもあり、機内は尻すぼみの形ゆえに右側面がよく見えて、撮影するにも最高の場所であったことが分かる。

この事故機はR5付近で異変があり、その後スチュワーデスが機長に報告している状況から、飛行機の外で何が起きているか、一番見える席で撮影したのである。

疑問としては、機内写真はどう見ても事故報告書内容と異なる実態を感じるということだ。元事故調査委員の幸尾氏は「機内の写真は、まだ全員が酸素マスクを使っていないことや、混乱した様子がないことから、圧力隔壁破壊直後の午後六時二十五分ごろのものと考えられる」と語っている。（同日毎日新聞夕刊）

このコメントの中で「まだ全員が酸素マスクを使っていない」と言っているが、まさか天井からぶら下がっている右側三つの未使用酸素マスクのことを言っているわけではあるまいか。

この席は、最終座席表によると、三席分空席なのである。つまりまだ全員が使っていないのではなく、すでに全員使っており、空席分のマスクが三つ、天井からぶら下がっているのだ。

また、インファント用の予備マスクがある列は、幼児がいない時は使用しないので、左側上部に写っているのも未使用のインファント用マスクである。

予約時に、幼児の有無を尋ねて、幼児の数が酸素マスクの数より多くならないように十分注意して席を決めている。

さらに「混乱した様子がないことから、圧力隔壁破壊直後」ということだが、タイ航空の隔壁破壊事故と比べればすぐ分かるが、隔壁破壊直後なら、逆に物が散乱して人が空中に浮いて吸い出される。それと同時に急降下するのだが、この写真の時間はむしろ高度が上がっているのだ。

このコメントは本当に元事故調査委員の方が語ったとは思えないほど、素人的発言で、学生とともに驚いた。

それにしても、なぜ今頃この写真が報道関係に公開されたのか、もっと早くすべきではないか、時効になったから公開するのでは遅すぎる、などの意見が出た。

時間は前後するが、写真そのものが報道されたのが一九九〇年のこの時であって、記事として書かれたのは一九八六年八月十二日である。

この点について、過去の記事を切り抜いてきた学生Cが発表する。

「減圧の現象によって白いもやが機内に薄くかかっており、酸素マスクが下りてスチュワーデスが通路に立っているシーンである」

「この写真は午後六時二十四分の異常音の後で、急減圧減少による白い霧が立ち込めたという生存者の証言を裏付ける証拠資料として重要視している」

「遺族に渡したが、事故にはもうかかわりたくない、騒動に巻き込まれるとして、遺族が群馬県警に預けた。墜落直前の機内写真は例がなく、同県警では捜査上の重要資料として公開せずに保存することを決めた」

「カメラとフィルムは捜査上の重要証拠として押収し、プリントした写真だけを遺族に返そうとしたが遺族から保管を頼まれた」（一九八六年八月十二日付新聞各紙）

学生たちが一斉に「え〜おかしい！」と声を上げた。

まず、記事に書かれている内容と、実際の写真との違いがはっきり分かる。

一九九〇年に公開された実際の写真に白い「もや」というものは見えず、一瞬で消えたということだが、それにしても視界はクリアである。後ろから五列目の席から通路に身を乗り出して撮影しているのだが、はるか前方スクリーン横にある小さな非常口の文字まで鮮明に見えている。

この公開に踏み切った遺族である息子さんは、その理由として、

「おやじはすごいものを残したんだなあ。亡き父親の執念が残したフィルムを公開することで、事故の責任が今もってはっきりしないが、ぜひ事故原因解明につなげてほしい、航空機だけでなくすべての技術の進歩に役立つことを祈っている」と語った、

この方は事故当時十六歳で、両親と妹をこの事故で亡くしたのである。弟さんと自分は旅行に行かなかったらしい。


とある。（一九九〇年十月十四日付読売新聞朝刊）

さらに、遺族が騒ぎに巻き込まれるといやだという事故当初の姿勢と、一九九〇年に公開に踏み切った姿勢にあまりの隔たりがある。

父親が執念で撮影したという奇跡の写真――。

もし彼のように父親、母親、妹を一瞬で亡くしたとしたら、その思いが込められた写真をわざわざ保管してくれなどと頼むのだろうか。

亡き父親は息子に託したかったから必死に身を乗り出して写真を撮ったのではないか。

各新聞に必ず言い訳のように、「すべては遺族からの願いによって保管をした」という文字が入っているのが、逆にわざとらしく感じる。

それにしても残念なのは、事故原因の最終報告書が提出される前や、時効成立の前にこの写真が一枚、一般に公開されていたならば、結論は違う方向に向かっていったかもしれないことだ。（一九九〇年十月十三日に初めて公開と、新聞各紙）

ひとりの人間が極限の状況の中、執念で撮影した写真がすべてを物語るとすれば、誰もその事実を否定することは出来ないし、真実を隠す権利など、いかなる理由があろうとも誰にもない。ましてやそれを捻じ曲げることで生む利益は何もないはずである。

万が一、そのようなことがあったとするならば、魂の叫びがそれを絶対に許さないだろう。公開時大学生だった遺族と年齢が近い学生たちは、もし自分の父親が撮った写真ならば、父親の叫び声を聞く思いだと言った。

すでに発表された事故原因と、事故発生直後の現場写真を見比べて、誰もが感じた疑問を抱きながら、学生たちにとってその一枚の写真は生涯忘れる事が出来ないほど目に焼きついたに違いない。

各新聞にはその写真について他の遺族のコメントも載っていた。

「一番手前で背中が写っている男性を指さして、『これはお父さんです。休みの日はテニスをしてくれた優しい父でした。もう二度と事故を繰り返さないで』と一言ずつかみしめるように話をし、またひとり旅の男の子を失った遺族の母親は、初めて見る富士山を楽しみにしていた息子を思い出して、『この写真のように富士山がきれいに見えたのですね』としんみりと語っていた」

写真の中でこの時は、まだ生きていた人々である。涙ぐむ学生もいる。

この事故がもたらした無念の思いを学生たちも感じた瞬間であった。

●不起訴の理由

書類送検されたのは、日航で十二名、運輸省側では、一九七八年七月に修理後検査を行った運輸省修理改造検査担当者の東京航空局航空機検査官の四名である。

そのうちのひとりは一九八七年に自宅で殺虫剤を飲んで自殺しており、被疑者死亡での送検である。事実上の飛行許可である耐空証明（航空機の飛行性能の安全性について運輸大臣が出した証明）を出していたことを苦にして亡くなったとのことであった。

ボーイング社側は四名で、一九七八年のしりもち事故修理指示書で、整備指示書にある検査員署名欄から名前を割り出したが、米国側司法省側の捜査協力が得られずに、ボーイング社より聴取拒否との回答によって氏名不詳となった。（一九八八年十二月二日付各紙）

一九八九年一月二十三日に前橋地検と東京地検が合同捜査体制を組んで捜査に乗り出し、東京地検検事が渡米して、ボーイング社側の事情聴取が行えるように米国司法省と協議を重ねたが、事故機の修理ミスについて、担当作業員への事情聴取が断念された。このことがネックとなり、結果的には一九八九年九月十五日二十名全員を不起訴処分とする方針を固めたと予測、という報道があった。

まだ検察当局の発表が出ていない中での予測報道である。

それに対して航空評論家たちは、各メディアに次のようなコメントを寄せていた。

「ボーイング社と日航の責任分担は八対二であり、主犯はボーイングだが、検察当局がその責任追及が出来ないという。いくら国際的な法律の壁があるといっても、もっと執念をもって国境の壁を突き破ってしかるべきだ」

「これで膨大な資料や調書類が国民の前から姿を消して、カーテンの向こう側で終わってしまう。結果にこだわらずに裁判をして明らかにすべきだ。公開の場で責任問題を追及すべきであり、その社会的意義は大きく、国民も納得するのではないか」

不起訴となったことで憤りを感じた学生も多かった。

「あれほどの事故なのに、誰も責任を取らないで済むのが信じられない」「今、こうやって暮らしているこの国とは、そうやって物事を簡単に済ませられる社会なのか……」「人災でありながらも、責任の所在が不明確な事故とはひどすぎる」

次々と不満の声が上がる。

不起訴処分の方針を伝えた報道の翌月、十月二日に、実はボーイング社が修理ミスを正式に認めているとの回答をしていることが分かった、とある。新聞各紙によると、その回答には、修理の日時、場所、修理計画、スタッフなどに触れており、「修理ミスをした」とはっきり認めたという。しかし、そのスタッフが具体的にどう修理したかなどの刑事責任追及となる点については、まったく触れていないという内容の記事だった。

なんと、修理ミスを認めて回答をしているではないか。

父親が自動車修理工場を経営しているという学生Dは、親にこのことを話して、いろいろな「大人」の立場を聞いてきた。

以前、三菱自動車工業（現在の三菱ふそうトラック・バス）製造のトラックのタイヤが飛び、その事故で死者が出てもなお整備ミスとされた事件があった。結局、三菱自動車工業側が根本的な欠陥品のリコール対象車を隠して、事故原因を隠蔽していたという事実が分かった。（注9）

整備工場側の整備ミスにされたこの事件を通じて全国の小さな修理工場は、当然のことながらプロとして精一杯正直に仕事をすることが最終的には自分を守り、真実を見つけることだと悟ったという。

ボーイング社の社員で、修理ミスをした人間がいるのであれば、それがミスであって、わざと手を抜いたのでないなら、きちんと出てきて自らを語るべきだという意見であった。

さて、この事故を担当していた検事たちも苦悩していたのである。「捜査に国境の壁」という内容の記事（一九八九年十一月二十四日付毎日新聞朝刊）を取り上げた学生Eは、「検事たちがワシントンの米司法省内で交渉しても、ボーイング社の修理担当者に、直接質問を投げかけることは出来なかったとありますが、それはなぜなのか調べました。

（注9）三菱ふそうリコール隠し

三菱自動車（現三菱ふそうトラック・バス）製大型車、タイヤ脱落事故（二〇〇二年一月横浜母子三名死傷）、ハブ（車輪と車軸を結ぶ金属部品）破損事故などを巡って、リコール（回収・無償修理）を避けようと国に虚偽報告をしたとして、道路運送車両法違反に問われた事件。

ハブの強度不足が疑われたのに対して、「整備不良による異常摩擦が原因」と虚偽の回答をするとともに事故原因を隠蔽した。

二〇一〇年三月九日、三菱自動車元副社長（三菱ふそう元会長）ら三被告は、最高裁第一小法廷が被告側の上告棄却を決定したため、二審の東京高裁判決が確定する。（それぞれ罰金二十万円の有罪判決）

まず米国では、航空機事故においてよほど悪意のある故意（わざとすること）で、犯罪性が高いもの以外は、警察などのような捜査機関においては関与しないそうです。

つまり、個人同士の民事で解決すべきという考えが根本にあることが分かりました。過失（不注意によるミス）という概念のない米国においては、刑事責任追及よりも事故の再発防止を目指した事故原因究明が優先されるのです。

さらに免責（責任は負わなくて良いから、責任免除を条件として真実を話すこと）を前提とする嘱託証人尋問を行う方法も検討されたようですが、主犯はボーイング社であり、その主犯を免責にすることは筋が通らないという日本的な価値観との狭間で、相当揺れ動いたようです。検察は苛立ちとジレンマを募らせたということで、それは国民性の違いなのでしょうか。

でもこれだけの大事故ですから、日米協力するのが筋だと思います。何かお互いに不都合なことでもあったとしか思えません」

と発表し、司法制度も絡めてレポートを書いてきた。

もう一度、あの事故の法的な結末をここに記しておく。群馬県警から業務上過失致死傷容疑で書類送検された、日航十二名、運輸省四名（一名死亡）、米ボーイング社四名（被疑者不詳）の計二十名と、遺族から告訴、告発された三者の首脳ら十二名（うち一名は送検分と重複）の計三十一名全員を不起訴処分とした。
不起訴理由としては、送検分二十名（一名の死亡者を除く）は「嫌疑不十分」
遺族からの告訴、告発分はボーイング社首脳二名が「嫌疑不十分」
日航、運輸省関係者九名は「嫌疑なし」
以上である。（一九八九年十一月二十三日付各紙）

ボーイング社においても技術担当者、品質管理責任者の指示は適切で、作業担当者は特定出来ず、具体的な過失は認定できないとした。

ある遺族は、
「ボーイング社を起訴すると、まるで日米関係の新たな問題になることを恐れているような雰囲気を感じた」と新聞記事の中で語っている。日米間の国境による法の壁は越えられなかったということか。それとも何か他に理由があるのだろうか。

運輸省側も、航空会社が行う領収検査（メーカーから引き渡しを受ける際に行う機体仕上がりなどの各種機能チェック）に対して、検査官が指示監督権限を持つわけではなく、検査も不適切とは認め難いとした。

日航側も、領収検査の不適切な点は指摘したものの、外見上修理ミスは発見できず、特別の検査が必要とは思われなかったとして、修理ミスを発見する可能性はなかったことや、C整備についても当時十九個の可視亀裂が生じていたとする事故調査委員会の調査結果について、「推定にとどまり、断定できない」とした。

ただこの時、前橋地検は事故調査委員会の検査レベルのとり方が誤っていたことを指摘している。つまり、C整備での疲労亀裂発見確率の算定で、事故調査委員会は発見率を「六〇——一四％」としていたが、地検側は「六・六——二・〇％」であったとし、致命的な誤りを事故調査委員会が犯したとしている。ケタ違いの亀裂発見率である。

事故調査委員会側はG2検査をしているととっており、地検はG1検査と断定したためで、これはC整備の方法についての相違である。

少し専門的になるが、この整備方法は重要であるので説明する。

もともと整備マニュアルでは後部圧力隔壁は、G1(巨視的検査)でOKとなっていることを反映している。

G1とは、一定範囲を60センチから1メートルの距離から目視することを基準としている巨視的検査方式で、機体外面一般や貨物室ドアなど、構造部材の波打ちやゆがみ、変形などの発見を期待するものである。

事故調査委員会側の基準としたG2検査とは、局部的な欠陥やその兆候を発見するための巨視的検査方式で、検査対象が見える範囲の遮蔽物《しゃへいぶつ》を取り除いて、必要な清掃を行ったあとにするため、亀裂、溶解などの発見が期待されるものである。

いずれにしても地検の不起訴理由に、このＧ１検査では修理ミスから生じた亀裂発見は難しかったとしたのであった。

それならば事故調査委員会は、なぜ整備ミスとしたのだろうか。

ヤニがべっとり付いていたという記事や亀裂を指さした写真は一体何だったのだろう。

最終的に、前橋地検が出した結論は、「すべては推定にとどまり断定できない」となった。

「夫は日航、ボーイング、運輸省だけではなく、地検にまで二度殺された」といった遺族の言葉を取り上げた学生がいる。国も救ってくれなかったという意味だ。

ただ、もう一度考えてみる。すべては推定にとどまり、断定できないとある。

これはもしかして本当の真実は別にあるという意味なのではないか……。

そういう意見を出した学生もいた。

なるほど、確かに、静まり返った心で新聞記事を追っていくと、そういう道も見えてくる。

この結果を踏まえての遺族による不服申し立てを受け、審査をしていた前橋検察審査会は、一九九〇年四月二十五日午後「ボーイング社修理スタッフ二名、日航検査担当者二名については不起訴不当」とする議決を出した。刑事上の時効を迎える八月十二日まであと、三ヵ月程である。

しかし残念ながら結局、再び不起訴となった。（一九九〇年七月十三日付各紙）

これで単独航空事故として史上最大の墜落事故においての刑事責任は誰ひとり問われることなく、一九九〇年八月十二日に時効を迎えたのである。

学生Eがレポートで、「この事故が誰も罪を問われることなく時効を迎えた」と発表を締め括ると、教室が静まり返った。

「時効って冷たい響きだわ……」

「今後は誰も罪を問えないなんて……」誰かがポツンとそう言った。

なお、この事件を担当した山口悠介前橋地検検事正は遺族側からの強い要望で異例

の説明会を開いたそうである。（一九九〇年七月十七日に実施）

それについての記事が時効直前の八月三日付毎日新聞朝刊に載っているのを取り上げた学生Fの発表が、その検察側の意見を反映していて、別の角度から物事を考えさせるきっかけとなった。記事の内容は以下の通りである。

ゆったりと流れる利根川が見える前橋地検三階にある検事正室で、遺族側二十一名、弁護士二名で山口氏との説明会は五時間にも及んだとある。

山口氏はこの年の前年、一九八九年九月まで東京地検の次席検事であり、リクルート事件、平和相互銀行事件など、数々の政財界の汚職事件を手掛けている、いわばやり手の検事である。

その山口氏はこう述べている。

「私が検事正になったとたん、すでにマスコミが『検察、不起訴か』などと報道し始めた。いったいどうなっているのかと驚いた。さらに捜査会議を開いたら、部下の検事はだれもこの事件は起訴出来ないと言った。それでも私は様々な角度から捜査した。

捜査の結果、わかったことは修理ミスかどうか相当疑わしいということだ。事故原因には色々な説がある。タイ航空機の時には、乗客の耳がキーンとしたという声があったが、今回はない。圧力隔壁破壊がいっぺんに起きたかどうかも疑わしい」

この発言の中にあるタイ航空機事故は（注8、二七一頁）一九八六年十月二十六日、高知県上空で起きた事故で、機体後部の圧力隔壁が破損して、大阪国際空港に緊急着陸した、前述のあの事件である。

この時、乗客の証言からはドーンという破壊音とともに、機内与圧が急激に低下し、白い水蒸気のような気体が充満したことが明らかになっている。乗客乗員、八十九名が一瞬で航空性中耳炎になった。

山口氏は日航機事故では「それがなかった」と指摘、従来の隔壁説に大きな疑問を投げかけている。さらに山口氏は一気に発言している。

「まず、ボーイング社が修理ミスを認めたが、この方が簡単だからだ。落ちた飛行機だけの原因ならいいが、全世界に飛ぶ飛行機の欠陥となると売れ行きも悪くなり、打撃も大きくなる。そこでいち早く修理ミスとした。

事故調査委員会の報告もあいまいだ。（膨大な書類を指して）これを見ても真の原因はわからない。事故後の機体や遺体の写真、ボーイング社、日航、運輸省関連調書、何をみても事故の報告書でしかなく、それからは本当の原因などは何もわからない。皆さんはわれわれが何か特別に大切なものを持っているように思っているかもしれないが、本当に原因は不明なのです」

そう言って、すべての書類の入ったキャビネット二十本以上を遺族に見せた。その凄惨な事故の写真の数々を見た遺族たちは言葉を失ったという。

学生Fは言った。

「この担当検事自らが語ったのはすごいことだと思います。事故調査の結果、委員会で出した結論が疑わしいということを言っているのですから本気だと思います。隔壁破壊によって垂直尾翼が飛び、油圧配管が切断されて操縦不能というのが事故の原因とする隔壁説だとすると、それに対して意見をいった山口検事の心には何か思うところがあったのでしょうか。ただ残念ながら、遺族はその気持ちを違う方向で受け取られたようです。なぜならば、『何をいまさら！　言い逃れか！　それは、あなたたち検察が十分調査しなかった、自分の仕事をしなかったからなのではないか』と言って、怒ってしまっているからです。つまり、検事の言い訳ととったようです。さらにそれを聞いたS評論家はこんなことを言いました。

『わが国最高のメンバーである調査委員会の報告書を疑うのならば根拠を示せ』

こう言われてしまった山口検事は大変不愉快だったと思います。なぜならば、ここまで自分は正直に話をしているのに、この評論家はメンバーの評価だけを言っている、つまり、内容を客観視せずに運輸省側のために言っているような御用評論家だと思われても仕方がないでしょう。しかし結局は、山口検事の発言は無責任すぎる、という記事内容でした。でも、今となってもう一度、ゆっくり客観的に読んでみると、もし無責任ならば、わざわざこのような説明会など開かないのではないか。いくらでも避ける方法はあるはずで、むしろ、山口検事の心の中にあるわだかまりと良心がこのような発言をしたという見方は出来ないだろうか。と、そう感じたのです」

なるほど、この学生の意見には感心した。物事を客観的に見る目がとても鋭い。私自身も気付かなかったことである。しかし「遺族の人たちは納得がいかないだろうな」と思った。「そう考えるのはちょっと無理だろう」という意見も出た。

また、山口氏から日航関係者への意見として「整備陣もやるべきことをやっていなかった事実もある」ということや、彼らが最後まで非協力的であったという事実、さらに任意で事情を聞くと、必ず調書を一言ももらさず写して帰り、地検に呼んだ日本航空の人間すべてが判で押したような答えをする、と書いてあったという発表も付け加えた。

写して帰って同じ答えをするということは何を意味しているのか。

自分を守るためにしているのか、会社を守るためにしているのか、よく分からない。

誰かが、「こんなおやじ、最低！」と叫ぶ。

さらに事故に対しての責任を微塵も感じさせない振る舞いで、苛立った捜査員が机をたたくと「×時×分、××氏が机をたたく」ということまでメモにしている、ということである。

なんと情けないことだろうか。

同じ会社の社員だった者として、これは許せない態度である。学生たちもこんな上司なら、すぐ会社を辞めたくなると言った。

彼らは整備士という仕事に人生を懸けたプロの集団だったのではないか。自ら責務をもって仕事をしていたのではないのか。

私もさすがに憤った。これがナショナルフラッグキャリアの看板を背負って昼夜問わず働いた仲間のすることなのだろうか。「何時何分、机をたたく」と書くことに何の意味があるのか。

五百二十名の命を考えるとその態度はどういうことなのだろうか。

何を守り、何をしなくてはいけないか、分かっているとは思えない。会社の内部にいると世の中がまったく見えないものなのだろうか。

学生たちは就職した職場をイメージして、これでは風通しが良いとは言えないし、自分がそれを強いられたらどうしようか、真剣に考えている。

弱い立場の人間は、なかなか本音が言えるものではないということは分かる。

ましてや、修理ミスの嫌疑がある人たちは、どうしたら良いのか分からなかったのか。

それでは、会社側が契約している弁護士たちにアドバイスされたのか。だとしたら、その弁護士は、それで何を守ろうとしていたのだろうか。

法曹界で働く身内がいる学生は次の授業までに意見を聞いてくることも、この日の課題となったのである。

ただ学生たちは、そんな態度を取る人間がいる職場では働きたくないというのが、共通の結論だった。私にとっては非常に悲しく、残念な意見であった。

●米軍の証言記事　事故から十年後に見えた真実

一九九五年の八月二十九日の新聞は、学生たちにもうひとつの衝撃と疑問を与える記事だった。この記事については、インターネット上で色々と付け足しの情報があるが、学生Gは、シンプルに新聞各紙を読んで考えてきた。

米軍の準機関紙である『パシフィック・スターズ・アンド・ストライプス』（星条旗新聞）の八月二十七日付号が報道した内容は次の通りである。証言をしたのは、当時、米空軍第三四五戦術空輸団に所属していた元中尉のマイケル・アントヌッチ氏だ。

「一九八五年八月十二日に発生した日航ジャンボ機墜落事故直後の当日夜、六時四十分ごろ、C130輸送機で沖縄の嘉手納基地から横田基地に戻る途中の大島上空にて、日航機の機長が緊急事態発生と告げる無線を傍受した。墜落の二十分後には群馬県上野村にある御巣鷹の尾根の墜落地点に到達して、煙が上がるのを目撃した」

この報告を受けて、同日午後九時五分に米海兵隊救難チームのヘリが厚木基地から現場に到着して、隊員がロープで現場に降りようとしたのだが、在日米軍司令部がある横田基地に連絡をすると担当の将校が、「日本側が現在現場に向かっているので帰還せよ」という帰還命令を出したという。

事故の生存者のひとりで日航アシスタントパーサーだった落合由美さんの証言では、「救助ヘリコプターが上空で回っているのがわかった。手を振ったが気付いてくれなかった。自分の周りでは数人の子どもたちの声が聞こえたがそのうち聞こえなくなった」と言っている。これについてアントヌッチ氏は、落合さんが見たのは海兵隊のヘリだった、と証言しているのである。

このことを伝える日本の各新聞記事をまとめると、在日米軍のヘリコプターが自衛隊より約十二時間も早く墜落現場上空に到着しつつも、上官の指示で現場には降りなかったということである。

最後にこの元軍人は、「在日米軍は事故直後にすでに現場を発見しており、もっと多くの命を救えたはずだ」と述べている。

新聞記事はこの程度の内容でしかないが、この文章を読むと、一気に重い空気が教室中に流れた。

「信じられない！」

「冗談じゃないよ！」

「これじゃ、まるで見殺しじゃないか！」

「アメリカが知っていたのなら、日本も知っていたってこと?」

「墜落現場がコロコロ変わって不明だというのがＮＨＫの報道だったじゃないの?」

「落合さんが生きている人がもっといたって証言していたのに……」

「結局朝まで墜落現場が分からないと言っていたじゃないか！」

若い彼らの憤りは止まらなかった。彼らだけではない。恐らく、この事実を聞いた人、この記事を読んだ人たちすべての気持ちは同じだ。怒り以外の何ものでもなく、心底驚いた証言である。こんな重大なことが事故後十年も経ってからはっきりとした形で明らかになったのである。

事故発生時から深夜にかけて、確かに墜落現場は二転三転した。最終的には次の日の早朝、空が明るくなってから明確になったのだが、それでもまだＮＨＫは異なる場所を繰り返し報道していた。

事故当初の報道では明け方まで墜落現場は分からなかったとあるが、報道機関に偽りの情報が知らされていたということか……なぜ日本側は分からないふりをしていたのだろうか。

しかし十年後の元軍人のこの証言によれば、墜落の二十分後に墜落場所は群馬県上野村、御巣鷹の尾根付近とはっきりと分かっていたことになる。

そうなのか。墜落地点は墜落後二十分後にすでに分かっていたのだ……。

この日は米軍輸送機Ｃ１３０から連絡が防衛庁・空幕に入って、その直後、日本側は茨木県百里基地を緊急発進したＦ－４ＥＪファントム戦闘機二機も場所を確認したという動きが記録されているが、正確な現場の位置を特定したのは翌朝であった。

緊急時、生存の可能性を考えて一分でも一秒でも早く救助しなくてはならないことは、私自身も何度も行ったエマージェンシー訓練で実感しているが、こんなことは誰でも分かる。

学生たちは怒りの声で叫んだ後、皆黙りこくってしまった。

そこに何か恐ろしい不作為を感じたのであろう。直観的におかしいと思うのは当然である。当たり前の救助が行われなかった理由がどうしても見えてこない。

あの時の報道で、自衛隊員が一生懸命生存者を救助し、ヘリコプターで吊り上げている写真は大変印象深かった。これほどまでに私たちのために頑張ってくれているのだという印象がとても強かった。実際に自衛隊員の家族がいる学生も多く、彼らはそれを誇りに思っていた。

しかし、なぜ米軍が帰還命令を出してせっかくの救出もせずに戻り、その連絡を受けている日本側はそれより十時間も後に現場に到達したのだろうか。

繰り返すが、落合さんの証言では、墜落直後は周りでたくさんの声がして、子どもも「頑張るぞ」と叫んでいたとのことである。多くの人たちが実際に生きていたのである。

まさかそれを見殺しにするつもりで、わざわざ遅く行ったわけではないだろう。

人命よりも大切な「何か」を守るためだったとでも言うのだろうか。

何かを隠している？

何のために？

学生たちはそれぞれの頭の中で、その疑問点を解決すべく、いろいろと考えをめぐらせていった。場所を教えられても技術や装備がなくて、米軍のように十分対応出来る訓練された人もいなくて、残念ながら日本側はすぐ現場にたどり着けなかった、そのことを国民に知られたくないから隠しているのだろうか……。

そこから見えてくる真実は、愚かな人間の単なるメンツなのか、浅はかな悪知恵なのか、ずるい人間の欲望なのか……。

次々と浮かぶ疑問に、新聞記事の切り抜きだけでは答えが見えてこないような気がする。


いずれにしても十年後に見えた真実とは、墜落現場は墜落後二十分ほどで分かっていたということだ。米軍側が人命救助のために現場に向かったヘリコプターから救助隊が降りる直前に、帰還命令が出て降りられなかった。日本側が断ったのか？　それともそれは何らかの作為だったのか。誰かの指示によって、せっかく生き残っていた人たちが亡くなったのか。消し去りたくても消せない疑問が次々頭に浮かぶ。

なお、テレビでもこのことを取り上げた番組もあった。アントヌッチ氏はこの事実を誰にも語るなと言われていたそうである。ご自身は事故を伝える翌日の報道を聞いて愕然としたという。

「なんと、あれからすぐに救出したのではないのか、朝まで墜落現場不明とは？　なんということだ、もっと多くの人を救出出来たのに……」と絶句した、と手記の中でその胸のうちを明かしている。（カリフォルニア州サクラメント市発行『サクラメント・ビー』一九九五年八月二十日付）

学生たちはあの機内写真を見た後だけに、墜落現場で救助を待っている人たちの果てしない苦しみ、生きる希望、深い絶望、それらすべてを想い、乗客や乗員の気持ちを敏感に感じ取っている。さらに、当時その現場に直行した人間が、十年間も明らかに出来ずにいたことについては次のような意見が出た。

ある学生は、

「もし、自分の証言によって真実が明らかになるとするならば、堂々ともっと早く証言してほしかった。この人はまだ人間としての最後の勇気があったが、日本側には、いまだに話す人がいない。話す度胸もない人がいるということが同じ日本人として信じられない。知っていたら、今からでも教えてほしい」と語り、別の学生は、

「もっともっと生きたかった人たちの叫び声を聞かないふりをする人とは、いくら任

務だ、命令だと言っても信じられない人間だ。そのような人と結婚もしたくないし、同じ社会で暮らしたくない。万が一、生活のためや家族を守るためと言って、自分の父親が事実を沈黙するような人間だったなら、子どもとして許さない。だってもしかしたら自分の子どもが犠牲になったのかもしれないじゃない！　子どものために黙っていたなどと言ってほしくない」と真剣に話す。

立場でものを言う人がいるが、立場で沈黙をする人もいるということが分かったということだ。日本側の対応を追及する記事がひとつもないのが残念だ。記者魂もないのだろうか、と私も思う。

最後に学生Gは、

「そのことを証言した元軍人は人として当然の行為である。もし自分の父親がその軍人さんの立場だったとしたら、そのような発言をした父親を心から尊敬する」と意見を述べた。

この元軍人に対し、一部の遺族が日本に来てこの内容について講演してほしいと言ったそうだが、騒動になりそうなので断ったとのことである。その後、なぜか急に何かの圧力があったかのように態度が明らかに変化したという。なお『サクラメント・

ビー』紙に書かれたものと同じ内容で、『パシフィック・スターズ・アンド・ストライプス』紙一面に、かなり長文で出ている。日本語訳は『御巣鷹の謎を追う』（米田憲司著／宝島社）に詳しく書かれている。

いままでこの社会の中で二十年そこそこしか生きていない学生たちが、初めて国家の不作為を感じざるを得ない新聞記事に出会ってしまったのである。

なお、当時の救出活動に関して加藤紘一防衛庁長官が事故から一週間が過ぎた八月二十日の閣議において、日航機墜落事故における自衛隊の活動状況を報告している。

通常、自衛隊による災害救助活動を閣議報告するのは極めて珍しいことであるという。おそらく生存者証言などにより、墜落現場発見の遅れを内外より指摘されての発言であろうが、墜落地点が地理的に険しい現場であったことや、関係者が夜通し確認に努め、自衛隊員が昼夜問わず必死に頑張っていると言い、精一杯の努力の結果で仕方がないということを強調したかったようである。

何も知らされていなかった現場で這いつくばって捜索していた人たちを労いたかったということだろう。

しかし、「精一杯の結果で仕方がない、努力した、全力を挙げた、必死で頑張った」云々。これらの言葉は、学生が試験勉強に励み、その結果だめだったという場合に言うレベルだ。

つまり自衛隊というプロの集団に対して言う言葉ではなく、逆に言うと自分をプロと自覚して仕事をしている人たちに対して失礼な言葉となる。自分の力を出し切るのが本物のプロとして当然だからだ。ましてや現場の発見と、救助活動は別のことであり、問題なのはトップの判断だ。

加藤紘一防衛庁長官はこの時四十六歳。なんと今の私よりも若い。自分を顧みるに、この時、どれほどまでの決断が出来たのであろうか。今でこそ御実家に放火という理不尽なことを経験されても、真に国民を思う政治理念を曲げない意志をお持ちのようだが……。

今回の事故対応を情緒的な面から物事をとらえるのではなく、科学的に分析して万が一次に起きた場合にどうすべきなのかを考えるのが政治家としての務めであるはずだ。なぜならば、十年後の元米空軍中尉の証言通り、はっきりと墜落地点は分かっていたのであり、それを日本側に伝えて日本側が今救助に向かっていると言ったのを聞いているのだから、防衛庁長官として情報がなかったとは言えない立場である。

それにもかかわらず、墜落現場が翌朝まで特定されず、救助が遅れたという事実……。なぜ分からなかったのか。また、なぜ分からないと言ったのか、そのことを重要視すべきであろう。

五百二十名の命よりも優先させた何かがあった……。

その事実が一九九五年に各新聞に報道された、米軍側からの証言で明らかにされたのだった。

●テレビから突然流れたボイスレコーダー

二〇〇〇年八月八日。突然民放テレビのニュースからボイスレコーダーの生の声が流れ出た日である。

その時のことを今でも思い出す。私は夕食の支度をしながら、なんとなくテレビをつけて、音だけを聞いていた。

突然、日航123便の事故の話が聞こえてきたので顔を上げると、ニュースキャスターが高揚した顔で、入手したボイスレコーダーを今から流すという。番組表にそのような内容は書いていない。

「え？　ボイスレコーダー！」と心底驚いた。ボイスレコーダーはテレビなどで流すようなものではない。当時も事故調査委員会が何度も修正した文字で内容を伝え、音声としては一切公開していなかった。それを一般に公開し、ましてやテレビで突然流すというこの異常な事態に、私は体が硬直した。野菜を切っていた手を休め、タオルで拭いているうちにすぐ始まった。

雑音の中から聞こえてくる声。いつものフライトのようである。

冷静な対応をしている声だが、だんだんと語調が強くなる。

キャプテンの励ましの声。それに応え、忠実に副操縦士や航空機関士が必死に対応し、操縦している様子がわかる。その中で機内でのアナウンスらしき声も混じる。

このアナウンスの声は？　前山さんなのか？　最後まで他人を思いやる気持ちが溢れている。


なぜ、今このボイスレコーダーがテレビから流れるのか……。

そんな疑問も消え、テレビを見つめながら全身硬直した状態で聞いていた。

最初の落ち着きから次第に緊迫した声へと変化してゆく。

「ギア見てギア」「フラップ」「パワー」と叫ぶ声。場所を確認する声。

苛立ちは隠せない。思うように操縦出来ないつらさが伝わってくる。

“PULL UP PULL UP”という自動音声。対地接近警報装置の人工合成音である。
キャプテンの「パワー」という叫び声。
激突音――。

ぎりぎりまで操縦に全身全霊を傾けていた様子が音声だけで伝わってくる。あの時の客室内で、きっと先輩たちがテキパキと働いていたのであろう。頬を伝う涙をぬぐいながら、胸が締め付けられる思いであった。画面ではアナウンサーも泣いている。

これは相当の覚悟を持った人間によってテレビ公開に踏み切ったに違いない。偽りであってほしくない。何かをたくらんで計画して流したとか、そんな安っぽい気持ちで流れたとは思いたくない。

どうか人を信じさせてほしい、そんな気持ちだったのを覚えている。

ボイスレコーダーが訴えてきた何かを、私もしっかりと受け止めたのであった。

私と同じ体験をした学生たちがレポートの中でこれを取り上げていた。周りでも、事故そのものを忘れていても、ボイスレコーダーの声を聞いて改めてこの事故に注目したという人も多かったということだ。

あの突然の放送が流れたのは、二〇〇〇年八月八日、ＴＢＳ報道番組『ニュースの森』の中であった。夕方の五時五十四分から夜七時までのニュース番組である。

この場面で目に浮かぶのは、松原耕二アナウンサーと進藤晶子アナウンサーで、おふたりの顔や声は今でも蘇ってくる。松原アナウンサーの誕生日はなんと八月十二日とのことで、これも運命というものなのだろうか。

八月十一日には夜九時五十四分からのテレビ朝日『ニュースステーション』で、再びボイスレコーダーが流れた。新聞には『あれから十五年：墜落日航ジャンボ機コックピット内最後の三十二分間の会話テープ』とある。学生が添付した新聞番組表を見ると、それが思い出とともに鮮明に蘇ってきた。

この年は事故後十五年の節目であった。

前後するが、二〇〇〇年八月七日付の毎日新聞東京本社版朝刊によると、運輸省の航空事故調査委員会が日航事故関連のおよそ一トンにもおよぶ重要な資料を一九九九年の十一月に裁断し焼却して、すべて破棄していたことが分かった。

いくら保存期間が切れたとはいえ、あれほどの事故である。後世のためにしっかりと永久保存するのが国としての役割ではないか。それとも後世に残したくないから破棄したのだろうか。まだ遺族や関係者の中には事故原因に対して再調査を望む声も多く、「資料の破棄は再調査への道を閉ざす行為だ」と批判している。これに対して、事故調査委員会のコメントは、「再調査の必要はない。調査はすでに公式に終了している」とある。しかしこの焦って焼却したような事態は、タイミングとしても、情報公開法が施行される直前であった。

そんな中で破棄されたはずのテープが突然テレビから流れたのである。ボイスレコーダーは非公開が原則であるが、そのようなものがテレビで放送されたということは、大変重要な意味を持つ。

こういう形でしか訴えられないという現実。そして事故原因にかなり疑問を持った心ある人間からのメッセージを、学生たちもしっかりと受け取ったのである。

この形式で授業が進むにつれて、彼らは次第に本音で話をするようになっていった。学校や学年も異なり、昼間部、夜間部という学ぶ背景も異なる学生たちだが、このことは全員に共通して言えることである。

学生たちの感想としては、

「今の世の中で、自分のことばかり考え、自分の周りだけを見て、適当に生きている人たちは多い。自分もそのひとりだった。この事故について調べるまでは……」

というものが実に多かった。今まで本音を語らなかった自分へのメッセージなのだろう。

事故と向き合い、自己とも向き合ったのだろう。適当に生きていた人生と、信念を持った人生とは、これから進むべき人生の深みが違ってくるのだということを、学生も自覚してきたようだ。

「せっかく生まれてきたからには、信念を持ちたい」

「自分が好きなことだけをするのではなく、いろいろな角度から経験してみることも大切なのではないか」

「なかなか出来ないけれど、自分の過ちも素直に認められるような勇気ある人間となりたい」

「所詮みんな最終的には、どんな立場の人も自分以外のことは考えていない」

「自分を守るために、他人を陥れることしか出来ない、可哀そうな憐れむべき人間はいる。そんなやつは存在する意味すらないように思う」

　このような感想もあった。


　真実を追究しようとする彼らの顔つきが締まってくると同時に、次第に頼もしい意見も増えてきて、私も学生たちから勇気をもらったような気がした。

●群馬から通学している学生が抱いた疑問　その①　墜落地点報道

　東京の大学や専門学校で学ぶ学生たちは、北海道から沖縄まで全国各地の故郷から出てきている。そんな教え子たちの中に、群馬県内から毎日二時間かけて通学している学生も何人かいる。彼らはほかの学生よりも、地元で起きた事故だけに関心が高かった。

特に注目すべき点は、事故当時のことをよく知るご近所の人々や、山間部に住んでいる親戚などに当時の話を聞いてきたことである。

その中のひとりで高崎市から通っている学生Hが、大きな群馬県の地図を黒板に広げて貼った。そして、墜落地点となった御巣鷹の尾根を細長い棒で示しながら説明を始めた。

上野村がどこにあるのか、つい最近まで知らなかった学生たちも興味津々で見つめている。

墜落地点となった群馬県多野郡上野村は、深い山々に囲まれた小さな村で人口が一、九六八人ほどの過疎地であった。神流川《かんながわ》源流の澄んだ水が村の中央に流れ、山林が九割を占める静寂な土地である。なるほど殆どが山である。

群馬は空港もなく、航空路とも無縁のところであったが、あの日、ジャンボジェット機がここに激突し、炎上して大破したのである。

墜落場所の具体的な地点は、

「群馬県多野郡上野村大字楢原字本谷三五七七番　本谷国有林七六林班　う小班

北緯三五度五九分五四秒　東経一三八度四一分四九秒」で、無名の尾根であったが、この事故によってのちに〝御巣鷹の尾根〟と名付けられた。

この辺り一帯は江戸中期より将軍家献上の鷹の生息地として一般人は入れなかったところであったらしい。一九六三年から地元の営林署がカラマツを植林してからも、人の出入りのない原生林で、斜度が三十度から五十度という尾根続きの場所である。

学生Hは、地図上の御巣鷹山と書かれた周辺の山並みをなぞるように説明している。

この小さな上野村には、あの日から突然、人口を上回る一日五千人もの人々が連日押し寄せることになってしまった。村で準備していた盆踊りなどのお盆行事、近隣の市町村での花火大会、夏の成人式などはすべて中止となり、お盆で帰省する予定の人たちもあまりの混雑で帰れず、大変な夏を過ごしたということだ。

しかし、このまさに天から降ってきた事故を粛々と受け止めた村人の、温かい思いやりや近隣の各団体による奉仕活動によって、心身共に癒された事故関係者は多数いるという。

炊き出しや簡易宿泊提供、自宅の風呂やトイレを開放、連日の猛暑ですっかり体力を消耗した人たちの心痛を思いやって、冷たいジュースや麦茶、冷たいおしぼりなどのお茶接待、地理関連の案内や手配のサービス、交通整理や誘導、墜落現場への自衛隊や警察関係者の誘導は、村をあげて、寝食を忘れるほどの献身的な活動で、遺族関係者側も日航側も捜索に携わった人々も医療関係者たちも深く感謝し、すべての人たちの心へ沁みわたるものであったという。

特に凄惨な現場で一夜を明かして作業を行った人々は任務とはいえ、来る日も来る日も折詰弁当で、特に鶏の唐揚げなどは食べる気にもなれなかったそうだ。

連日の猛暑で炎天下の作業は、汗の塩が作業服につくほどであったという。また全身に腐臭や死臭がこびりついた彼らにとって、最大の御馳走はボランティアの皆さんが届けてくれたキャベツやキュウリの薄塩一夜漬けで、心底救われた。また、嬬恋村《つまごい》からもキャベツやトウモロコシなどの高原野菜がトラックいっぱいに届き、生でかじりついた四つ切りキャベツの美味しさは一生忘れないとのことだった。

学生Hは、みんなの顔を見渡しながらこう言った。

「このように、もしある日突然、みんなも自分の住む小さな村に飛行機が墜落したらどうなるでしょうか。何の準備も出来ないまま、大勢の報道陣が押し寄せ、次々と機動隊や自衛隊、警察応援部隊が到着して、ヘリコプターが昼夜爆音を立てながら飛び立ち、大型バス、トラック、関係者の車、霊柩車がひっきりなしに通って大渋滞するところになってしまったのです」

確かにたまたま地元で起きた事故であっても、まるで自分の身内のように接して、少しでも人の心の痛みを和らげてあげたい、苛立ちを鎮めてあげたいと奉仕活動をしてくれた人々がそこにいた。

次に、墜落地点が定まらなかったことに関して、地元の人々の声を聞いてきたことを話した。

確かにあの時、テレビでは長野県北相木村の御座山、埼玉、長野、群馬の県境にある三国山、上野村の小倉山、諏訪山、ぶどう峠などを墜落場所と報道していた。

学生Hは、それぞれの報道された場所に赤い丸印のマグネットをつけていった。

しかし、地元ではそれらの場所について、どうも違うとの意見があったということだった。

まず上野村の対応だが、夕方のNHKニュースの速報を聞き、八月十二日の夜八時には上野村防災行政無線で村民に一斉放送を行っていたのだ。日航機墜落事故に関する情報を連絡するように協力を依頼したのである。

テレビはその後長野県北相木村付近に墜落したと報道していたのだった。

しかし上野村では墜落現場が上野村と考えられると独自で判断し、二十時十二分に職員召集をして、役場では村内放送をして、村民から情報を集めたところ、やはりほとんどが御巣鷹山方面（高天原山付近）との答えであった。村民たちは自分の村に落ちたことをすでに気付いていたのである。

説明する学生Hの顔をみんなが見た。

「皆さんは自分が住んでいる場所の地形や状態はわかるでしょう。それと同じです。地図で名もない土地でも、そこには近くに必ず人が住んでいます。よほどの山奥であっても、今の日本では不明な場所などほとんどありません。まあ広い世界を見ればまったく人のいない場所も数多くあるでしょうが」

「そうか、そうだよなあ！」

「行ったこともない、見たこともない、地図上の山で名前も知らないけど、地元の人たちは当然わかっていたのだ！」と、学生も私も改めてそう思った。

学生Hは続けて「生存者を一番先に発見したのは、地元の消防団だったんです」と発表した。

「え！　なんとそんなわけだったの！」学生が口々に叫ぶ。

一番先に生存者を発見したのは、地元の上野村消防団の人たちなのか！

どうしても自衛隊のヘリで吊り揚げられたイメージが大きく、私たちはすっかり勘違いをしていたようだ。

地元の消防団は民間人で組織されているので、それぞれが別の仕事を持ち、いざとなると自分たちの住む土地を自分たちで守ろうという理念のもとに結成しているので、すべてにおいて必死に頑張ろうと活動意欲が強いのである。

学生Hは、「このスゲノ沢辺りで生存者が発見されました」と、地図を指さした。

突然、静けさを破る声が教室に響いた。その声の主である学生Iは、黒板の地図を指さしていた。

「みんな、見てよ。地図。ほら、ぐるっと一周り、サークルだわ！」

「え？　なになに？　サークルって？」

学生Iは、教壇前に走り出て地図の前に立ち、群馬県上野村周辺を指さした。そこは先程、墜落現場がコロコロ変わったということで赤マルをつけた部分である。

「埼玉県三国山」、「長野県御座山」、「上野村小倉山」「上野村ぶどう峠」

一つひとつそれらをなぞっていくと、楕円にゆがんでいるが一つのサークルとなった。

なんと本当の墜落現場である御巣鷹の尾根、報道での通称「御巣鷹山」となっている場所を中心に、それらのおもな山や峠は等距離の場所に点在するのだ。

逆に見ると、墜落現場を中心として円が描ける。まるでコンパスの軸を御巣鷹山に置き、くるりと円を描いたようだ。その円の周りに事故当初に間違った墜落場所名が入り込む。その距離は八キロから十キロの五Nマイル（海里）くらいの計算となる。（1Nマイル＝1、852メートル）

五Nマイル、およそ九キロは急な山を登り降りしているうちに七、八時間が経ち、夜明けを迎える時間となる距離だ。日が昇り、明るくなってから言い訳するとしたら、これくらいの誤差は仕方がないといえる距離だ。

もしかすると誰かが地図をテーブルの上に置いて、本当の墜落現場である御巣鷹山にコンパスの軸を置き、ぐるりと回す。そこに引っ掛かってくる山や地図上に名前のある場所を次々と言って、そちらが墜落現場といえば、地上では皆、散ってバラバラに探し始めるではないか。

そうこうしているうちに太陽が出てくる。そして本当の墜落現場はそれらの中心に位置する御巣鷹山と分かる。それぞれの場所から集合するはめとなる。これならば、現場の人々の証言とも一致する。

普通の感覚としては、バラバラに周囲の山の名前があがったら、逆にコンパスを回して、その中心が怪しいと疑うのが筋だ。散らばったらその中央を一番先にチェックするものである。

この話には教室中の学生がうなずいた。人間の思考回路など実に単純なものである。この地図上につけた赤マルを見つめていると、逆にわざと散らしたいという作為的な意識を感じてしまった。

もしそうならば、なぜ意図的に散らしたのだろうか。いずれにしても、なぜそのような誤場所報道がなされたのだろうか。

墜落現場の発見が遅れたことに関しては、当時の上野村村長、黒澤丈夫氏もはっきりと異議を唱えていらっしゃった。地元の学生が言うには、黒澤村長とは、過疎の村にこのような立派な経歴の方がいるのかと誰もが驚くような人だという。

その黒澤丈夫氏は、一九一三年（大正二年）十二月二十三日にこの上野村に生まれる。(注10)

十二月二十三日は、私の初フライトと同じ日だ。

（注10）黒澤丈夫元村長について

昭和四十年（一九六五年）六月十四日に群馬県多野郡上野村の村長就任以来、過疎の村の産業振興に情熱を注ぎ、十期四十年にわたって村長を務めて、平成十七年（二〇〇五年）に引退した。平成二十三年（二〇一一年）十二月二十二日に逝去された。

一九三二年（昭和七年）に海軍兵学校（六十三期）入学、昭和十五年から九六式戦闘機に乗り、その後零式艦上戦闘機（零戦）パイロット、一九四四年（昭和十九年）五月一日海軍少佐、そして終戦。戦後上野村に戻り、一九六五年（昭和四十年）から村長をなさっており、一九九五年（平成七年）には全国町村会長にも就任した方である。

海軍少佐の零戦パイロットであった人が村長の村に、この最も安全と言われた最新鋭機、ジャンボジェット機が落ちたのであった。これには何かの運命を感じざるを得ない。

もっと驚いたのは、日本航空の機内誌『ウインズ』の一九八五年九月号の二十四ページ人国記⑭に群馬県ふるさとセンター初代理事長ということで上野村の自立した取り組みについて、黒澤村長へのインタビュー記事が掲載されていたのだ。一ヵ月違っていたら村長が載っているその雑誌が五百冊ほど、墜落とともにこの村へ天から降ってきたことになる。

その黒澤氏は自らの戦争体験やパイロットとしての科学的な根拠をもって、事故当時の墜落地点の計測ミスについて大変な憤りを感じていた。

将来のためにどうしても伝えなければならないことがあるとしてご自身の著書『道を求めて――憂国の7つの提言』（上毛新聞出版局）でも特に次の二点について語っておられる。

①十二日午後八時頃は、上野村南西部上空をヘリが盛んに飛んでいた。火災も確認し、遭難地はここだと判断していたのだが、一体誰が、いかなる判断で、長野県の北相木村御座山等と断定したのか。
これによって、一番大切な救難が混乱によって遅延し、その責任は大きく、断定は慎重に正確にすべきであった。夏山では火災の心配などない。また位置の特定は日本で技術的にも充分可能なはずであり、地上の者に正確な墜落場所を教えることは絶対に不可欠なことである。
②この時、誰が最高責任者であったのか、誰が総合指揮権を持っていたのか、まったくよく分からないままに、いくつもの対策本部が置かれて体制が整っていないことを実感した。国においても、誰が最高責任者だったのか。国政の中で、誰が統合して指揮をしていたのか、その実態はどこにあったのか、まったく見えなかった。
こんなことで、今後の防衛や天災に果たして対処できるのか。将来のために今一度考えて備えておく必要性を現場にて痛感した。

突然の事故現場となった上野村で、滞りなくどうにか対策本部が形になっていったのも黒澤丈夫村長がいたからだ、という声が多かった。現に、遺族側の人たちも日航側の人間もそして現場にて様々な仕事をしなくてはならなかった人々も、それぞれの胸の奥にある想いをすべて汲んでもらい、癒していただいたのも上野村の人々によるところが大きかった。お互いの立場を思いやったのも、黒澤村長の思慮深い言動によるものであったという。

現場には群馬県、警察、自衛隊（陸上自衛隊、航空自衛隊）、消防本部、消防団、営林局、上野村、藤岡市等それぞれに対策本部があり、他にも県医師会、県歯科医師会、県看護協会、日本赤十字社、民間奉仕団体等六十団体も関わった。

八月十二日の対策本部設置から十二月二十四日解散まで、現場の人間は実に延べ十三万三千九百四十三名ほどになったそうだ。それらの意思統一、最高責任者の存在が不可欠なのは当然だ。それが明確ではなかったにもかかわらず、どうにか形になって自然発生的に指揮系統が出来ていったのだが、それは、それぞれの人たちがこの事故と真摯に向き合い、精一杯個人の責任を果たし、懸命に活動をしたからであろう。

国として当時、どういう組織で事故対策を行っていたのか。最高責任者であるはずの人はどのような行動をしていたのだろうか。次の学生による発表がそれを物語った。

●群馬から通学している学生が抱いた疑問　その②　首相の一日

次に発表した学生Jは、まったく別の地点に大きく赤い丸をつけた。そこはどこか？

長野県軽井沢町である。そしてこう言った。

「ここは有名な別荘地、軽井沢です。ゼミ合宿をした人も多いでしょう。事故当日、そしてその後も私たちの町や村がもっともつらくて大変だった時に、本当ならば一番先に駆け付けるべき人がここでテニスをして、プールで泳いでいると新聞に書いてありました。それは、この時の総理大臣、中曽根康弘氏でした」

どよめくとはこのことか？

一斉に悲鳴が上がった。地鳴りのような声でいっぱいになり、次々と驚きの顔が教室に溢れる。

「皆さんは注目して見なかったかもしれませんが、新聞の一面の裏に、ほらここに小さく、どの新聞にも首相の一日というのがあります。他の新聞では『首相の動静』『首相日々』などというコーナーで、その日の前日、首相が会った人や移動などの動きが書いてあります。うちらの地元新聞の上毛新聞では、なんせこの人の地元選挙区なので、親しみを込めて『中曽根さんの一日』というコーナーです。うちのおじいちゃんもおばあちゃんも昔から中曽根さん、中曽根さんとまるで、近所の人のように呼んでいて、男前だから好きだとばあちゃんも言っていた人です」

確かに私の両親も中曽根氏が好きであった。その理由は単純で、外国の首脳たちとひけをとらない風貌で背も高く、米国のレーガン大統領よりハンサムだからと言っていた。テレビなどのメディアの力によって、その雰囲気に好感を持たれる首相であった。

それにしても自分の地元選挙区に飛行機が落ちたのか……。なんということだろう。彼にとってもあまりにも驚くべき予想外のことだったかもしれない。この事故の対応次第では政治生命もかかっていたのだろう。

残念ながら、首相としての夏休みとはいえ、この学生が発表した「中曽根さんの一日」には私も驚いてしまった。

プールで泳ぎながら、この事故のことをどう考えたのだろうか。

学生Jは語る。

「私は事故前後の首相の動きと、その後いつ事故現場に行ったのか調べてみました。もともと大事故が起きてもこの時代は、首相というより担当大臣が行っていたそうですが、これは世界最大の単独機事故です。おまけにこの時の日本航空は半官半民だったから、三分の一の株主は日本国政府です。（注11）

だから株主としても行かなくてはならないし、ましてや地元選挙区です。事故現場に行くのは当たり前だと思います。自分たち政府の会社なのだから。

だけどわざと行かなかったのか、理由は分からないけど来なかった、ということで、地元ではとても残念だと感じ、失望し、裏切られたと言う人が多かったです。ばあちゃんもがっかりしていました。選挙の時しか頭下げないなんてねえ、って。いつも日の丸振って応援したのにって。

結局中曽根さんが来たのは、事故から三ヵ月後の十一月四日でした。遅くなった理由は、『群馬県警から警備が大変だから後にしてくれと言われた』というものでした。そんな理由ってありますか？　茶番劇を見るようだと言って地元のみんなは、息子の選挙が近くなったから仕方なく来たのだろう、って冷ややかに言っていました」

（注11）日本国政府による日本航空株式保有数について

政府保有株は全体の34・5％（約四千八百万株）で、日本航空完全民営化に伴って一九八七年に売却。それにより政府は昭和六十二年度予算案で約三千六百億円の売却収入を見込んでいた。日航側は安定株主工作を進め、政府保有株の約半分にあたる二千四百万株を損保、生保、銀行等の安定株主に、残り二千四百万株を一般向け株式市場へ放出。（一九八七年三月二日付朝日新聞記事より）

さて、その「中曽根さんの一日」が物語る一国の首相としてのこの態度に対して、一九八五年当時のマスコミは何故この事を疑問に思わなかったのだろうか。

あまりに批判が少なくて驚いた、というのが学生の意見だ。私も当然だと改めて思う。確かに現在ならばすぐ大々的に報道され、失脚し、解散総選挙となってもおかしくない。

八月十二日から八月末日頃まで、各紙に掲載された首相の一日を要約したものを黒板に貼りながら学生Jは言った。

「もし今ならば、この首相の一日をどう思いますか？　もし皆さんが今、墜落現場にいるとしたらどう感じますか？　そう思って読んでみて下さい」

＊

「中曽根さんの一日」は、事故当初から一週間、次の通りであった。

八月十二日（月）

八日の夜から夏休みで滞在中の軽井沢、「ホテル鹿島の森」から出る。

十七時十一分発特急あさま22号乗車。十九時十五分上野駅着。

十九時四十七分公邸。

「列車に乗っている時に日航123便が墜落したんだ、それも真上を飛んだんじゃない?」

そんな声が上がる。

事故をいつ知ったのだろうか。携帯がない当時は、列車を降りた後、迎えに来た車に誰かが乗っていて聞いたのだろうか?

＊

＊

八月十三日(火)

七時起床。九時二十分より公邸にて木村武千代前代議士、官邸へ移動し、十時十分森山真弓外務政務次官ら、十一時五分ヤイター米通商代表、マンスフィールド駐日米大使、国広道彦外務省経済局長、十二時五分藤波官房長官、昼食、十三時五十四分渡邊自民党幹事長代理。

十四時二十分インポート・バザール・トーキョー見学(池袋サンシャインシティ会場)。

十五時四十五分官邸着、金丸自民党幹事長、藤波官房長官同席。

十六時三十分クラフ米太平洋軍司令官、ティッシュ在日米軍司令官、マンスフィールド大使同席。

十八時五十分藤本孝雄代議士、十九時山下運輸大臣から日航機事故現場報告。

十九時十五分公邸着。

＊

「池袋のサンシャインで輸入品バザールを見学？」「コーヒーとか輸入クッキーとかが並ぶあれ？」「何でこの日に行くの？　信じられない！」と正直な怒りの声が学生たちから次々と挙がる。

いくら当時日米貿易不均衡問題で、対日貿易赤字対策を迫られていたとはいえ、今この時に行くタイミングではないはずだ。

墜落場所で生存者が見つかったという時だ。「あの現場が最もひどい状況の時にこれって、官邸の危機管理がまったくなってない！」そんな声も出る。

それにしても、なぜ突然米軍の司令官が来ているのだろうか。

十年後の元米軍中尉アントヌッチ氏の証言を踏まえると、まさか自分たちは墜落現場をいち早く知っていました、と伝えに来たのでもあるまい。

「在日米軍司令官……それってもしかして、アントヌッチ氏の証言に出ていた！」私がそう思ったとたん、学生のひとりがもう一度あの時の新聞記事を読みあげる。

「八月十二日、同日午後九時五分に米海兵隊救難チームのヘリが厚木基地から現場に到着して、隊員がロープで現場に降りようとしたが、在日米軍司令部がある横田基地に連絡をすると担当の将校が、『日本側が現在現場に向かっているので帰還せよ』という帰還命令を出した」

するとこの墜落の次の日に首相官邸を訪れたティッシュ氏はまさに在日米軍司令官だ。救出しようとした海兵隊救難チームを途中で止めさせて、戻した責任者である。

さらに日本側が現在救助に向かっているから帰還せよ、ということは、日本側に墜落現場をきちんと伝えたという証拠となる。

駐日米大使も同席しているが、このクラフ米太平洋軍事司令官（注12）は十月一日付で米統合参謀本部議長に就任するために、退任の挨拶に来たというのが名目である。

その席で、防衛力整備のための首相の努力について、また自衛隊の継戦能力充実に期待する、などと述べている。中曽根氏は米空母ミッドウェー艦載機の発着訓練基地の確保を着実に努力していくと答えている。

この状況の中で、中曽根氏と一言も日航機事故について語らなかったと言えるだろうか。それはありえないはずだ。

なぜならばこの在日米軍司令部が、墜落現場を日本側に伝え、日本側の人間が今現場に向かっていると答えているのだから。

しかしあの時日本の自衛隊が現場を特定したのは事故から一夜明けてのことだった……。

それにしてもこの退任の挨拶は以前からこの日に来ると決まっていたのだろうか。当然のことながら、暗雲が漂うように、数々の疑問が私と学生たちの頭に残ってしまった。

いずれにしても、事故現場がようやく特定され、五百二十四名の乗った世界で最大の単独機事故の翌日がこれである。日本航空は半官半民。なぜか表向きには、その意識が朝からまったく感じられないような一日ではないだろうか？

＊

八月十四日（水）
七時起床。九時皇居着。藤本国務相の認証式。十時十五分公邸着官邸へ。辞令式。
十一時二分、国際子供夏季休暇村代表の子ども八十六人表敬。
十二時三十分山口労相、十三時十分藤森官房副長官、日向方斉・関西経済連合会会長。
十四時五分宋之光駐日中国大使が離任の挨拶、三十分小暮電通社長、田丸前社長。

（注12）クラフ米太平洋軍司令官について［新聞報道はクラフ・外交書類はクラウ］
名前は、ADM.WILLIAM J.CROWEである。一九八五年八月十四日付ジャパンタイムス紙に中曽根康

弘氏と会談をするクラフ氏の写真が掲載してある。

彼の名前は一九八五年版（第二十九号）外務省『外交青書』に書かれた当時の外務大臣安倍晋太郎氏による『わが外交の近況』第一章三節、「我が国と北米地域との関係」のところに出てくる。そこには日米安全保障条約という項目の中で、「日米安全保障条約は我が国のみならず、極東の平和と安全の維持に大きく寄与してきている。八四年も同条約の円滑かつ効果的な運用を期するため、日米両国間で緊密な協議及び協力が行われた」と前置きしてあって、「八五年一月は中曽根総理大臣訪米、ロスアンジェルス郊外でレーガン大統領と総理就任来五度目の会談。その席で日本側の防衛努力を説明し、艦載機夜間着艦訓練問題、戦略防衛構想（ＳＤＩ）、東西関係、朝鮮半島情勢も意見交換。中曽根総理大臣、安倍外務大臣は、帰途ハワイに立ち寄り、クラウ米太平洋軍事司令官と懇談」とある。

また、衆議院会議録第一〇一回国会の沖縄及び北方問題に関する特別委員会第四号（昭和五十九年六月二十九日（金）午前九時五十分開議）においても、外務省条約局長小和田恒政府委員の答弁の中で、「自衛隊が持っております任務は我が国の防衛のために憲法上の範囲内において必要最小限のことを行う、こういうことでございます。安保条約第五条に基づく共同対処の事態におきましては日本を防衛するために日米が共同の対処を行うことはあり得るわけでございます――略――日本が共同訓練に参加することはあり得る事であろうというふうに考えます」と言っているのを受けて、理事の川崎寛治委員は、「今年の二月二十三日、アメリカ上院の軍事委員会で米太平洋軍司令官のＷ・Ｊ・クラウ海軍大将が証言をしておることについては御存じだと思います。その中で米太平洋軍における軍事努力は生き残り能力のある信頼出来る核抑止力、すなわち弾道ミサイルをおさめておる深く潜航する戦略核原潜の使命達成を保護することなのだとクラウ海軍大将は太平洋第七艦隊の役割について言っておるわけです」と発言している。そしてこのクラウ証言をもとに、核トマホーク議論となり、艦対地の核トマホークを装備した艦船と共同訓練を日本の自衛艦が一緒になってやることについて言及し、さらに非核三原則の再確認へと会議が続く。核密約にも通じる発言である。

十五時五十五分高木養根日航社長、十六時二十五分糸山英太郎代議士、中山元駐フランス大使。

十八時三十五分公邸へ。

二十時二十分東京谷中の全生庵にて座禅。二十二時公邸着。

＊

ようやく午後三時すぎに日航社長の高木養根氏が来ている。

そのあとに民営化後つい最近まで個人大株主として日本航空特別顧問となっていた糸山英太郎氏。

この日の締めは、座禅である。何を思い、何を考えていたのだろうか。そしてなんの策略を練っていたのだろうか。その心に上野村の惨状は届いたのであろうか。

なお、この日、「中曽根首相、また人間ドック入り?」との記事が小さく出ている。突然十五日の夕方から夫人とともに二泊三日で都内の市ヶ谷河田町にある東京女子医大病院で定例の人間ドックに入る予定とのことだ。側近が十四日に明らかにしたという。

体の具合が悪いというわけではない、健康管理上のことだ、として退院後はただちに、長野県軽井沢町で静養するという。

今、なぜこの大変な事故があった直後に人間ドック？

「健康管理上の問題でどこも悪くないのなら、軽井沢ではなく上野村へ行くべき！」

と学生の意見が出る。その通りだ。

首相という責任ある立場にいる人間は、自分の体調を押してでも国民のために何かを成し遂げるものだ。ましてや一民間会社ではなく、三分の一は政府が株を持つ会社なのだ。

何でもないのに、こんな時に人間ドックへ入るとは……。

深いため息と憤りが教室中に溢れ出た。

*

八月十五日（木）

七時起床。この日は戦後四十年で初めて中曽根首相をはじめ、閣僚たちが靖国神社を公式参拝した日である。

十一時五十分、全国戦没者追悼式。

十三時四十四分、九段北の靖国神社公式参拝。十四時一分官邸、三十一分、村上正邦防衛政務次官、十五時、千鳥ヶ淵戦没者墓苑にて世界総調和の日、平和祈念及び戦没者慰霊式典にてあいさつ。公邸着。

十六時二十一分東京女子医大病院にて夫人と人間ドック入り。

＊

何度も毎年恒例の人間ドックだ、という記事がある。ある学生が、「政治家は都合が悪くなるとすぐ病院へ入院するよ。ぼくの兄が新聞記者だからそう言っていた。それって、首相周りで出入りの人たちの名前を新聞に書く必要もないし、誰が面会に来たのかもわからない、それに自分が必ずしもその部屋にいるとも限らない。病院は抜け道がいっぱいあるそうですよ」と説明してくれた。

確かに今まで分刻みで面会や行動が書いてあったが、次の日からは何も書いていない。

ここで本当に人間ドックに入っていたのだろうか。何か事故についての対策を考えていたのではないか、おかしすぎる、という意見も出た。

＊

八月十六日（金）

八時起床。検査と静養。

＊

八月十七日（土）

午前七時半起床。

十三時四十三分退院、十三時五十七分公邸着、十五時五十三分公邸発、十六時八分

上野駅着、十六時十五分「あさま」65号乗車。十八時二十八分軽井沢着。十八時三十八分、ホテル「鹿島ノ森」に到着。十九時二十七分、軽井沢町の中華料理店「赤坂飯店」で、実兄の中曽根吉太郎氏夫妻と食事。二十一時三十七分ホテルへ戻る。

＊

「不思議だ！」と、事故原因を主に調べて発表した学生が声を上げた。

十五日の人間ドック入りの時刻は、米国からボーイング社の担当者らが来て垂直尾翼を検証している時刻で、その直後の十六日、十七日はフライトレコーダーもボイスレコーダーも一部しか分析されていないのにもかかわらず、いきなり後部隔壁破壊説が出てきた時期と重なるのである。この空白の二日間に事故原因がなぜか新聞記事で断定されていた。

まさか病院を抜け出して、また病院において、誰かとの協議があったのだろうか。面会記録に残らないこの病院で、確かに疑われても仕方のないものだと言えるのではないか。

そしてまた、事故現場を通り過ぎて軽井沢である。

「これって、奥様はどう思っていたのでしょうか。私がもし首相夫人ならば、あなた、ここではなく、上野村へ行きなさいと言うと思う。それが夫人の務めなのではないでしょうか」そうつぶやく女子学生も多かった。

そして翌日の八月十八日（日）。悲惨な写真や事故現場で懸命に作業をしている人たち、うなだれて泣いている遺族たちの痛々しい写真、肩を落として座り込む少年、棺桶が無数に並んでいる写真の下に書いてあった中曽根首相の一日には教室中のだれもが無言となった。

この日の首相は軽井沢にて長男弘文氏と一緒に、また親戚と一緒に歓談。午後は夫人とTミネベア社長の別荘にてプールで水泳。ゴルフ場内散歩。まだ事故現場に行っていないのだ。まさか積み荷の医療用アイソトープ（核医学検査）の被害を気にしていたのだろうか？（注13）

その頃、墜落で離断した遺体を少しでも遺族の方々の想いを汲んで、きれいに泥を洗い流し、次々と運ばれてくる遺体を安置していたのが、軽井沢からも近い群馬県藤岡市民体育館である。近くの小学校、中学校のプールで遺体を洗う作業もあったという。医師や看護師、警察官による検視業務は連日行われていた。

十四日、百十一体。十五日、百五十六体。十六日、百三十八体。十七日、五十九体。損傷が激しく形をとどめていない遺体は、日本赤十字社の看護師さんたちが一生懸命に縫い合わせたり、整形をしたり……連日の猛暑で死臭が充満している中での作業だったのだ。

その時に首相が、隣町で遊び、プールで泳いでいたとは……。

もし事故で犠牲になったのが自分の息子だったら、妻だったなら、こんな行動をとっている最高責任者をどう思うのだろうか。

翌日はK建設株式会社社会長のA家の人たちと一緒に食事をしている。

これらの行動からはどうしても首相らしさや誠意といったものを感じられない。

そして次のコメントがそれを決定的にしてしまった。

「戦後五番目の長寿、首相在職一〇〇〇日」ということで受けたインタビュー記事で

（注13）アイソトープ　劣化ウラン

同機に搭載されていた医療用アイソトープ（放射性物質13核種92個、放射能量として161・7729ミリキューリ）は、梱包形態、収納限度、積載方法等について、航空輸送に関する基準に適合していたものである。

回収は全体の64・8％で、墜落現場における地表面の放射線量率を測定した結果においては、人体への影響はないと認められた。実施日・一九八五年八月十四日から十六日まで。（再度一九八五年十月十一日にも事故現場の地表面の測定を実施）

航空機部品の劣化ウラン製動翼バランスウエイト使用についても当然規程内であったが、その後は順次、タングステン製に交換されており、今は使われていない。

ある。八月二十二日でちょうど千日となった感想で、新聞各紙によると中曽根氏はこう述べている。

「国民の皆さんや党の協力などによって今日まで政治が出来たのは望外の幸せである。特に声を出さない、あるいは声を出せない方々の声に耳を傾けて、謙虚に戦々兢々として、薄氷を踏む思いで、勤めさせていただきたい。今は戦後政治の総決算、二十一世紀に向かう準備のための時期だ。

そのためじっくりと充電をするから、今年の夏、週末は軽井沢で過ごし、健康優良児になるよ。まずゴルフだったが日航機事故以降は自粛している。そのあおりでゴルフ会談は出来ないが、代わりにテニスと水泳、読書三昧で過ごしている」と語る。

政治部記者との会食に余念がないそうだ。まったく事故現場に行く気がないらしい。

声を出せない方々の声に耳を傾けるのならば、軽井沢ではなく、すぐ隣の上野村に行くべきなのではないだろうか。それに対して何か反論があるならばぜひ聞いてみたい。

そして一枚の新聞を取り出し、学生Ｊが静かに語った。

「これは上毛新聞、うちらの地元の新聞です。日航１２３便の乗客がどういう理由でこの飛行機に乗ったのかという連載記事です。いつもその下が中曽根さんの一日ですが、毎日、毎日プールで泳いだ、娘や息子とテニスをしたと書いてあります。対比して読むと涙が出てきます。

そして、これはあの時奇跡的に助かったという川上慶子ちゃん（当時十二歳）の新証言を書いた記事です。ちょっと一部を読んでみます」

そのタイトルは、「死の直前の妹を励ます」というものだった。

「墜落後に気がつくと、真っ暗で油のにおいがした。子供の泣き声などざわざわしていた。自分の体中さわってみて、みんな付いていて生きているって思った。みんなはどうしたのかと思って呼ぶと、お父さんと妹が答えて、お母さんは答えなかった。

手足を動かしてみい、とお父さんに言われて動かした。お父さんに助けてというと、お父さんも挟まれて動けない、助けてやりたいけどどうしようもない。と言われた。

そのうち父は動かなくなってしまった。妹の咲子に聞くと、お母さんは冷たい、死んでる、という。咲子は、苦しい、苦しいと言った。

そして、みんな、助けに来てくれるかなあ、というので、大丈夫、大丈夫、お父ちゃんもお母ちゃんも死んだけれど、島根に帰ったらおばあちゃんとお兄ちゃんと四人で頑張って暮らそうなあ、と答えた。そのうちに、妹は、ゲボゲボと吐くような音がして、しゃべらなくなった。

一人になってしまったと思った……日頃父から、慶子は中学に入ってから根気がなくなったといわれていたのを思い出して、頑張った」（一九八五年八月二十四日付上毛新聞）

教室のあちらこちらですすり泣く声がする。私も、自分の妹だったら……と思い、涙がこぼれた。

幼い妹が、みんな助けにきてくれるかなあ、と言い、励ましているうちにだんだんと周りの声がしなくなっていった時、どういう思いでこの十二歳の少女は真っ暗闇の中にいたのだろうか。あまりにも悲しすぎる現実に、学生たちは目を閉じて、自分のことのように深く考えていた。

教室に傾きかけた太陽のオレンジ色の日差しが入り込む。学生たちのうなだれた頭上にキラキラと優しい光を落としている。

学生Ｊはレポートの発表を続ける。

「その記事の下にある中曽根さんの一日は、この日も製薬会社社長や建設会社社長などと会食をして、それらの人たちの別荘を渡り歩き、読書とプールで水泳と書いてありました。

実はこの年の八月二十三日にはイギリス中西部のマンチェスター空港で、またボーイング社の737型機KT328便が離陸直前にエンジンから火を噴き炎上し、五十四名が亡くなるという大事故が起きました。英国航空（BA）の子会社ブリティッシュ・エアツアーズ社のギリシャ、コルフ島行きチャーター機で乗客は百三十一人、乗員六人で計百三十七名、重軽傷者は八十三名でした。

英国航空もJAL同様、当時イギリス政府の国営航空です。この事故を聞いたサッチャー首相は、夫（デニス・サッチャー氏）とともに休暇を過ごしていた静養先のオーストリアから急きょ帰国して、すぐに事故現場に駆けつけて視察しました。

やはり女性首相ならではなのでしょうか。それとも夫が良く出来た人だからでしょうか。

首相という立場に、イギリスと日本で異なるわけがありません。サッチャー首相の行動が首相として当たり前なのではないでしょうか。

その事故現場で、サッチャー首相は、『このような悲惨な事故が起きて大変残念だ。このような事故が再発しないように事故原因の徹底的究明を関係者に指示する』と語っています。

死者の人数を比較するつもりはありませんが、五十四名でも駆けつけた、なのにどこかの国の首相は五百二十名が死亡する事故が起きても静養先でプール、雑誌にはこんな記事もありました。一九八五年九月十三日号の『フライデー』ですが、これが当時の報道でやっと見つけ出した記事でした。

　五百二十名の命がすぐ隣の山で絶えた事実の重みを、どう受け止めながら休養していたのでしょうか。

『声なき声を聞かずに、人の痛みや思いやりを肌で感じられない人に、国家を語る資格などあるのか、今までこんな人に投票していたのか……自分がなさけない』と、選挙のたびに中曽根さんに投票していた自分のおじいちゃんは、心底怒って言いました。私もそう思います」

　確かに、この学生の言う通り、半官半民の会社が大事故を起こしたのだから、サッチャー氏のように一番先に駆けつけるのが筋だろうと私も思った。

「先生！　質問があります」と言って別の学生が手を挙げた。

「先生の時代ってここまで国民の意識レベルが低かったのですか？　だって今なら、もし首相がこんなことをしていたら、即辞任ですよね。どうしてこんなこと平気で許していたのですか？」

「その通りです。今なら大問題ですね。この時代のレベルは、携帯電話と黒電話くらい違っていたのかもしれませんね。今のほうが、政治家も必死に頑張らないと、選挙で落とされるのが当たり前になってきましたからね」と私は答えた。

二十一世紀を背負う若者の心に、この事実は大きな衝撃を与えたのだ。権力を持った人ほど、自制しなければならないのは当然であろう。それとも、この中曽根氏の行動に何か深い理由があったのだろうか。

そして、墜落直後に生存していた人々のことを知ってしまった学生たちの心は深く沈んでいった。若い彼らの心の中に、墜落直後救助が早ければ生き残ったかもしれない人々の叫びが届いた瞬間であった。

私自身も彼らのレポートを通じて、数々の重大な発見をした授業であった。そしてあらためて、この事故の不可解な事実を目の当たりにしたのであった。

当時はあまり疑問も持たずに、圧力隔壁が破壊されて垂直尾翼が飛んだという事故調査委員会の発表を受け入れてしまったと、今更ながら反省する。

しかし、ごまかしようのない事実とこれだけの憤りを感じるさまざまなことに、目をそむけてはいけない。それが学生たちとひとつずつ記事を読みながら、あらためて感じたことである。

過去の歴史を見れば分かるが、その時その時代でごまかすことが出来たとしても、誤りや偽りは、必ずや後世において真実があぶり出されていくものである。

もし、今語られていない真実をあの世まで持って行ったとしても、あの世の入口で五百二十名が待っているのだ。そこでいくら弁解しても許されることはないだろう。

この事故のことを調べれば調べるほどに、疑問や矛盾が生じてしまう。

真実を知る年老いた者たちは、せめて自分の言葉で若い彼らに伝えてはどうか。

過去の清算はその時代を生きた人間がやらずして、誰に押し付けるのか。


私が教えている学生たちは、日本という国家を無条件に信じて何も疑わず、世界に羽ばたきたい、航空業界で働きたい、と願っている若者たちである。

その彼らが新聞記事という誰もが読む資料を通じて、この事故の顚末をひとつずつ丁寧にたどったことによって何か大きな欺瞞を感じ、見えない作為を感じていた。

そしてこれから自分たちが創っていく、新たな日本という国を考える機会となったのである。

二十一世紀は彼らの時代だ。

若いということは、心が自由であるということだと私は思っている。

彼らの未来に対して、自由に夢を描ける青空天井を作ってあげなければならない。

この国の行く末を、早く彼らに任せることが重要なのだ。

間違っても暗黒の雲で彼らの頭上を覆ってはならないのである。

抜けるようなさわやかな青空が、心機一転、新たな生き方をする上でどうしても不可欠だということを、それが進歩を生み出すということを、戦後の青空天井を謳歌してきた老いた者達は嫌というほど知っているではないか。

若い彼らがこの事故と向き合って心に抱いたことは、あの世の五百二十名からのメッセージだったのかもしれない。

第2章　若者たちの現場

契約制フライトアテンダントの現実と未来

二〇〇一年九月十一日。

誰もが忘れもしないあの日。米国で民間航空機を武器に見立てたテロが発生するという、最も恐ろしいことが起きてしまった。

バブル崩壊後、航空業界はようやく景気回復の兆しが見えた矢先であったが、その後も新型肺炎（SARS）の流行などで顧客離れが起きていく。そのような中で日本航空は東亜国内航空が前身の日本エアシステム（JAS）と経営統合（注14）を発表する。

その後も航空業界を取り巻く環境は激変し、経営再建の道は見通しが立たないほど大変厳しいものだったが、若い世代の雇用形態を変えて、給料を安く抑えることでどうにか生き延びてきた。

スチュワーデスからフライトアテンダント（JALの場合）という呼び名に変わった

この職業も、一九九四年から契約社員制度となって、現在はファストフード店の夜間手当てと同じくらいの時給となっている。

三年間AT（アテンダント）としてまず国内線、その後国際線を飛ぶ。四年目にしてやっと正社員となるが、それは以前の私がいた時代の給料とは異なり、「新正社員」と呼ばれる異なる給与体系となる。つまり契約制度以前の正社員と待遇に大きな差が（注15）

（注14）日本エアシステムとの経営統合

二〇〇一年十一月に統合合意発表を行い、二〇〇二年一月に統合基本合意書を取り交わし、同年四月統合契約書締結、六月両社株主総会承認を経て、十月二日持株会社設立となる。名称は「株式会社日本航空システム」となった。二〇〇四年四月一日に完全統合し、ブランド名を「JAL」に統一した。

（注15）契約制客室乗務員の時給について

一九九四年八月、航空会社三社よりコスト削減を目的にした契約制客室乗務員を採用するという計画が発表された。一九九五年一月よりこの契約制による国内線客室乗務員が誕生する。その内容は一年間の有期限雇用を前提に契約更新は二回を限度とし、三年経過後、本人の希望、適性、勤務実績を踏まえて正社員へ切り替えを行う。

月間勤務時間はおよそ百五十時間、月間休日数は原則十日、客室乗務員のほか地上業務も行う。時給は基本給千百三十三円／時、乗務手当七百円／時、ただし教育期間中は基本給九百三十三円／時、夏冬精勤手当支給となっているのが主である。

因みにOGは、時給千百円（乗務時は千五百円）で月間二十時間から三十時間程の航空機乗務を含めた月間五十時間から六十時間程度となる。年間パート代が扶養控除の範囲内の九十万円前後となる。

生じているのだ。

それにもかかわらず、応募者数はあまり減らずに人気はあって、応募資格に英検準一級、TOEIC六〇〇点以上などという文字が並ぶ。

ひとつの便に乗務するフライトアテンダントたちは、責任の大小はあるが、同じ仕事をしていても異なる賃金体系で働いており、グループフライトといってもその中での交流はほとんどなく、全員正社員だった時代のように同じ立場で、本音で話せる環境とは言い難い。

子会社に至っては、国籍も処遇も立場も経験も異なる人たちの寄せ集めであって、まるで多国籍軍のような状況だとお客様によく言われるという。

この現状において、あの事故に立ち向かった最後の瞬間で、最も大切だったチームワークが果たしてとれるのであろうか。

日本航空株式会社という、昔ひとつだった会社が、次々と業務内容や地域ごとに分社化されて、子会社、孫会社が増えてゆき、その数は二〇〇八年で子会社が二百四十七社、関連会社八十五社、計三百三十二社にまでなった。合併後の社員数は五万人を超える。

一見、同じ制服を着ていて同じ会社の人間のようだが、中身はまったく違う制度と賃金体系で働いているという現実がそこにある。

たとえば、有名大学卒で地上総合職として入社したひとりの社員が、将来幹部になるまでに二、三年ごとに転勤しながら、国際線や国内線の予約業務、成田や羽田、地方空港旅客サービス業務、国際販売、国内販売業務、営業、貨物、経理、資材調達などの仕事を行っていたのが私の時代だ。

しかし、今はそれぞれが子会社化して、その子会社ごとに採用が行われているため、〝JAL〟とひと言で言っても各社の中身は別の組織と雇用形態である。幹部候補生たちはそれらの会社へ出向しながら職を覚えていき、最後は本社で経営指導業務という形になるのだろう。

なお、子会社の中で人気のある会社もあって、実はJAL本体より優秀な学生が内定する時もあった。そのような逆転現象の中、それぞれの子会社で独自に採用されている人たちから仕事を教わるということは、JAL本体の社員にとって非常にやりにくいだろう。

また子会社のひとつである予約発券システム会社を例にとると、専門学校の学生たちは、JALから派遣されてきたインストラクターによるアクセスというコンピュータシステムの授業を受ける。

この操作を覚えておくと、JAL系の予約や旅行会社への就職に有利だからである。

企業側は入社後の教育に時間をかける手間が省け、学校側はそれを就職の売り物にして就職率を上げるということで双方にメリットがある。

私の時は当然ながら入社した後に、地上職経験を積むという理由で、アクセスの前身であったＪＡＬＣＯＭという予約発券システムを地上職の先輩たちから習ったのを覚えている。かなり大変で難しかったが、今の学生たちはまだ入社もしていないのに、アクセスを使った予約業務の検定試験を受けて級を取り、かなりのエキスパートになっていく。

それを自分の特技にして、運よく入社が出来たら即戦力としてＪＡＬ系予約発券会社で働くという仕組みが出来上がっているのだ。

さらに、グランドスタッフと呼ばれる空港地上業務は、首にスカーフを巻いた制服姿が人気だが、成田空港や羽田空港など主な路線都市は１００％出資の子会社所属となる。

これも時給いくらの契約社員で、その後正社員への道もあるが、給料はもとからいる正社員の半分ほどである。

地方空港は、主にその土地のバス会社が空港業務を請け負っているため、外見はＪＡＬの制服なのだが、実際はバス会社の契約社員となる。

同じように空港で働いていても、手荷物預かりや貨物を受け持つのはさらにまた別の会社となり、こちらは多少制服が異なっている。

整備部門も成田と羽田で会社が異なり、部品や備品の修理もまた別会社組織となっている。

つまり、ひとつだった会社がすべてバラバラになり、異なる雇用形態でそれぞれ別の会社で働く人間たちが、一機の飛行機を飛ばしているのである。


夢をかなえて世界の空を飛んでいる教え子たちの近況や現場での声を聞くにつれ、また全国各地の空港で働く地上職の教え子たちの近況を聞くにつれ、私は「このような状態が果たして続いて良いのでしょうか」と、御巣鷹の尾根に眠る先輩方に聞きたくなる気持ちでいっぱいになる。

それでも毎年憧れる学生は多く、長年、社会人相手や大学、専門学校で航空関係の授業を行い就職指導にあたってきた私にとって、現場の様子を思うといつも心が痛む。

そんな悶々とした思いは、まだ何も知らずにキラキラと輝く将来を夢見る学生たちを目の前にすると、なかなか言葉にすることが出来ない。

しかしどうしても伝えなければならない使命として、123便の事故レポート課題は続けていた。彼らに出した課題のひとつ、「自分が就職した場合、航空会社はどうあるべきか、どういう意識の中で働くことが重要か」ということについては、事故現場での惨状を知った以上、絶対安全を優先させて日々の仕事を精一杯行うという意見が圧倒的であった。

ある時、JALの空港地上職に内定し、インターンシップ制度で、翌月から働くことが決まった学生が、「自分も遺族となってしまった新入社員」という記事を取り上げて発表した。まさにこれから自分が仕事をしていくうえで、万が一この立場となったならばどうするか、という切実な思いで読み、非常に深い視点でとらえたレポートを提出してきた。

その記事は、二〇〇五年七月三十日の朝日新聞朝刊であるが、一九八五年（昭和六十年・JAL内部ではロクマルと呼ぶ）入社で地上職となったひとりの男性新入社員の苦悩が書いてあった。

「JALに入社して四ヶ月後の八月十二日、様々な研修を受けてようやく独り立ちする初日を迎えた。仕事は羽田空港搭乗ゲート案内業務である。

真新しい紺色のブレザーに薄いグレーのズボン、赤とブルーのストライプ模様のネクタイを締めた制服姿で、カハンというトランシーバーを片手に仕事をこなしていた。

その時、突然肩をたたかれた。

『おう！』振り返ると父親だった。聞くと出張帰りだという。初めて見せるJALの制服姿に、父は嬉しそうに目を細めてほほ笑んだ。

そして一緒に並んで歩き、父を出発ゲート18番で見送り、その背中を見つめて手を振った。

まもなく同僚から『123便がレーダーから消えたらしい』そう言われた。

オフィスを出て実家の母親に電話をしてこう告げた。

『僕が見送ったから間違いない。父さんは123便に乗っている。絶対に間違いない』

母は絶句した。そしてしばらく泣いた後、こういった。

『電話している場合じゃないでしょ。仕事に戻りなさい』

オフィスに戻り、搭乗者名簿を模造紙に書き出す。その中に父親の名前があった。

空港では罵声を浴び、墜落現場では胸倉を摑まれ、土下座する上司たちを目の当りにした。自分も被害者だが、加害者でもある。父と同じようにゲートで出発便を見送った他の乗客たちの顔一人一人が浮かぶ。遺族用のバスに乗る違和感。体育館に並ぶおびただしい数の白い棺。あの光景は加害者側として眼に焼きつけざるを得なかった。

その中で、加害者側の人間としてまた今日も制服を着て業務をする。

そして心の中で、絶対に事故は起こさないから、おやじ、ごめん、と叫んだ」

その父親、U氏は当時五十五歳。日航123便のCコンパートメント右窓側の座席で、身元判明は着衣と血液型であった。

万が一、彼と同じ状況に自分がなったなら……。

内定したその学生に、この記事はかなりの衝撃を与えた。私自身も初めてこのような社員の存在を知ったのである。

いざという時、プライベートの感情と会社側の人間としての感情がどう交差するか。そしてそれに自分自身が耐えられるのかという、誰にも想像がつかない究極の場面がそこにあった。

プロフェッショナルとは何なのか。

航空会社で働くことの意味とその心構えをこの記事から学んだのであった。

また、客室乗務員を目指す学生が切り抜いてくる記事の中に、前山先輩の最後のアナウンスと手帳に書かれた緊急脱出の文字を取り上げる学生も多かった。

単なる憧れだけの職業から、もう一歩深く踏み込んだ職業意識を持つようになっていく学生たちの変化がよく分かったが、その記事を見るたび、いつも私の心には前山先輩の声が響いてきた。学生たちとレポートを通じて、再びあの頃がよみがえってきた。

そんな日々の中、二〇〇四年から二〇〇五年にかけて、今までとは異なる出来事や事故が集中した時があった。

ＪＡＬとＪＡＳが合併の最終段階を迎え、制服も名称も機体もすべてＪＡＬのロゴマークに統一され、採用も窓口がひとつになっていった時がちょうどその頃である。

二〇〇四年元旦に、旧日本エアシステム機のＪＡＳ979便、ダグラス式ＭＤ－81（ＪＡ8297号機）が、徳之島空港に着陸直後左主脚を折損して、機体は左に傾き、左主翼を滑走路に接地させた状態で引きずりながら停止という重大な事故が起きた。乗客百六十三名（五名の幼児含む）と乗務員六名で、三名の乗客が軽傷を負った。その後も二〇〇四年はＪＡＬ側の発表だけでも航空機事故二件、重大インシデント（航空機事故一歩手前という意味合い）一件、他に運航トラブル、機材の不具合でのイレギュラー運航が百十三件あった。

さらに二〇〇五年では、重大インシデント五件、運航トラブル百三十一件と続いた。

この二〇〇五年三月十七日付で国土交通省より、株式会社日本航空インターナショナルは事業改善命令、株式会社日本航空、株式会社日本航空ジャパンは、警告処分となる。主な運航トラブルは次の通りである。

●二〇〇四年十二月十三日　貨物機部品誤使用ケース

747型機（貨物）の主翼下主脚装置の一部の部品がマニュアル上使用が認められ

ていないものが使用されていた。

●二〇〇五年一月二十二日　管制指示違反ケース

ＪＬ１０３６便は千歳空港にて離陸許可を受けずに離陸滑走開始、のち中止。

●二〇〇五年三月十一日　管制指示誤認ケース

ＪＬ９５４便は、「離陸のため待機せよ」を、「滑走路に進入して待機せよ」と勘違いし、滑走路上で待機。すでに着陸進入を行っていた他社機と危うく衝突するところであった。

●二〇〇五年三月十六日　ドアモード未変更ケース

ＪＬ１０２１便は、客室乗務員がドアを閉めた後、ドアモードを変更し忘れたまま羽田千歳間をフライトした。

これはドア部分に収納されている緊急非常脱出の際に自動で出るスライドのモード変更であり、この変更を忘れることなどは、私の新人時代でも考えられない。

保安要員である客室乗務員のイロハのイである。

●二〇〇五年五月八日　重大インシデント緊急着陸

ＪＬ０４７便が急な気圧低下のため千歳空港へ緊急着陸。機内与圧調整弁が過度に開いたことによる。

●二〇〇五年五月十五日　機内食事トレー未回収発生

JL726便、ジャカルタから成田（フライトタイムはおよそ六時間五十分）B777−200型機（JA703J）で、乗客二百八十八名のうち機内食のトレーを七十人分回収出来ず、後方でハーフカート二台未収納。それを成田空港へ着陸態勢に入った時、まだ食器を収納していない、客室の食事サービスが終わっていないとの連絡を受け、機長が着陸の準備が間に合っていない事実を知った。その後もう一度着陸をやり直した。

その後再び着陸態勢に入る段階でその一部は回収、未回収トレーは乗客の座席の下に置いてもらい、二台の収納ハーフカートにストッパーを掛け、客室乗務員はクルーシートに座ってベルトをしたまま手で押さえて着陸した、とある。クリティカルイレブンミニッツ（魔の十一分のうちの着陸前七分）で、もっともエマージェンシーの危険な時間にこの失態はなんということだろうか。

機長は着陸準備が出来ていないと知り、もう一度やり直したとあるが、それでも十分な時間がなかったためということだ。着陸をやり直したわりには、何の結果も出ていない。

これらのトラブルを聞いた時、後輩たちの仕事ぶりに心底がっかりした。現状を憂うよりも怒りが込み上げてきた。最重要課題がまったく見過ごされて、コックピットとの連携もなければ、客室内でなすべきことをまったくしていないという事実がそこにある。

これらは保安要員としての責務すら果たしていない大変なことである。

何がそこであったのか……。

実際に乗務していないので真相は分からないが、この結果を見るに、プロではない乗務員が乗務しているということがよく分かった。

JALホームページに再教育を徹底すると書いてあったが、いまさら再教育とは、そもそも訓練所を出て制服を着て仕事をする資格がないことを会社自ら証明したトラブルであった。

実はカート収納については、これから後の二〇〇八年二月六日JL958便（プサン発成田行）においても機内食用カートをトイレに収納して発着した事実も出た。

エマージェンシー訓練でギャレー担当者が、一番先にするのは、食事用カートの確実な収納、備品の収納とロック（固定して動かないようにする）を徹底的にチェックすること。また、急減圧、急降下等に備えて不可欠となる機内の手荷物収納確認や、カートを客室に出した時の注意も客室担当者の責任だ。これは初歩的なことであり、訓練所でも何度も注意され、実際に乗務でも何度も先輩たちに口を酸っぱくして教えられたことである。

機内で座席の上や下にトレーなどがあれば、最も重要な離着陸時に何か起きた場合、これは大変な凶器となって乗客に降りかかり、逃げ道をふさいでしまうのだ。

また収納し忘れや、搭載で使用済カートを積んだままフライトするということは、最も大切な搭乗前五分間に行う、あのセキュリティチェックを、おざなりにしているということだ。

何かおかしなものがあったらすぐ発見し、異常がないかどうか、その飛行機に乗って行く乗務員たちだけで見つけるために行うセキュリティチェック。

これで空カートの降ろし忘れや、食事の数と乗客数の確認、爆発物や危険物の発見など安全に関するすべてが確認されるのである。ＪＡＳの人が国際線に不慣れだとか、ＪＡＬの契約社員が一便当たり半数以上いて教育が追いつかないとか、経験不足の人間ばかりで飛んでいるとか、そんな言い訳はお客様には通用しないのである。

ほかにも二〇〇五年五月三十日ＪＬ７７８便、オーストラリア・シドニー空港にて出発時牽引車で牽引中に左翼主脚部品破損。

同年六月十五日ＪＬ１００２便、羽田空港着陸時前脚破損、滑走路上で自走不能となり、十七名の乗客が軽傷。（重大インシデント）

同年八月十二日。あのＪＬ１２３便の事故と同じ日に起きたのがＪＡＬウェイズ

58便、福岡空港離陸後左翼エンジントラブル発生。エンジン部品落下と数名が火傷軽傷を負う。

この日は上野村でも慰霊登山があり、遺族や関係者が騒然とした事故である。

まだまだあるが、客室乗務員としての視点で見ると、あまりにも初歩的なミスであり、重大なミスが次々起こった。そしてJALは自らの失態から、お客様にだんだんと見放されていったのである。

国内の航空会社は主にANA（全日空）とJALの二社となって、学生の希望を聞いてから公平にアドバイスをしている中で、どちらも例年ほぼ同じくらいの就職希望者だったのが、この頃から圧倒的にANAのほうを希望する学生が多くなったのである。

さらに優秀な学生ほど、JALと同時に内定した場合はANAを選ぶケースが多かった。

私がまだ日本航空に勤めていた頃、国内線だけを飛んでいた全日空が初めて国際線へ打って出ることが決まり、一九八六年に国際線定期運航開始となった。

「おしぼりでも配っているうちに着いちゃうんじゃないの。お食事まで配れるのかしら?」

と、強気の発言をする先輩もいたが、簡単なサービスの国内線と異なり、国際線は機内ですることが沢山ある。食事もファーストクラスはフルコースで出し、免税品販売や税関手続き書類の書き方の説明などと忙しい。それをおしぼりとジュースだけ配っていた人たちにしっかり仕事が出来るのかしら、お手並み拝見ということだったのだろう。

しかし、今この現実をみると、どうも完全に立場が逆転していると言わざるを得ない。

さて、学校推薦をつける場合は、出席率の良い者、成績上位者、検定試験のグレードの高い順番で受験希望者名簿を作成して、航空会社の就職担当者へ送付するのであるが、それでも企業との相性があるので、必ずしもその順番で採用が決まっていくわけではない。

そんな時に、同じ推薦でもこの学生はJAL系が好みだ、ANA系が好みだということが私にはすぐ分かったのだが、トラブルが続いた二〇〇五年頃から突然、JAL側の好みがまったく分からなくなっていったのである。つまり長年の勘をもってしても当たらなくなったのだ。

採用担当者にＪＡＳ出身者も入ってきたのだろうか。

さらに、推薦者においては事前に内定が知らされるのだが、ＪＡＬ側の不手際が頻繁に見られるようになり、内定者への連絡ミスも目立った。これまではまったく考えられないことである。合併によって、採用の現場も混乱している様子が手に取るようによく分かった。


その頃、ちょうどＪＡＬの客室乗務員となってすでに飛んでいた教え子と会う機会があった。契約社員期間が終了して、まもなく新正社員になるとのことである。

彼女の採用が決まった時、キラキラとした輝く目に涙をいっぱい溜めて、一緒に全身で大喜びしたあの日が懐かしい。

グランドスタッフやフライトアテンダントを目指す学生たちへ就職活動のアドバイスをお願いすると、快く説明会に来てくれる教え子たちも多い。皆生き生きと楽しそうに自分の仕事ぶりや、日々の生活を話し、ちょっぴり大人になった顔つきで成長した姿を見せてくれるのが私にとって嬉しいひと時であった。

学校のカフェテリアでしばらくぶりにあった彼女は、なんだか疲れている様子で、開口一番にこう言った。

「先生、正社員を目指して頑張ってきましたが、働けば働くほど、ＪＡＬが嫌いになっていきます」

「え？　会社が嫌い？　何それどういうこと？」

楽しい国際線フライトの土産話を期待していた私にとってその言葉は衝撃的であった。

彼女は大学に通いながら専門学校の夜間部に通学していたほどの熱心な学生であった。その後、就職した別の会社においても勉強を続けていて、念願のスチュワーデスになったのである。

「だって、あなた、ファストフード店でアルバイトしていた時と同じ時給でもスチュワーデスになりたいって言っていたじゃないの？」

「仕事自体は好きです。いろいろありますけど。でも先生の飛んでいた時代にこの仕事がしたかったなあ」

確かに私の時代の楽しいフライトや思い出話を授業中に時折していたことはあるが、しかし、時給も契約社員の現状もすべて納得して応募したのではないか。

よくよく話を聞いてみると、以前は考えもしていなかった現場の状況に驚いた。

実は、彼女以外にも教え子たちからのメールで、何か不穏な空気は感じていた。

まず、先にも触れたように、一九九四年の契約社員制度前までに入社した正社員と、その後、契約社員を経て正社員になった場合では、同じ正社員でもまったく待遇が違うということだ。

彼女たちは新正社員と呼ばれて、同じように仕事をして、同じフライトを飛んだとしても、いつまでたっても給料は半分で、さらに仕事場までの交通手段でタクシーを使用出来る基準である〝配車対応〟にも差があるとのことだ。

次に合併してから、JASにいた人のお給料が、実際にはJALの自分たちより高いという現実を初めて知ったという。

その昔、就職試験でJALに落ちたのにもかかわらず、合併でJALの社員になれた、JALの制服が着られると喜んでいるJASのフライトアテンダントもいて、なんとパイロットもそういう人がいるらしい。その人たちは、自分たちとテンションがかなり異なるという。

確かにJASの採用では、英語力がJALほど要求されていなかった。国内線がほとんどであるから、客室乗務員には英語力より地方空港を中心としたお客様に受けるような、かわいらしさを優先していた。JAL側にしてみれば、あれほど英語も頑張ってJALに入ったのに……という気持ちだという。

合併に際して、JASの経営者側から社員に対して赤字経営状態についてきちんと説明していないため、JAS側の社員に「自分たちは倒産寸前だった、経営が赤字で合併した」という意識がなく、合併弊害が起きているとのことだ。

実際に合併後に行ったリストラや給料の10％カットの対象もＪＡＬ社員だけで、すべてのしわ寄せがＪＡＬ契約社員にきているというのである。それはＪＡＳの経営者が三年間給料据え置き、という条件を出していたせいだという。

逆に合併後、三年経ってＪＡＬと同じようなレベルに給料が下がるということに不満を抱いているとのことだった。せっかく大船に乗り換えたのに……ということらしい。

従業員を慮っての〝対等合併〟という言葉だけがひとり歩きし、実際に現場がどうなるのか、経営者はよく考えたのだろうか。

大ナタを振るわずに、すべきことを先延ばし、目先の利益にすがっていたのではないか。

もとからいるＪＡＬ正社員も、国際線でＪＡＳ正社員と混合で飛ぶことに不満を感じているとのことだ。力量に差があり過ぎるというのが理由らしい。

ＪＡＬ契約社員は、入社後、国内線、国際線も中距離まで、後に苦労して努力してやっと国際線の長距離を飛べるようになるにもかかわらず、ＪＡＳの若手正社員は英語力が今一つでも、すぐ国際線へ移行してファーストやビジネスクラスを担当するなど、ＪＡＳ側を立てるあまり、逆に理不尽な扱いをされて毎日がつらいとのことだった。

もともと、契約社員制度に変わった時も、以前からいる正社員とは別にして、それぞれの所属部署を分けて接触させないようにしてきた経緯があり、JASとの合併でもJASクルーのみの部署も存在している。このような状況では、統合効果が出るまではかなり時間がかかりそうだ。

どうやらこの合併は国内線強化などというおめでたいことではなく、JAS側も不満があるだろうし、JAL側の社員も負担に感じている。

それが事故という形で次々と表に現れたのだ。恐ろしいことである。

私の同期年代にあたる、スーパーバイザー（SV）という呼び名の昔のチーフパーサー職への意見も厳しかった。

「だって、先生！　美容基準まったく満たしていない人もいるんですよ。私たちは見栄えも重視されるのに、これって不公平ですよね」

美容基準か……ちょっとつらい意見だなあ、と思った。美容基準は制服が良く見えるようなスタイルを保つことが大切で、もちろんヘアスタイルやメイクにも気を配る必要がある。基本は清潔感とJALらしい雰囲気という漠然としたものだが……。

外資系航空会社にも年配のおばさんやおじさんのクルーはたくさんいる。しかし契約社員の彼女たちにとっては、仕事が出来る、見てくれも良い、それによってお給料が倍以上の価値がある人だと思いたいのだろう。

最も大切なことは、自分の先輩方が尊敬出来る存在かどうかなのだがそれがないのだろうか。そうでないならば、本当に残念なことである。

「一度辞めてまた飛んでいるおばさんクルーも、仕事を教えてくれる良い人もいますが、中には遊び気分で、安い時給でもホノルルに行けるからいいわよ、なんて言われると、必死に生活している私たちは頭にきてしまいます。どうせ夫のお給料で生活をまかなってもらえているから言えるのでしょうって……小遣い程度で息抜きにちょうどいい、なんて言って飛ばれては、私たちの立場がありません。

私たち、月によってはお給料が十五万円やっとの時もあるのです。ひとりではアパートも借りられないので二人で住んでいます。きっとおばさんたちは、こんなことまで考えてくれていないのでしょうね。まさか先生はアルバイトで飛ばないでしょう？」

これも鋭い指摘である。確かに、青春を再びという感じで、再雇用で飛ぶ契約社員となるOGも多い。それ自体は、けっして悪いことではなく、生き生きと働き、ホノルルまで行って帰って三万円ポッキリという、時給いくらの仕事を月に一、二回するのもいいのではないかと思っていた。

しかし契約社員の彼女たちから見ると、それは先輩というよりも、真剣さがない、お気楽な主婦のパートにしか見えないとのことだった。

パートの人たちは会社側の良いように利用されているのに、それも分からずに喜んで飛んでいるなんて、人生の先輩とは認め難いというのだ。そういう見方をされているとは、会社のためと思って飛んでいる昔の仲間たちもがっかりしてしまうだろう。

こうやって、OGなどを活用すればいくらでも安い労働力があるのだから、と会社側は強気に出られるのだろう。

組合も色々あり、最近は契約社員の時給をアップする交渉もしてくれるらしいが、自分たちの身銭を切ってまで若手の契約社員に回すという気持ちなどまったくないし、自分たちのついでに交渉してやっているという感覚が伝わってきて、ここでも見下されている気分だという。

組合との取り決めと言って、お給料10％カット分として、機内サービスの一部を休むのだそうだ。たとえば免税品の販売が始まると、これは10％給料カットの分だと休憩に入る先輩がいるという。

「それではその分の仕事はどうなるの？」

と彼女に聞いたら、私たちが働くしかないのです、という答えだった。

なんと、自分たちの言い分を優先させて、その分、契約社員に働かせるとは……心底驚いた。

日航123便の事故直後、私は組合専従者の発言に驚いたことを思い出した。

「すべて悪いのは経営者であって、事故があっても、自分たちが減収で給料を減らされる理由などない。経営なんか関係ない、会社は何をしてもつぶれない、どうせ倒産などしない、だから思い切り自分たちの権利を主張するだけだ」と宣言していたのだ。

その後、以前組合の中心的人物でビラ配りが得意だったという、元アシスタントパーサーの女性に会ったことがある。彼女は成田空港開港時代の大量採用時期の入社だった。

退職後、人材教育の講師として、私の方が教育の経験が先であるために、逆転して先輩の彼女に教えることになり、一緒に博覧会のスタッフ研修などを担当した。昔ならば一期違えば虫けら同然といわれていたにもかかわらず、さらに、青組の私が赤組の先輩に教えるのだ。

JAL内ならばあり得ないことだが、一歩外に出れば、当然といえば当然である。

その時、思いきって彼女に聞いてみた。「クルー時代の組合活動ってどう思う？」と。

すると、うつむいて、

「愚かでしたわ。私、高卒ですぐスチュワーデスになって、それしか知らなかったから。井の中の蛙っていう感じですね。今、ほかの仕事をして本当の世間を知って、あの時が恥ずかしいですわ」

との答えが返ってきた。

彼女は、和菓子店を営む夫を支える主婦となったのだが、ご主人が作る一個百円ほどのお饅頭をお店で売る手伝いをして、その休日にマナー講師をしていたのだ。

一個いくらの和菓子が毎日売れる個数と、ご主人が一日に作る数はほぼ一定である。そして、それが毎月の収入となる。店舗は自分の家だから、家賃分はないとしても、その範囲内での生活だ。そして三人の子どもが次々生まれても、収入が増えるわけではない。

収入を増やすためには当然のことながら、彼女が休みの日も働くことしか方法がないのである。

そのような地に足が着いた生活を送る中で、自分が飛んでいた当時、様々な労働条件を会社側に要求していた自分を振り返ってみれば、どこからかお金が湧いて出てくる感覚だったという。経営が悪いのだから、それに文句をぶつければ、その間違った経営者をつるしあげて、そのお金を自分たちに回せばいいと、心底信じて活動していたという。

あれもこれも、安全のため、そして公共交通機関である飛行機を毎日無事に飛ばすため、それはかりだった。つまりどれくらいの収入の範囲内でやりくりしなければならないという意識はまったく存在せず、無能な経営をたたいていればいいと思っていたそうだ。

しかし民間企業の株式会社になったのだから、組合員である前に従業員である。家の収入と同じで、その範囲でやりくりをしなくては、いずれは株主や取引先に迷惑をかける。また政府による救済で税金を入れるとなると、生まれたての子どもから高齢者まで、日本国民全員に負担を強いる結果となる。

家ならば破産で家族にも責任があるのと同じで、従業員にも責任があるだろう。どうもその視点が欠落した活動だったと、本音で話してくれたのを思い出した。

さて、教え子の話は続いた。

どれほど赤字を出しても、契約社員の待遇がこのような状況でも、いまだに機長などの運航乗務員への待遇は手厚く、給料カット対象外となるなど不公平すぎるとのことだった。だから運航乗務員はあまり私たちの悩みなど分かってくれないし、聞いてもくれない。どこか極楽トンボで、自分のＥＦ（雇用者用航空券）でゴルフに行く相談ばかりしているという。すぐ福利厚生の充実やＥＦ確保ばかり言っている。社長といえども運航乗務員には、なかなか口を出せない事情があるらしい。

今度はキャプテンか……。

昔は楽しくて豪傑な機長も多く、もちろん操縦も上手かった。またステイ先ではよくおごってもらったものだった。

札幌に初めて行った時、クルー行きつけの囲炉裏を囲んだ居酒屋で、新人スチュワーデスたちは、隣で飲んでいるキャプテンに全部つけてOKだと言われて、お店の人が大盤振る舞いしてくれたものである。次の日、「なんだか随分払わされたような気がする」と、頭をかきながらショウアップしてきたキャプテンにみんなで、「ごちそうさまでした！」と言って大笑いした日が懐かしい。

香港で初めて北京ダックを食べるというキャプテンに、

「一番美味しい部分をキャプテンに差し上げます」と言って、お茶目なパーサーがダックの肉の部分を差し出した。

「悪いねえ。ありがとう！」そう言って嬉しそうにキャプテンは肉ばかりを食べて、私たちはパリパリの最高に美味しい皮を食べて、ほくそ笑んだ時もある。

あのような和気あいあいとした雰囲気がなくなってしまったのだろうか。

それにしても、そんな社内でも、誰か尊敬できる先輩はいないのだろうか。

怖くても、たくさん注意されても、あの先輩のようになりたいと思う人が……その先輩に近づくために努力して、早くあの先輩のように仕事を覚えたいと思える人が……。

「コーヒーでも飲む？」

ちょっと重苦しい雰囲気を変えたくて、私は入れたてのコーヒーを用意しようと少し席を立った。芳しいコーヒーの香りの前で待っている間、あらためて考えた。

私はいまだにクルー全員が同じ土俵の上にいる感覚で話をしているが、契約制度で入った彼女たちはまったく別の感覚を持っているのだ……。

長年飛んでいる正社員は、尊敬すべき存在というよりも、自分たちと同じような仕事しかしていないのに、お給料が倍以上なんて許せない、そんな存在なのではないか。

さらに、パートで飛んでいるおばさんたちの会話も、お気楽主婦の感覚が伝わり、イライラしてしまう。

全員が同じ立場で飛んでいた私の時代では考えられないほど、歪んでしまっている現場がそこにあるのだ。

そういえば、あの頃、先輩も厳しかったが本気で自分についてこいという感覚だった。ついていけば、バラ色の未来を感じたものだ。

チーフパーサーにも平気で意見を言えたし、そのチーフを睨んで写真を撮ることも出来た。しかし今の新人たちは、契約中の三年間、いわば正社員への査定を受けているのだから、チーフや先輩へ意見を言うことも出来ない環境にあるのだ。そうした三年間を耐えてやっと正社員になっても、今度もまた差があるとは、いつまでたっても下で子ども扱いされるという感じなのだろう。

それをあまり気にせず、割り切って仕事をしているならば別だが、彼女が律儀で誠実で真面目な学生だったことを考えると、そして憧れた職業に就いたという意識があればあるほど、いやな部分が目について、仕事自体は好きであっても、その環境に不満も溜まり、憤りを感じてしまうのではないか。

コーヒーを二つお盆に載せて持って行くと、昔はかわいらしい微笑みで初々しかった教え子が、こんなにも変わっていくとは……そう思わずにいられないような、なんだか悲しくなる表情を見せた。

コーヒーの香りをふっと嗅いで、すすりながら最後にこう言った。

「先生の授業で日航123便の事故に立ち向かったクルーたちを知って、そんなクルーに自分がなれるだろうかと思っていました。でも精一杯頑張ろうって、内定した時は思っていました。でも……先生だから、本当のことを言います。

いま、あのような事故があったとしたら、絶対に自分は会社なんかのために死んでたまるかと思っています。そのことを同期仲間で話をした時があって、みんな思っていたこととは、もしエマージェンシーになった時は、とにかく一番先に逃げようってことです。クビだろうと、懲戒解雇だろうと、お客さんに何を言われようと構いません。愛社精神なんか、微塵もありません」

ああ、なんということか。これは絶対に言ってはいけない言葉だ。

さすがの私もこの言葉には怒った。怒らざるを得なかった。

「分かってはいるけど……」

どうしても無理だと言って、うつむきながら帰った彼女の後ろ姿が忘れられない。

「絶対に客室乗務員になりたいから先生の言うこと何でも聞きます！」と言って、放課後何時間も面接の特訓をした日を思い出す。志望動機やエントリーシートを何度も何度も書き直しているうちにノートが真っ黒になった。それでも食いついてきたあの意欲はどこに消えたのだろうか。スチュワーデスという職業を追い求める真剣な目に、なんとしてもかなえてあげたいという気持ちが、私の中に沸々と湧きあがったものだ。

それがあのようになるとは……。

望みをかなえてあげるために必死にサポートしたのは何だったのだろうか。

ここまで会社を嫌いにさせるとは……。

表面からは見えてこない何か大きな不満が確かに存在している。

自分のことだけを考え、自分の行く末のみを視野に入れて、過去からまったく何も学ばず、未来へ向けて絵を描けず、そして行き当たりばったりの日々。

都合の悪いことは隠し、それを指摘する人に対して、批判された、文句を言われた、と感情的になる人が増えてくる時。そしてその心を持った人間ばかりとなった時、会社は崩壊する。

他人をねたみひがみ、そして自己防衛ばかり繰り返す組織に未来はないのだ。

こうやってこの日本航空という会社は知らず知らずのうちに、朽ちはててゆくのか。

今、機体に描かれたJALという文字を、赤いナタで分断したかのように見えるロゴマークは、JALとJASの合併弊害を物語るようだ。

その昔、鶴丸のマークを見て心躍ったような日々は消えてしまったのか。

こうして二〇〇五年は実にその危機感が噴出した年であった。

合併によるゆがみが出てきて、翌年には社内クーデター（注16）が起こり社長が交代し、事故が相次ぎ、業務改善命令まで出た。

羽田空港や成田空港のグランドスタッフとしてJAL系子会社で働く教え子たちも、以前のような明るい表情が消えて、口ぐちに、

「タダ券のお客さんばかり乗ってきて、そのうえ文句ばかり言う」「株主優待券の人

がすぐ怒りだす」「お金をちゃんと払うビジネス客が減ってきた。安い団体客しかいない」

こんな愚痴ばかり言いだしたのもこの頃からであった。

このさまざまな優待券について少し説明しよう。

●ＣＦ券（Commercial Fare）――販売促進用の商業的運賃。

これは正規料金より50％から１００％ＯＦＦとなる券である。この券を大量にばらまいたのか。

●ＳＦ券（Stockholder Fare）――株主優待券。

この券も何かと理由をつけて発行して大量に出回った。搭乗率（一便あたりに乗っている人数の割合）だけを上げれば良いというのだろうか。

●ＥＦ券（Employee Fare）――従業員用運賃。

路線ごとに異なる点数でそれを使用する。これも50％（予約可）から１００％ＯＦＦ（空いていれば可）である。従業員本人だけでなく、家族にも適用されるその券は、

（注16）社内クーデター

二〇〇六年二月十五日付け新聞各紙で、業績不振の中、社内クーデターが勃発し、日航グループ四名の役員が二月十日に部長級ら計五十名の署名持参の上、新町敏行社長（当時）ら代表権を持つ三名の経営トップに対して退陣を求めたと報道された。その後財務出身の西松遥氏が社長となる。

合併後に五万人ほどになった従業員とその家族が使えば、ほとんどタダ券ばかりの路線も存在するのである。ＥＦばかりのフライトで、誰のための運航維持か分からなくなる時もあるらしい。早期退職者などもこのＥＦ制度は一定条件の下で活用出来ることになっている。

「タダ券と格安航空券しかないですよ。本当に現金収入がないです。これじゃ赤字が当たり前でしょう」と、空港で地上業務をしながら嘆いている教え子たちが多かった。

それにしても……。

「事故が起きたら、まっ先に逃げる。自分が大切だから会社のために死なない」

この言葉を日航１２３便のクルーたちが聞いたとしたら、なんと答えるのだろうか。所詮お金の問題だろうか……時給が低いと意識が低い、最近はそんな人間しか集まらない、そういう声もしてくるが、私はそうは思わない。いいや思いたくない。

派遣社員や時給制の人たちが交じって働く職場はほかにもたくさんあり、そういう会社の新入社員研修や従業員研修なども受け持ってきた経験から考えてみても、問題は異なるようだ。

ある温泉ホテルの研修で、お風呂掃除係の女性従業員が生き生きした表情で、「仕事にとても生き甲斐を持っている、なぜならばピカピカに磨いたきれいなお風呂に入るお客様の笑顔が一番嬉しいから、みんなと掃除をするのが楽しい」と語ったのを思い出す。

すると一体何がそうさせているのか。現在のＪＡＬは生き甲斐が感じられない職場なのか。

自分の使命として、それが何かを探さなくてはならない。

そう思い始めていた頃、ＡＮＡが過去の事故から学ぶ安全センターを作るという記事を読んだ。しっかりと自分たちの足元を見つめながら経営するその姿勢にさすがだと思った。

長年ライバルと言われていたが、いつの間にかＪＡＬより意識が上になっている。

ＡＮＡグループに勤めている教え子たちの話を聞いても、どこかＪＡＬと異なり、自分たちで作り上げていく意識が強い。そして何よりも、生き生きと働いている様子が見え、会社全体に若さと勢いを感じる。

羽田空港で「空港長からベストサービス賞を頂いた」と言って喜んで報告しに来た

のも、ANAに勤めている教え子だった。お客様から「心底ありがとう！　あなたのおかげで本当に良い一日でした」と書かれた御礼状が届くほどの良いサービスをしたとのことであった。

日航123便に関する数々の資料や残存機体などを破棄する予定だったJAL側も、ANAの報道に刺激されるように安全啓発センターを設立すると発表した。

答えを探しに、まずはここに行ってみなくてはならない。足元をしっかり見つめなければいつかこの会社は存在そのものが大変なことになる、そう思ったのである。

手帳が語った瞬間

私は二〇〇六年四月二十四日に開設された、JALの安全啓発センターへ足を運んだ。

学生の空港見学で機体整備工場に来たことがあるが、この安全啓発センターがある場所は、昔の客室訓練部のあった機装ビルの近くで、通りを歩くと懐かしさがこみ上げてくる。

さわやかな春の風が吹く、優しい日差しの午後であった。

羽田空港内制限区域のために、あらかじめ住所と名前を告げて事前に予約をしなくてはならない。先週、予約をした際にJALのOGであると告げていた。

入口の案内の方から渡されたバッジには、「OG」と書かれている。

胸にそのバッジをつけて、係の人に案内されながら入ると、十名ほどの人が待っており、それが一グループとなって一緒に説明を受けて回った。

ここにはJA8119号機の残存機体である後部圧力隔壁、垂直尾翼前、後部胴体一部、そして歪んだ座席などが展示されている。

ひとつずつ実際の状況を担当者が説明しながら、ビデオを見たりして進んで行く。コックピットボイスレコーダー、デジタルフライトデータレコーダー、当時の報道内容や資料、さらにこの日航123便の事故のみならず、過去の世界中の航空機事故についても書籍や資料を見ることが出来るコーナーもあった。

一歩足を踏み入れると、そこには直接の原因となったとされる圧力隔壁が、迫りくる勢いでドンと中央に置いてあった。まるで「私が犯人です」と言わんばかりである。

事故原因は専門家の間でも非常に疑問の余地を残したものであり、破壊された垂直尾翼や、APUという、補助動力装置など、最も重要な部分はまだ相模湾に沈んだままだと言われている。まだまだ未回収の破片が多数あるのだ。情報公開法前の書類破棄と同様に、まさかどこかで破棄されたのではあるまいか。

そう思いながら、ひび割れた丸いお椀状の直径四・五六メートルほどの大きな圧力隔壁を見つめた。

この隔壁のひび割れによって、急減圧が起きて垂直尾翼を吹き飛ばした？

目の前に迫りくる巨大な事故原因の証拠品を前にして、事故調査報告書と新聞記事をもう一度思い起こした。

事故から一年十ヵ月後、一九八七年六月十九日に運輸省航空機事故調査委員会が橋本龍太郎運輸大臣に提出した航空事故調査報告書には、事故原因となったこの圧力隔壁について書かれた部分では、実に細かく数ミリ単位で、リベット孔の検査や破壊線に沿ってレプリカ法によって電子顕微鏡による破面観察を実施し、その写真を掲載していた。

まず、リベットとは板と板を接続するための部品だが、航空機で使用しているのは、材質も形状も非常に工夫を重ねたものである。中には、翼と胴体の接合に使われるバレルボルトという一本二百万円ほどするボルトもあって、桁違いに精鋭ぞろいの部品である。

リベットが、修理ミスで一列しかなかったと思われる部分から破壊が始まり、吹き飛んだ。というのが事故原因のストーリーであるが、報告書に添付されている数々の写真で、大きく写し出された破断面の顕微鏡写真を見ても、リベット番号を明記し、一本ずつ細かく疲労損傷の分布状況が表になっているのを見ても、素人にはよく分からない。

ただ、大変重要な部分の破断面観察はレプリカ法である。このレプリカ法とは観察をする表面の凹凸を何か（プラスチックなど）に転写して観察するもので、その現物を持ち込めない場合に行うそうだが、凹凸が逆転し、転写の時にどれほど忠実に出来るかが問題となる方法である。この方法で、リベット孔縁などの金属疲労をひとつずつ見ているのだ。まさかそのプラスチックの分子を見ているわけでもあるまい。

電子顕微鏡を使用して金属疲労によって波打つ縞模様（ストライエーション）で、「疲労亀裂」進展方向を記述している。それには規則的な「引張荷重」の繰り返しによるとか、局部的な曲げ荷重によるとか記入されている。

さらに腐食、材質欠陥は認められず、過荷重による破壊と認められるという言葉も多く出ている。

それでこれが犯人なのか？

数々の実験データが添付されているが、部分的であり全体像がまったく見えてこない。

その時、学生たちと一緒に読んだ新聞記事が頭に浮かんだ。

この隔壁は当初、事故現場のスゲノ沢で生存者が発見された場所にて、折れた後部機体（P453図2参照）の中で、大きな破損も見られず、ほぼそのままの形で見つかっている。それは当時の群馬県警察本部長だった河村一男氏の著書、『日航機墜落』（イースト・プレス）にも記載されているうえ、新聞記事にも書かれていた。

「事故直後、十四日に現地の調査委員メンバーが写真を撮って確認をした段階では特に大きな穴もなく、下部がつぶれている程度で全体の形態はほぼ保っていた」（八月十七日付朝日新聞夕刊・八月十九日付読売新聞夕刊）

自衛隊によって十五日にカッターで切断された際に、円周のフレームがついたまま、半球形の面が五つに分かれてめくれてしまった。隔壁には一面に小さな亀裂や大きな五本の亀裂があるが、飛行中か墜落衝撃によるものか不明、と前述の通り、新聞記事に書いてある。十七日午後に報道陣をシャットアウトして調査したとのことだったが、いずれにしても細かく切り刻んだ上に、積み重ねて置き、ビニールシートをかぶせた状態で放置したものが犯人と言われているのだ。

もし最重要証拠ならば、もっと現状を保存することに最大限努力すべきなのではないか。カッターで細かく切ったものをレプリカ法で破断面を見て、何が分かるのだろうか？

その後、前述のように九月六日付『ニューヨーク・タイムズ』紙で隔壁の修理ミス記事が報道されて、九月十四日にその内容を受けた形で、事故調査委員会より第二次中間報告が出たのだが、またさらに、カッターで切っている。

この程度の大きさも運び出せないのか？

どうしても無理だというならば、ここにテント（南極などで使用するような）やプレハブ小屋を作って、雨風にさらされないように厳重に保存するとか、方法はいくらでもあるのではないか。

これは五百二十名の方々が亡くなった最大の証拠品である。事故原因となったものである。

亀裂を電子顕微鏡で見なくてはならないような証拠品を、いろいろな理由をつけて、細かく刻んでいいのか？

いいや、そんなことは許されないはずだ。どう客観的に見ても、証拠隠滅としか思えない。この時点ではまだ最終報告書も出ていないし、裁判も始まっていないのだから。

これらの行動は一体誰が何の権利をもって指示しているのか。

その人たちは、まさか大事の前の小事などと思って、この事故に関するすべてのことに対して、正当化しているのではあるまいか。

この安全啓発センターに置かれた目の前の隔壁は、せっかくほぼ原形で墜落現場に残っていたものを、何度も何度も切り刻んで濡れ衣を着せられた、そう怒っているように見えた。

奥に入ると、ひしゃげた座席や土にまみれた部品、掘り出された飛行機の破片などが目に飛び込んでくる。

壁のパネル写真、再現されたボイスレコーダーの声を聞きながら、担当者の説明に耳を傾ける。

あの時テレビで聞いたものと違う。担当者に聞いてみると、資料をもとに俳優が読みあげたものだという。なんと本物ではない……。周りにいるほかの見学者たちは無言でじっと聞いている。

実際にあの事故があったというまぎれもない事実……。

そんな気持ちで歩きながら見ていると、遺品の展示場所にたどり着いた。

遺族の提供によるコピーや実物である。

当時新聞にそれらが載っていたが、実物を見るのは初めてであった。


歪んだ時計——。止まったままの、あの日の時刻。

泥と血のついた時刻表——。あの時代の時刻表。懐かしさがこみ上げる。

そこに書かれた文字が、極限の恐怖を表している。

くしゃくしゃになったディスポーザルバック（吐袋）——。

ロゴマークが昔の鶴丸だ。これがあの時代のシンボルだった。

必死に書いたであろう、乱れた文字の遺書——。

そして……。

「あ！」

私は絶句した。

目の前にある赤い手帳。見覚えのある文字。

まぎれもない、それは前山さんの手帳であった。

前山さんのご遺族がこの事故を風化させないためにと展示品に提供されたというニュースを思い出した。あのアナウンスがびっしり書いてある。

〝おちついて下さい　ベルトをはずし身のまわりを用意してください

荷物は持たない　指示に従って下さい……〟

明らかに、いつもの文字とは異なり、歪んでいる。

これが新聞に載っていた手帳の文字！

目の前に、あの日、あの時の先輩が見えてくる。

Eコン最後部にあるジャンプシート。

乗客の背中を見ながら、激しく揺れる中、必死に書いたに違いない。

先輩の胸には何が浮かんだのだろうか。

ガラス越しの手帳を今ここで取り出して、触ってみたい思いに駆られた。

スタンバイの部屋で、この手帳をパラパラとめくっていた先輩の横顔が浮かぶ。

必死に書いたその文字から、前山さんの温かい息遣いやあの優しい声が聞こえてくる。

私はその手帳の前で立ちすくんだ。

前山さんが最後の瞬間に書いたもの。

その時、最後の声が聞こえたような気がした。

「大丈夫！　皆さん落ち着いて！　絶対に助かります！」

「前山先輩！」思わずそう叫んだ時、私の後ろからのぞき込んでいた、見ず知らずの見学者がぎょっとして私を見る。手帳を指さしながら、その人に向かって思わず言った。

「これ、見て下さい、私の……私の……教えてくれた先輩なんです……」

その人は一瞬、きょとんとした表情だったが、私の「ＯＧ」というバッジの文字を見つめて、ちょっとうなずいてくれた。

相手の胸のバッジを見ると、某企業の新入社員研修と書いてある。

「すごいですねえ、こんな事故でこれだけ書き残すとは……」

そう言って私の顔を見た。よく見ると、日頃教えている学生と同じくらいの年齢である。研修の一環としてここを訪れたようで、若い人たちの集団であった。

「プロですねえ……自分たちには無理だなあ。まいったなあ……」

そう言いながら向こう側へ歩いていった。


杖をついたかなり年配の見学者も近づいてきて、遺品をのぞき込む。

「たいしたもんだ、まるで戦争中のようだ。遺書を残すなんぞ、特攻隊のようだなあ」

そして隣にいた奥様が、赤い手帳を見つめてつぶやいた。

「この人は最後まで全うしたかったのね。きっと自分の生き方に納得してあの世に行ったのよ」

さりげない一言が私の心に残った。


「自分の生き方に納得……」


どんな状況でも、無理やりでもそう思い、選んだ道を信じ、覚悟を決める。それに納得して逝ったということなのか。

そうか、学生たちに私が教えることがあるとすればそれかもしれない。

自分自身をごまかすことなく、納得して生き抜く。それが前山さんの手帳が教えてくれたことなのか。

遠い過去の記憶を思い起こし、こうやって生き抜いた人たちのことを伝えること。その職業を目指す学生たちに、自分で考えて納得した人生を歩むことが最も大切であると伝えることが私のやるべきことなのか。

今、世界中で飛ぶ飛行機の中に、私の教え子たちがいる。モンゴルやカンボジア、韓国、中国からの留学生たちも自国に帰り、その空を飛び回っている。

日本全国の空港で二十四時間、昼夜働く教え子たちも日本の空を支えている。夢をかなえてやりたいと本気で指導し、本気で考え、本気で叱った日々。

今こそ、何が出来るのだろうか。

昔の良い時代にスチュワーデスとなり、その時代を駆け抜けた先輩たちが日航123便で最後まで乗客と運命を共にして生き抜き、極限の状況の中で仕事を成し遂げたという事実を話すこと。

前山先輩の手帳に込めた想いを風化させることなく、フライトアテンダントを目指す学生たちに伝えていくこと。すべて私に課せられた使命ではないか。

二十一世紀を担う彼らの大きな宿命と航空会社の現状を知った私が、ＪＡＬばかりでなく、ＡＮＡをはじめ、日本はもとより、世界中の航空会社や空港の現場で頑張っている教え子たちの状況が、少しでも良い方向へ向かうようにしなければ、彼らの未来はどうなるのか。

赤い手帳を前にして私は誓った。

「雪だるまにバケツでも、この通り成長しました。そして責任感のある元気で明るい後輩たちを育てることが出来ましたよ」と、あの山で報告が出来るような仕事をしよう。

その気持ちを伝えたとたん、赤い手帳がひらりと開いたような気がした。

第3章　上野村へ

映画『沈まぬ太陽』撮影で再現された現場

群馬県上野村は私の心の中にいつも存在していた村でありながら、まだ一度も行ったことがなかった。いつか行かなくてはと思っていたが、先輩たちがまだ心の中で生きていたからなのか、フライトの思い出写真に先輩が写っているものを避ける自分がいる。

とにかく写真は、どうしても見たくなかった。死を認めたくなかったのかもしれない。

そんな思いの中、私の心に浮かぶひとつの風景があった。

遠い昔、南回りのフライトで初めて行ったインドのニューデリー空港で、悪天候の中ギリギリの判断で着陸をした経験がある。かなり濃い霧に覆われて視界不良であったが地上スレスレで着陸したのである。

本来ならばすぐ次の到着地へ向けて飛び立つはずだったが、自分たちが降りたのが最後、空港がクローズされて飛び立てず、イレギュラー（スケジュール想定外）で突然、ニューデリーに一泊することになった。その時のキャプテンの疲れ果てた顔がこのフライトのすべてを物語っていた。

スーツケースは取り出せずに貨物室に残したままで、取り急ぎ身の回りの物だけでクルー全員が飛行機を降りてホテルに向かった。

次の日、出発が夜と決まり、せっかくだから町の様子でも見て歩こうということになった。たまたま私用で来ていたチーフパーサーがその事情を知って観光案内をしてくれた。

制服姿で車に乗り、最初に向かった先は、ニューデリー事故で亡くなった先輩たちのお墓であった。

その事故は一九七二年六月十四日に起こった。東京発ロンドン行き南回り便のDC８－58（JA８０１２）が、インドのニューデリー・パーラム国際空港に着陸寸前で、空港手前のジャムナ川堤防に激突して墜落し、乗客七十八名、乗員十一名の計八十九名中、幼児三名を除く八十六名が死亡した。幼児も重傷、護岸工事中の作業員も巻き添えとなった事故である。

この原因はコックピットの高度確認ミスや、このインドのニューデリー空港特有のゴースト・ビーム（幽霊電波）発生によるILS（計器着陸装置）の誤誘導などとされているが、いまだにこの空港は、無事着陸するまで非常に神経を使うところと言われている。

他社の飛行機においても、ILSに従ったために、墜落寸前となったという報告があったという。

そのような空港で、濃霧によって非常に困難な中で、私たちの便はどうにか着陸出来たのだ。空港に着いてロビーに出た途端、私たちは色々な大勢の人たちに囲まれてしまい、町中でも物売りや物乞いがすさまじい勢いで近づいてくるので、クルーバスに乗り込むまでが大変であった。

信号で車が止まるたびに窓をうっかり開けてしまうと、数本の手や顔が突っ込まれる。そこで見た人たちは最貧困の風貌や手や足がない子どもたちである。差し出された手の指も欠けていた。

その風景は、まだ新人の私にとって大変衝撃的なものであった。

事故現場近くの丘の赤茶けた大地に立つ茶色い石に、その事故について英語とヒンディー語で記されている。ここが地図上でどこにあるのか良く分からないが、石碑に書かれた事実が事故のすさまじさを物語る。

見ず知らずのこの土地で墜落したために、日本からこんなにも遠い異国の地で眠ることになった乗客と先輩たちを想った。実際にお墓を前にして、その無念さを想うといたたまれない。

灼熱の暑さで歪む空気を感じながら、土産物を売るインド人が不思議そうに見る中で、手を合わせて佇んだ。

インドという、日本から遠く離れたこの国に先輩たちのお墓がある。

そう思うと、なんだか涙が止まらなかったのを覚えている。そして墜落ということがどういうことなのか、毎日フライトをこなす私の心に深く突き刺さったのである。

その日のことを思い出すと、どうしても御巣鷹の尾根に行く勇気が出てこなかった。

二〇〇九年――。偶然が重なり、縁あって、映画化が決まった小説『沈まぬ太陽』の撮影に、NAL（国民航空……日本航空をモデルにしたとされる作品内の社名）の社員役としてボランティアで参加することになった。

大勢の中のひとりで、まったく自分がどこに映っているのか分からない程度だが、亡くなった先輩たちを忘れないために、心新たに学生たちに伝えるためにと決心して撮影に参加したのである。

この作品は、発売と同時にすべて読み、教え子たちにもぜひ読むように言った小説である。しかし、JALの広報側はこの小説を真っ向から否定して、事実ではないと言い張ったらしいが、火のないところに煙は立たないものである。

現場の教え子たちの声を聞いても、「『沈まぬ太陽』の映画を鑑賞するな」とか、「本は読むな」などと言う上司が多いらしく、時代錯誤も甚だしいがそれが本音だったのだろうか。

そういう自分たちを一度外に出て、冷静に客観的に見てはどうか。いいや直ぐに、外に出て世間を見なくてはならない時が来るだろう。

「まずやろうＪＡＬ、明日のＪＡＬ、世界一を目指せ」と、かけ声ばかりかけていても、本当の心意気を感じられない人間たちには、誰も本気でついていかない。

映画は都内や千葉、群馬、四国などの日本各地、そしてアフリカ、タイ、カラチ、テヘランという世界中でロケが行われた。

私がＮＡＬ社員役で参加した場面は、石坂浩二さん扮する「国見会長離任式」であった。

国見会長とは、当時事故後に、中曽根首相が日航建て直しのために、三顧の礼で経営陣に迎えたカネボウ会長職にあった伊藤淳二氏がモデルとされている。

二〇〇九年五月二十四日、小雨が降る中、千葉市教育会館でその撮影が行われた。

そのシーンは、羽田オペレーション内という設定で、男性二百二十五名、女性八十名、合計三百五名のエキストラが、ＮＡＬ社員、役員、パイロット、整備士、パーサー、スチュワーデス、空港社員等の制服に扮して見守る中、国見会長が無念の思いでこの会社を去っていく挨拶を聞く、という場面である。

八十年代の雰囲気を醸し出す髪型とメイクを全員がして、講堂のようなところに集合し、かなり力の入った撮影現場であった。私はその大勢の中に交じって、壇上から、社員一人ひとりに語りかける国見会長の言葉を聞いていた。

「必ずや国民航空は立ち直れる……それは誰かよその人ではなく、ここにいる皆さんが立ち直らせるのです……そして御巣鷹山で亡くなった五百二十名の声なき声に報いるのが、社員全員に課せられた使命なのです……」

そういったセリフであった。

石坂浩二さんの熱い思いを感じるセリフに聞き入りながら、あの当時、社内報『おおぞら』に掲載された新三役就任スピーチを思い出していた。

一九八五年十二月十九日臨時別冊号に、新三役就任スピーチと、大晦日にヘルメットをかぶり社内の現場を見て回る伊藤淳二氏の写真が載っている。

同年十二月十八日に午前十時より、経団連国際会議場において行われた臨時株主総会で、高木社長、町田副社長が辞任し、引き続き開催した第四二九回定例取締役会での決議により、伊藤淳二副会長（のちに会長）、山地進社長、利光松男副社長の新体制での第一歩を踏み出した、その時のスピーチである。

伊藤氏はその中で、社員へ向けてこのようなことを述べていた。


「八月十二日のあの日、本当に悲しい、予期もしない大事故が起きました。―略―日航の安全を信じて選んで乗って下さったお客様に、最後の最後まで生きる望みを持って全力を尽くした運航乗務員。客室内のスチュワーデスたち。

その中のひとりのスチュワーデスは飛行機が不時着したらどういうふうにお客様を誘導しようかと大きく揺れる飛行機の中でノートにしたためておいたと報道されておりました……私はこういう報道に本当に感動し、感涙にむせびました。こんなに素晴らしい従業員がいる会社がどこにあるだろうか。今世間の袋叩きにあっている皆さんと一緒に苦しみを乗り越えて、もう一度世界一の安全、サービスを誇った会社に立ち直ろうじゃないかと思ったわけです……」

明らかにこれは前山先輩のことだ。伊藤淳二氏の心にも先輩の手帳が残っているのだ。

伊藤氏は経営者として、初めてクルーたちへの想いを公の場で話してくれたのである。

このように顧客と運命を共にして、命を捧げる会社はないだろう、絶対安全というものにどこまでも肉迫し、研究し、努力し続けなければ、同じ職場の仲間を失うのであると、はっきりと述べてくれた。

また、経営責任の所在が明確ではないこの日本航空において、民営化(注17)、45・47体制といわれた航空憲法廃止(注18)、日本航空株式会社法廃止(注19)により、明確な経営責任とその主体性をはっきりさせていくことが重要である、と語る。どんなに立派なことを言っても結果が悪ければ経営者は否定されますと、最後にこう付け加えて

(注17) 民営化

日航法廃止法施行によって、一九八七年(昭和六十二年)十一月十八日に日本航空は完全に民営化された。日航法とは日本航空株式会社法(昭和二十八年八月一日・法律第一五四号)のことであり、運輸大臣許可によって設立が定められた半官半民の国策会社であったが、廃止法となって民間会社となった。

(注18) 45・47体制(航空憲法)廃止

45・47体制とは、一九七〇年(昭和四十五年)のヨンゴーと一九七二年(昭和四十七年)のヨンナナからくる呼び名で、航空会社の事業割り当てを決めた日本の産業保護政策であり、昭和四十五年に閣議了解し、昭和四十七年に運輸大臣が通達したことからくる。別名、航空憲法とも呼ばれて、この保護政策によって、日本航空は国際線と国内幹線、全日空は国内幹線とローカル線、そして一九七一年(昭和四十六年)に日本国内航空と東亜航空が合併した東亜国内航空が地方のローカル路線と、分担して運航することになる。それが廃止されて路線展開が自由となった。

いる。

「ますます国際競争は激しくなり、日本航空に関する限り政府が保護してくれるから潰れないのだといったら、それは大間違いであり、潰れます。その時、いかに皆いろいろなことを言ってみても、われわれの生活の糧が失われるのです」

まるで一九八五年に現在をすでに見通しているようなスピーチであったが、その後一年ちょっとであっという間に伊藤氏は会長を辞めて、日本航空から去って行ってしまった。

上司のひとりは、「化粧品や繊維会社の経営者などに、航空会社は無理なのだ」と、受け売りで言っていたが、伊藤氏が辞めた理由は明確には私たちには伝えられなかったので、なんだかとっても裏切られたような気持ちになったのを覚えている。

経営者側と政治家の思惑に翻弄されてしまったということだろう。

ただ去っていく直前の一九八七年一月五日、民営化元年ということで年始式での伊藤会長の言葉が『おおぞら』に載っている。民営化にあたって、三つの心得を語っているが、今読み返しても心に沁みる話である。残念ながら社内外からの批判を受けて苦しい立場である様子が分かる。

今、伊藤氏はどのような思いで当時を振り返っておられるのだろうか。

その後、日本航空は民営化したが伊藤氏の思いとは異なる方向に突き進んでバブル期突入となったのである。

この時のニューヨーク路線を例に挙げると、一席百十万円ほどのファーストクラスや六十万円ぐらいのCクラス（エグゼクティブクラスと呼ばれていたビジネスクラス）から飛ぶように売れた時代であった。こうして社員たちは、最も大切なことを忘れてしまったのであった。

最高に人気があったのが正月のホノルル便で、その座席を確保したい旅行代理店による過剰な接待を受けて、営業は左うちわであった。来る日も来る日も満席状態で、あの事故の影響など吹き飛んでしまったのである。

（注19）日本航空株式会社法（一九五三年八月一日・法律第一五四号）

十八条の条文と附則からなる法律で、運輸大臣の命じた設立委員が発起人となって会社を設立することについて記載されている。その第一条には、会社の目的として、「日本航空株式会社は、国際線及び国内幹線における定期航空運送業並びにこれに附帯する事業を経営することを目的とする株式会社とする」とある。その後何度か改正されて一九八七年九月十一日に、法律第九十二号・第一条「日本航空株式会社法は、廃止する」ということで、完全民営化となった。

さて、映画の撮影話に戻るが、いよいよ事故現場である群馬県でのロケとなっていく。

一九八五年の御巣鷹山事故を再現する場面に参加することによって、ついに私は真正面から先輩たちと向き合う決心をしたのである。

六月十三日、梅雨の合間で暑くなりそうな予感の太陽がオレンジ色に輝きだし、この日ばかりは湿気も感じられない澄んだ空気がさわやかな日となった。

昨晩降った雨に濡れた木の葉が、光を反射して煌めいている。ロケは、雨天は延期という話だったが、今日なら大丈夫だ。

この日はいよいよ事故直後の様子と遺体が運び込まれる体育館の場面を撮影する予定である。

棺が並ぶシーンや遺体検死のシーンなど、いくら決心しても正直な気持ちとして到底避けたいところだったが、これを体験しなくては何も語れないと覚悟を決めた。

高崎市の群馬公民館に朝九時半到着予定で、早朝に家を出た。

突然、玄関を出た私の頭上に、黄色い足で羽に黒白混じった色のあまり見たことのない変わった鳥が二十羽ほどぐるぐると急旋回しながら降りてきた。

その羽のビューービューーという音と風圧を感じるほどの風が私の髪の毛を立ち上げた。

「うわあ！　何？」

鳥たちは、頭上をぐるぐる回った後に、どこかへ飛んでいったのである。

「なんだったのだろうか、あれは？」

そう思いながら早足で駅へ向かった私は、なんだか鳥たちが私を待っていてくれたような、群馬へ行くことを歓迎してくれているような、そんな気持ちになっていった。もしかすると、誰かが天国から降りてきてくれたのかもしれない。そんな想いが頭をよぎった初めての不思議な体験だった。


群馬公民館のスタッフ待機所には、すでに地元のボランティアやエキストラの人たちが、医師、警察官、看護師、日赤関係者、自衛隊、消防団、報道陣などに扮して、制服を着用したり、ヘアメイクをしてもらったりしていた。四百名以上の男女が集まっている。その風景はまさに当時の雰囲気なのだろう。様々な制服姿に圧倒される。

事前に、「一九八五年再現に御協力ください」ということで、茶髪や濃い化粧、長いもみあげなどは不可という通知が来ていたため、メイクや髪型もすべて八十年代を思い出させる雰囲気で準備して来ている。皆さんもその気になってかなり気合いが入り、事故当時に想いを馳せているようだ。実際あの時にボランティアでお茶を入れたり、食事を作ったりした人たちも参加しているとのことだった。

たまたま隣に座った若い役者志望の女性と話をした。聞くと、お父さんとお母さんがちょうどあの時、ぶどう峠を車で走っており、赤い夕焼けにしては異常なオレンジ色の閃光を見たという。そして帰ってから事故を知ったとのことだった。

このオレンジ色の閃光を見たという話は、撮影の合間の井戸端会議で話題になった。東京から撮影に参加したという練馬区に住んでいる方が、あの事故が起きた八月十二日に、練馬の高台にある公園でいつものように運動をしていたところ、十八時半を過ぎた夕暮れの中、突然西の向こうの空にオレンジ色の光がパッと走っていくのを見たという。流れ星にしては早すぎると、家に帰った後、ニュースを見てびっくりした。あれは飛行機だったのか、それとも別の何かだったのか、明らかにオレンジ色で光るものが飛ぶのを見たというのだった。

さらに、お兄さんの通っていた学校のプールが遺体洗い場となったため、夏休み中、プールに入れず、遺体の洗浄が終ったあともプールは臭いが染みつき、とても使える状態ではなかったために取り壊されて新しく作り変えた、という話も出た。しかし新しいプールになっても、底や壁になぜかシミが出てきて、それが人の形になったという。体育館の床でも同じようなシミが出て、ほかにもそういう話がたくさんあると教えてくれた。風評やデマも多かったとのことだが、ここで話す人たちの顔は真剣であった。

それにしてもこれだけ地元の方々の胸に奥深く、強い印象が残る事故であったのだ。自分が当時日本航空の社員だったとは言えない雰囲気がそこにあった。なんだかその場で殴られそうな気配がしたのである。

そして遺族担当の世話役だった日本航空の社員たちの気持ちを慮《おもんぱか》った。その社員の中には、事故後に自殺した人や過労で亡くなった人もいた。

あまりにつらい扱いを受けた日本航空社員は、優しい上野村の人々に救われたと聞いた。

そして、黒澤村長の一言で安らいだという。

「たまたま日本航空という会社に入り、仕事のひとつであっただろうに。それもまたひとつの運命として村民は話し相手になって優しくもてなしてあげよう。加害者側も被害者側も、もしかすると、同じ立場かもしれないのだから」と。

バリバリバリ！

頭上で爆音がする。

メリメリメリ！

地響きがする。

〝陸上自衛隊〟と書かれた、本物のようなヘリコプターが校庭に到着したのである。

これは民間のチャーター機で、自衛隊の協力を得たわけではないとのことだ。

「そうそう、この音、これが毎日よ、爆音、爆音だったわ」

近くに住む主婦で、エキストラに参加していた人たちがつぶやいた。その爆音とともに、黄土色のヘリコプターが校庭の真ん中で、砂を巻き上げて回転翼を停止させた。中から迷彩色の制服を着た自衛隊員役の人が出てきて、スタッフと打ち合わせをしている。

そろそろ本番だ。

ヘリコプターの翼風にあおられて、走り寄る医師役の白衣がひらひらしている。おびただしい数の警察官と報道陣のもみ合い場面が始まる。

遺体の入った棺を担ぐ人。

走る看護師たち。みんな必死に演技をしている。

まだ私の出番ではなかったのでその撮影風景を見ていた。遺体役の人たちがものすごいメイキャップを施されて、横たわる。リアルだった。でもこれは本当にあったことなのだ……。

体育館内の撮影に入った。私は女医役を担当したが、暗幕が閉められている息苦しい雰囲気の内部に一歩足を踏み入れて、目の前に黒こげになった炭化した離断遺体の小道具を見て、思わず叫んでしまった。

「ギャアー！　何これ？」

周りでもそんな声がする。

これは撮影用に作られた人形の小道具だが、本物は臭いがものすごかったらしいと話す人々。

シートベルトで胴体部分から切れて、下半身だけの遺体、上半身だけの遺体もある。

医師控え所に当時の新聞が置いてある。

「国民航空墜落」の見出しだが、まさに学生たちと授業で見てきた一九八五年八月十二日の事故を伝える新聞そのものだ。

遺体の現場写真を撮影するための脚立も立てられ、遺体を洗うバケツ、シーツ、包帯、脱脂綿、整形用の様々な医療器具など、本当に細かい部分まであの当時をそのままを再現したという小道具、大道具が見事にリアルで生々しい。

医師や看護師たちが休憩する場所には、昔見たような大きなアルマイトのやかんがある。地元ボランティアの方が作ってくれたこの冷たい麦茶が心底嬉しかったと聞いた。

古い扇風機が回るだけで、冷房もなく、恐ろしいほど暑かった室内を表すために、一人ひとりの額に、メイク係の人が汗用スプレーを吹きかける。

当時は暗幕で覆われて死臭と腐敗臭が充満した体育館の中は、室温が四十度近くになり、遺体にはウジ虫が発生して地獄のような状況だったという。

医者役の私は、ゴム手袋をはめてマスクをし、本物と同じ用紙の死体検案書に所見を書きこむふりをする。死臭こそないが、一九八五年八月十三日から始まった過酷な日々を忠実に再現した場面であった。

いろいろな職業の立場で作業体験をしたエキストラの人々は、あの時に御苦労された人たちの本当に大変だった日々を思いやったことだろう。

そして何よりも、現実に突然、このようになってしまった乗客たちの無念、ご遺族たちの絶望、すべて怒りの矛先を当然日本航空社員や医師たちにまでもぶつけたくなる心情を慮ったはずだ。

映画という形で残す意義は深いものだと思ったが、準備にかなりの時間をかけたわりには、たった三分ほどのシーンであった。だが、私にとっては現場で事実を直視することがいかに重要であるか、身をもって感じたのである。

無事に撮影が終了してボランティア用の控室に戻った私は、この場面を監修した方々の控室が目に入った。

「飯塚訓先生」と入口に名前が書いてある。

あの『墜落遺体』(講談社)という本を書かれた、当時群馬県警の高崎署刑事官で、この事故の身元確認班長をされた方である。のちに『墜落現場　遺《のこ》された人たち』（講談社）という本も書かれている。この衝撃的なタイトルで一瞬読むのをためらったが、読み始めると、現場ならではの悲しい話や真実を知り、涙が止まらなかったのを覚えている。特に、日赤の看護師さんたちの奮闘ぶりや、遺体への深い思いやり、そのプロ意識に驚いた。

その本の中に、まるで生きているような制服姿のスチュワーデスの遺体があった、と書いてあったことを思い出した。スチュワーデスの彼女が、最後までプロに徹して、山に突っ込む寸前まで見事な放送をしていたことについても書いてある。

きっと前山先輩のことだ、Ｅコンパートメントに生存者が多かったのだから、と思って読んだ記憶がよみがえる。

「大國勉先生」と並んで書いてある。

この方は歯科医師で、群馬県警察の検視警察医である。飯塚氏の著書『墜落遺体』にも出てくるが、不眠不休で遺体の歯型からの身元確認に全力を注ぎ、ご自身が死ぬような思いをしながらも、最後の最後まであきらめずに身元判明に努力なさったのである。当時は五十二歳だった。

カトリック教徒である大國氏は自分が着ている白衣の内側に、いつ倒れて死んでもいいように、マジックペンで住所、氏名、連絡先電話番号を書き、さらに、「天にまします我らの神よ、……」と、祈り全文を書いたのである。

一睡も出来ずに身元確認を行っていた一週間後、本当に倒れて意識を失った。この先生も命がけだった、と書いてあった。医師という職業も、プロ意識の塊だと思いながら読んだことが思い出された。

是非このお二人に会ってみたい。そしてどうしても確認したいことがある。

実際にあの事故に立ち向かった者でしか語れない何かがあるはずだ、そう決心して、群馬ロケを終えたのである。

御巣鷹の尾根が語りかけること

●現場を知る人々の想い

文字通り、天から降ってきたこの事故で、地元の人たちの人生観は大きく変わったという。それに携わった人々の心に、なぜあの時、こう出来なかったのか、もっと早く発見すればよかった、精一杯やったのだから仕方がない、十分よくやった、というさまざまな思いが今でも入り混じっている。

人生において、あれほどまでの絶望の淵に立った人々を見るのも初めてであろうし、航空機事故の惨状をまさか自分たちが経験するとも思ってもいなかったのであろう。

地元の方々の声を聞いても、学生たちと新聞記事を読んでも、まだなお残る疑問や、ネットの世界で今でも繰り広げられているさまざまな事故原因への憶測が非常に気になる。

アマチュア無線愛好者の証言や、相模湾周辺に打ち上げられた物体を持つ人たちなど、謎が謎を呼んで、誰もがいまだにすっきりしない状態に二十年以上も置かれている。

もはや時効となり刑事責任は問えないが、国民の視点に立った点と点を結びつけると、思いもよらない形が浮き出てくるのではないか。

これからの社会を生きる若い人たちに、ほんのひとかけらでも真実を伝えなければ、事実を知る人の人生は終わらないのではないか。

実は、私はいつもこう言われて前山先輩に背中を押されているような気がしていた。

こんな私の話を快く聞いた飯塚訓氏と大國勉氏は会う約束をしてくれた。

おそらくお二人は、あの事故を担当したことによって、思い描いた人生とはまた別の、想像もしていなかった人生を歩まれたのではないだろうか。

私も含めて、まったく出会う接点のない人々と出会い、さまざまな出来事がその後も続いているのだ。

『沈まぬ太陽』の映画撮影の際は、助監督が何度もお二人のところを訪れて、当時の遺体検視所を忠実に再現したと聞く。なお、大國氏は、山崎豊子氏が『沈まぬ太陽・御巣鷹山篇』で書いた遺体検視場面についてアドバイスをし、原稿をチェックされた。映画も本もそして講演活動でも、常にあの日が頭の中によみがえってくるに違いない。

二〇〇九年七月三十日、これぞ群馬と言わんばかりの照り輝く太陽に一瞬くらっとなりそうな日だった。おそらくあの日もこれ以上に暑い真夏の一日だったのだろう。前橋市内も熱風で覆われていた。東京からの新幹線を下りた途端、もったりした空気が取り囲む。暑い。実に暑い。

車窓から見えた群馬の山々は急斜面でせり上がっている。なかでも赤城山はすっとそそり立つ凜とした山だ。

市内からタクシーで三十分。道の突き当たりが上州赤城山へと続く麓の斜面に、緑溢れる住宅地が広がっていた。

まず飯塚訓氏の愛犬が迎えてくれた。初めてお会いすることで緊張していた私は、ゴールデンレトリーバーの優しい笑顔でほっとした。犬（動物）を心から愛する人間にいつも心根の優しさを感じるからである。

当時四十八歳であったあの時を思い起こしながらお話をしてくださった。

飯塚氏はすでに退官されているが、いまだ警察側としての立場を醸し出しておられるように見え、まず、ご著書『墜落遺体』などの本に書いてある以外のことは何も話すことはない、ということであった。

飯塚氏が本を書く決心をした時、実際に検視場所となった藤岡市民体育館内での出来事のみを書こうと思ったとのことである。

さらにご遺族の気持ちを思うと、忘れたいと思っている人がいることも考えて、これ以上事故関連で話すことはない、という姿勢であった。

きっと凄惨な現場での身元確認作業は、いまだ誰も経験などしたことがない壮絶な日々であり、それが八月十四日から十二月十八日までの百二十七日間も続いたのである。

バラバラになってしまった遺体一つひとつに想いをこめて最後の最後まで、遺族にも納得していただけるように心砕いた日々をつづった本は、ただひたすらこの事故が忘却の彼方になることを恐れ、この現場を人々の記憶の中にとどめておけるよう、後世のために残したいという一心で書かれたのであろう。

それをちょっと聞きかじったような形で、意図としないことを派手な文体で取り上げられた時もあったということだ。

ただ、本の原稿を書き始めた時の不思議な現象として本当にあったことを話してくださった。

御巣鷹の尾根の墜落現場の燃え残った木や、折れた木々を拝んでもらい、燃やしてしまう前に、その木片の一部から作成したという、『慰霊塔』縮小版の置物が部屋に置いてある。

その形は、両手を合わせて拝んでいる合掌をイメージして作られており、鋭く天を目指して突く二枚の二等辺三角形で表している。本物は十一メートルの高さがあるが、これは卓上板でせいぜい四、五十センチであろうか。

その置物が徹夜で原稿を書いていた時、突然夜中にガタガタと揺れだしたという。部屋の中はまったく風もなく、窓も開いていない。無風状態なのにガタガタと鳴る。驚いて奥様に話すと、お線香をあげて拝んでから書いたほうがよいのではないか、と言われて、書く前にお線香をあげ、お水をあげて数珠を掛けたら、ピタッと音が止んだという。

書いている間は、常に自分の周りを魂が飛んでいるような、一緒に書いているような気がしたし、三年前、突然の病に倒れた時も五百二十名が救ってくれた、とおっしゃった。

ちなみに飯塚氏の奥様と私の誕生日が同じ八月十三日だということが分かった。

「それでは、次の日が誕生日という、あの十二日で誕生日祝いの気分も吹き飛んだのは同じですね」

とお話しさせていただいた。色々な数字の偶然や縁があるものだ。

でも、その魂たちは、どういう思いで飛んでいたのだろうか。たしかに御遺族のお気持ちも、誰にも計り知れないものであるだろう。

しかし当人たちの魂は、現世に何かを伝えたかったのではないだろうか。

きっとありのまま、すべてを出してほしい、そこから真実が見えてくると叫んでいたのではないだろうか。

もし、前山先輩ならば……何を訴えたかったのだろうか。

きっと、最後まで必死に乗客を救うために行動したクルー全員と共に、絶対にこの事故を風化させてほしくないと叫ぶだろう。なぜ死を迎えなければならなかったのか、その原因を一番知りたいのは本人だからである。そう思いながら私は、飯塚氏が指をさした置物を見つめていた。

著書の中でも書かれていたが、日航側からの差し入れは、フレッシュな果物や銀座などの有名店のとても美味しそうな弁当ばかりで、それが毎日届いたそうである。

しかし、被疑者からの差し入れを食べるわけにはいかないということで、群馬県が用意した鶏の唐揚げ弁当などばかりを食べるが、なかなか目の前の惨状を見ると空腹でも食べ物を飲み込めず、食事も非常に大変だったということだ。

身元確認班長として、百二十七日間の日々は事件捜査であり、日本航空は罪を犯した側であった。ただ日航側の人間は、当然のことながら最初はかなり遺族側との溝があって大変だった人も多かったが、不思議と時間が経つにつれて、あの現場を経験した者にしか分からない双方の立場や権力などの垣根を越えた気持ちが芽生えてきて、すべての人々が運命共同体という意識が出てきたという。

当時の日本航空で部長職にあった人が、部下を何人か連れてきて、遺体の一部を見せてくれと言われたそうである。事故というものはこういう結果がつくのだと、これからの日航を背負う若い人たちに認識させたかったということであった。その中にスチュワーデスもいたという。そして比較的損傷の少ない身元不明のものを見せたが、その場で気絶してしまい、言葉が出なくなったりした。

また事故直後から役職をなげうって山にこもり、お世話をしたO氏の存在も忘れられないという。そういう日航の人間がいたからこそ、その後個人個人のつながりが出来て、絆が生まれ、今でもお互いの家を行き来する人もいるそうである。

この二十四年という年月の間に、山の雪解け水が流れる上野村の神流川のように、険しい流れや滝を経て、おだやかな流れとなっていったのであろう。

また女性は強い、とおっしゃった。とくにそれは日赤の看護師さんたちに対してである。日赤独自のカーキ色の現場用制服に身を包み、赤十字を背負っての働きは、男性にはかなわないほどの素晴らしいものだったという。

　自分自身も物が食べられず、大変な環境にもかかわらず、穏やかに、優しく、そしてよく体が動いてキビキビと働くその姿は、心底恐れ入ったということだった。

　ＪＡＬマークのついた青い制服に身を包み、遺体となったスチュワーデスの姿を見て、その看護師さんたちは、「この女性もプロだったのだ」と涙してくれたと聞く。先輩方の顔、一人ひとりがまた浮かんできた。


　コーヒーを入れていただき、最初の硬直した気分が和らいだ頃、最後に日本人と外国人のまったく異なる宗教観と遺体に対する気持ちについて話を伺った。

　あのような時、日頃無宗教だという日本人も自然風土に根付いている宗教観を持っており、それが著しく出てきたことに、「ああ日本人とはこういうものなのだ」とつくづく思ったということだ。

「離断した遺体でも仕方がない、早くお葬式をしてあげたい」と遺族が引き取った後に、やはり足がなければ三途の川を渡れない、手がなければご飯が食べられない、そう言って再び身元確認所に戻って必死に探す人が多かったという。我々日本人は知らず知らずのうちに深く根付いた仏教的宗教思想があるのだ。

　一方この事故で亡くなった外国人は二十二名で、国籍は韓国、西ドイツ、インド、イギリス、米国、香港である。観光や商用で搭乗した十四歳から五十二歳までの乗客の遺族たちは、韓国人の遺族を除き、ほとんどが「魂は神様のもとに帰り、肉体は土にかえるのです」と言ったそうである。

そして、このような何も手がかりのない状態なのに、これほどまで探して丁寧にしていただいて、日本の警察は素晴らしい、本当によくやってくれたと感謝して涙を流し、すぐ藤岡市民体育館の遺体安置所から帰っていったという。異なる宗教観を持つ外国人にとって物体である遺体にはまったく執着しないのだ。

「魂がすでに神に召された遺体を受け取って帰っても生き返るわけではない」として、「遺体は飛行機の落ちたところに埋めても、誰かと一緒に荼毘《だび》に付しても良いです」と言って、あとは大使館に任せたとのことだった。骨ひとかけらでも持ち帰りたい日本人の思想と、魂のみを信じる欧米的宗教観には大きな隔たりがあると実感した。

それは情があるとか、冷たいとかという問題ではなく、それぞれの宗教に根ざした深い死生観があるのを、身をもって体験なさったということだった。

以前、ブラジルの路線で、リオデジャネイロで亡くなった人の御遺体と一緒に日本に帰る乗客の機内サービスを担当したことがあった。遺体となってしまったその人と一緒に乗っているという思いなのか、ちょうど貨物室で御遺体がある部分の上に位置する席を希望して、そこに座り、じっと数珠を持って拝んでいらしたのを思い出す。飲み物を持って行った私に、年老いたご婦人は突然こう言った。

「この真下にわたくしの夫の遺体があるのですよ。昔、移民で日本を離れて、いつか帰りたいと思っていましたけど、ようやく一緒に日本に帰れるのです。長いフライトだから、ドライアイスをたくさん詰め込んでいただきました」と、美しい日本語で話された。

この便はブラジルのサンパウロ発、リオデジャネイロ、ロサンゼルス経由で東京着、さらに香港まで行くＪＬ６３便である。機種はＢ７４７、ジャンボジェット機であり、フライト時間はリオから東京まで、なんと二十三時間三十五分である。地球儀で見てわかる通り、日本の裏側がブラジルだ。ちなみにこのＪＬ６３便のサンパウロから香港まで総フライト飛行時間は、二十八時間四十分である。

ほとんどの乗客が日本人で、ブラジルに移民した人たちの一時帰国が主であった。

この便では、和気あいあいとなった機内で、お客様の希望で歌の上手な男性のＹパーサーが、日本の歌メドレーと称して機内コンサートを行ったこともあった。『ふるさと』『夕焼け小焼け』などをＰＡ（アナウンスマイク）で歌ったのを思い出す。

機内中が涙と拍手で湧きあがり、これが日本人なのだと思ったあの日がよみがえった。

飯塚氏の和やかな笑顔に見送られ、「帰りの新幹線で食べて」と、羊羹をいただいて、次に向かったのは、歯型から身元確認をなさった群馬県警察医で歯科医師、群馬県警察医会副会長で歯学博士の大國勉氏のところである。

前橋市内に戻り、木の香りがするモダンな診療所を訪れる頃はもう夕方で、最後の患者さんが医院から出ていった。

撮影現場でちらっとお見かけしたのと同じ白衣姿で現れた先生は、まだまだエネルギッシュな方であった。あの当時は、この診療所は同じ歯科医師である奥様にお任せして、遺体検視所の体育館に通いづめであったという。奥様が入れてくださった美味しいお茶を飲みながら話を伺った。

大國氏は、当時の新聞各紙を保管した大きな何冊ものスクラップブックを持ってきて見せてくれた。赤茶けた色の新聞紙はカビ臭くてくしゃみが出そうであったが、それらに赤ペンで先生ご自身が疑問に思ったことや、？マークなどが色々書き込んであった。

さらに単独機最大の飛行機事故に対処された歯科医師としての経験を踏まえて、今後の日本における危機管理や、ご自身の勉学のため、若い歯科医師への参考資料として作成した遺体写真や詳細にいろいろと記したノートの一部をお見せ下さった。

その中で乗員たちの遺体状況もお話ししていただいた。やはり歯型しかなかった機長や、焼け焦げてしまった副操縦士、航空機関士、そして体の一部は失くなってしまったが、まだ制服姿できれいな遺体で発見された先輩たちの話であった。

大國先生はやはり科学的な目を持っておられて、遺体から見える事故原因に対する状況分析をしながら、事故調査報告書に書かれた検視内容、また急減圧が体に及ぼす影響について医学的に教えて下さった。

ちなみにあの事故機の高度は、緊急事態発生直後から七千六百メートルあたりを二十分間以上飛行している。この高度は生理的高度区分の危険域で、意識喪失、ショック状態となり、生命に危険を感じる高度であるが、実際には機内で乗客たちは遺書を書き、きちんと酸素マスクをして、スチュワーデスは冷静に機内アナウンスをしている。生存者の証言でも一瞬霧が立ち込めたが、物も飛ばない状況であったとはっきりしている。もし本当の急減圧ならば一気に高度を下げないと、乗客たちはショック状態となっていたはずだ。

事故原因の究明に欠かせない司法解剖は機長、副操縦士、航空機関士、客室乗務員、生存者近くの乗客の五体で行われた。副操縦士は焼損で、機長はアゴの骨のみであり、全身表皮剝脱、頭部、頸部裂傷、全身骨折、内臓破裂などであった。すでにひどい損傷を受けた遺体をさらに切り刻む司法解剖のために、この遺族たちはつらい決断をしなければならなかった。

その司法解剖を担当した群馬大学法医学教授の古川研氏が遺体状況について書かれたものを見せてもらった。

遺体のうち百七十七体が形のうえでは完全な遺体であったという。座っていた席が後方D・Eコンパートメントの人に集中していた。ここは後ろ向きに沢を滑り落ちたために生存者もいた場所だ。

アッパーデッキ（二階席）と一階前部A・Bコンパートメントの遺体は損傷が非常に激しくて特に右側の座席の人たちがひどかったそうである。おそらく機体が右に傾いて墜落したのだろうとのことだった。墜落直前の速度は450〜460㎞／hとされている。遺体の状況では、機体が尾根に激突して二つに割れ、左右分かれて大破し、前部は前回転して、乗客の一部は遠方に投げ出されたせいか衝撃をまともに受けて、さらに主翼部分にあった燃料タンクの火災による焼損遺体が多かった。それも通常の家屋火災現場での焼死体がもう一度焼損したような状態であった、と書かれている。二度焼かれたということなのか？

身元確認の決め手となった主なものとして、指紋が二百三十名と最も多く、次が歯型七十八名、着衣六十四名、顔六十名、所持品五十二名、身体特徴三十名、血液四名、合計五百十八名である。あと二名はほぼ確定したが決定的ではなかったという。

顔での判明が六十名しかないとは、損傷のひどさが伝わってくる、つらい数字である。指紋の次に決め手となったのが歯型だ。全国各地の歯科医師への電報などで行きつけの歯医者さんよりレントゲンを取り寄せたという。どんなに身元確認が難しくとも、最後の最後は歯さえ残っていれば分かるのだ。

歯型からすべてを探し出した大國氏の御苦労は大変なものだったと思われる。

それにしても、ジェット燃料のケロシンは灯油とほぼ同じような燃料だが、タンクに残った一時間分の量で、遺体が炭化するほど燃えたとはすごいものだ。連日の夕立の夏山の急斜面の尾根でそこまで燃え尽きたのか。

遺体の検視は八月十四日から十一月四日までに、二千六十五体（部分遺体も含む）を実施し、すべてを終えた十二月十一日までの百二十一日間において、医師千八十四名がかかわったのであった。

残念だったことは、現場の人間が必死に身元確認作業を行っていたあの体育館に、運輸省事故調査委員会の人々はほんの少しの時間だけ訪れ、あまり確認もせず、特に説明も聞かずに、さっと帰って行ったとのことだった。

きっと死ぬ思いで作業をしていた大國氏や、多くの医師や看護師、警察官、ボランティアの人々などの目に、その行動はしっかり焼き付いているのであろう。

何かの理由があるにせよ、事故調査委員に選ばれた人たちの責務として、しっかりと遺体を目に焼き付けて、一つひとつ検証し、調査する十分な時間を取るべきだったのではないだろうか。

まるで結果が決まっているかのごとく、真実を探す目、追究する目を持っていないかのように見えたとのことだが、そう言われても仕方がないだろう。

私は大國氏の話を聞くにつれて、自分が愚かだったことに気付いた。『沈まぬ太陽』の撮影現場で見たあの部分遺体の再現に、目をそむけていた自分が恥ずかしかった。人は何かがあった場合、その結果を直視して、どうしても受け入れなければならないのである。その目があってこそ、次に二度とこのようなことにならないようにしようと決心するのだ。それを見ずに、覆い隠しては、未来につながる真実など、決して語れはしないのである。

「上野村へ一緒に行って、事故現場をこの乗客の皆さんの魂と一緒にご案内しますよ」

そう言って、大國氏は遺体ファイルを撫でられた。

なんという優しさだろうか。このファイルは先生にとっていとおしむほどの存在なのだ。

そうだ、この先生がいてくれたからこそ、乗客の皆さんはお家に帰れたのだ。

この先生のみならず、あの現場で作業を行ったすべての人々が、必死になって遺体を拾い集め、不眠不休で身元確認をしなければ、どこの誰かも分からず、一番会いたかった人にも会えず、永遠に無念が続いただろう。

大國氏は、連日の検死作業の中であまりにも眠れない日が続き、ある日突然、棺のまわりを蝶々のようにひらひらと手を動かしながら、真夜中に舞っていたそうである。明らかにおかしくなったと言われて、自分でもまったく意識がなかったということだったが、強制的に自宅近くの旅館で休ませられて義弟の内科医が点滴、近くの精神科医が注射を毎日打ちに来てくれてようやく回復し、その後もまた戻って身元確認の作業を続けた。

こうして自らの命を削る思いをしながら、神様に祈りながら作業を続け、五百十八名の身元が確認されたのである。残り二名もひとりはアメリカ国籍、もうひとりは日本人だが、ほぼ確定していたとのことだった。

二十五年前はＤＮＡ型鑑定もまだ一般的ではなく、前例がないこの突発的事態に遭遇して、あの遺体状況の中で複雑な手作業によるこの結果は、内外から驚きの声が上がったという。

この先生と一緒に御巣鷹の尾根へ向かう、なんと心強いことか。きっと先輩たちも顔を見せてくれるに違いない、そんな気がしてきた。

●あの日を語る

二〇〇九年十月二十七日は、執念の晴天であった。初めて上野村に行く日である。前日までの暴風雨で荒れ狂う台風が、一気に関東平野を駆け抜けて、これでもかと言わんばかりに頭上に青空を広げてくれた。

抜けるような美しい秋空の贈り物を、前山先輩は私にくれたのである。

この日はまず黒澤丈夫元村長と、地元消防団で生存者を発見した黒澤武士氏にお会いすることになっていた。お二人とも黒澤姓である。上野村には黒澤姓が多い。その昔、江戸時代中期に、将軍家献上の鷹の生息地となっていたため、鷹守であった黒澤家の末裔である、大きな庄屋で旧黒澤家という国指定重要文化財の家も残っている。

三国山の奥深くから名水百選にも選ばれた清らかな清流、「神流川」が上野村の中央を貫き、そそり立つ山々の谷間をぬうように豊かに流れている。

神流川……かんながわと読むその川は、まさに神様がいる川ではないか。

深い森から湧き出た水が、いくつか途中で合流しながら大きな川となり、谷を作り、岩を削り、龍神の滝という、大蛇が龍となって昇天するという言い伝えの滝を流れ落ち、奇岩の渓谷を作り、最後は穏やかな川となって子どもたちの川遊びの場所となるのだ。

川に見とれていると、驚くほど立派なトンネルが次々と現れる。

過疎の村というイメージとはほど遠く、道路の脇には花壇が置かれ、黒澤元村長はスイスアルプスのような風景を目指してきたということだが、確かにさまざまなハイキングコースもあって、赤や黄色の紅葉が彩り豊かな村を感じさせる。

上野村にはいくつか温泉があり、そのひとつ塩ノ沢温泉に「国民宿舎やまびこ荘」がある。

ここはイノブタ料理を出して評判の宿であるが、黒澤元村長が村の振興発展のために村民の自活を目指して手掛けた事業のひとつである。

地元の木を贅沢に使って安らぎを感じさせるロビーで、私は黒澤丈夫元村長と地元消防団の黒澤武士氏を待った。

車から降りて来られた黒澤元村長は、大正二年生まれの九十六歳で、多少足腰が歩きづらい様子であったが、ちょっと遠い耳以外は、お元気そうでしっかりとした面持ちである。

元消防団の黒澤氏もご一緒に来て下さった。

やまびこ荘の落ち着いた趣のある和室で、地元名産の十石まんじゅうと、名水で入れた渋いお茶をいただきながら、さっそく当時の話が始まった。

この部屋にいらっしゃる三人は、当時の上野村の行政のトップ、村長だった黒澤丈夫氏、墜落直後、生存者を助けた民間の地元消防団の元団員、黒澤武士氏、そして歯型から身元確認をなさった歯科医の大國勉氏である。

行政、民間、歯科医師と墜落時の要となった方々が一堂に会するのは後にも先にもないのではないか。それぞれの胸の奥であの日がよみがえる。

一番先に当時の墜落現場へ駆けつけた元消防団の黒澤武士氏が語った。

「墜落翌日の十三日、朝六時に東小学校のグラウンドに集まってくれって言うから集まったんです。上野村の消防団は八分団あって、私は第五分団で、全部が現場へ行けたわけではないんですね。手分けして、ぶどう峠や違う沢や、一日歩いても行けない分団もあった。私は偶然というか、たまたまで。上空にヘリが回っている沢づたいに登っていて、喉が渇いたから、沢で水飲んで、なんだかいつもと違ってうまくない水だな、って言いながら登って行った。そうしたら、突然飛行機の残骸があって、山の上は木が燃えていて、下は火の気はなく、残骸が、家がつぶれたような感じで、瓦礫の山でねえ。行ったはいいが何していいか分からない」

いつもの歩き疲れた喉を潤す清らかな沢の水が、まったく美味しくなかったという。いろいろなものが流れ込んでいたのか、まずい水だと思ったとたんに、瓦礫をひっくり返しゴミを散らかしたような現場に遭遇したのだ。

地元民で結成する上野村消防団員として、たまたま何年か前に山火事があって行ったことのある山だった。それで道がよく分かった。

現場では、山の上はまだ木が燃えていて、下には火の気がなく、ボストンバッグやいろいろな荷物、財布やお金がたくさん落ちていて、それが飛行機の残骸と土にまみれて、瓦礫の山という表現しか思い当たらない。

すると、自分たちは沢の下から登っていったが、自衛隊員がすでに山の上から降りてきたそうである。黒澤武士氏が現場に到着したのは、朝九時頃である。

「とにかく生存者がいるかどうか探すのだ――。ということになって、歩いていたら、誰かいるみたいだということになって、吉崎さん親子を発見したんだ。

自分は子どもさんのほうを瓦礫の埋もれた中から出すことになった。そこに六分団の人たちも加わって……担架もないから、木を切る物を持ってたから、急いで山の木を切り、その辺にあった飛行機のカーテンのようなものを持ってきて、担架を作って子どもさんを乗せた。顎が切れていたけど、血が全然出てなかったね。不思議だった。

吉崎さんのお母さんのほうも救出していたら、そのお母さんが『ほかにもまだ声がしたから……』って言うんだよね。だから、『まだ他に生きている人がいるかもしれないからよく見て』って言われて、まさか皆死んでるって言えなかったから、『ハイ、大丈夫だよ』って言って。

私なんかは子どもさんのほうを責任もって連れて行くっていうことで、山の山頂へ連れていったんですね。坂だから大変なんですよ」

この尾根はかなりの急斜面で、最大傾斜度四十五度、平均三十度と言われており、にわか作りの担架に乗せて、吉崎さん親子を持ち上げて沢を登るのは実に大変な作業だった。急斜面を登る時、生存者を乗せた担架は、上の人は低く、下の人は高く持たなくてはならなかったので、消防団員でお互いに作業を手伝って上までようやく登った。

その時、周りには地元消防団だけで、独自の判断で脈などを見た。その後も落合さんや川上慶子ちゃんも見つかったということで、生存者の四人をとにかく一刻も早くと懸命に作業をした。

「尾根の上にようやく上がったら、死体というか腕や足が取れちゃって、ごろごろしていて……胴体というか、椅子に座ったままで下が切れてしまっていたり……」

とにかくすさまじい光景で、特に臭いがすごくて言葉が出なかったという。

そこで元村長の黒澤丈夫氏が、

「私は上野村がこの事故に果たした役割は二つあると思います。ひとつは救助救難のサポートに全力を挙げたということ。もうひとつは、上野村自治体が亡くなった人の慰霊と葬送を責任を持って行うことであります」

と、耳にSONY製の補聴器をつけて、しっかりとした口調で話し始めた。

事故を知ったのは、東京出張から帰って七時ちょっとすぎ頃、NHKの日航機行方不明というニュースで、テレビでは長野側の北相木らしいと言っていた。しかし、向こうは高度が高いから火が見えるはずだが、ここからは見えない。そのうち上野村の上空をさかんにヘリが飛ぶので、どうも上野村ではないかと思っていたところ、夜十時過ぎになって、県警本部の河村氏から電話があり、「今、長野県警の本部長から電話があって、長野側には落ちていない、どうも群馬側だ」という判断が伝わった。「明日朝五時に上野村に機動隊を千五百人入れるから協力してくれ」と言われ、翌朝五時少し前に役場に行ったら、すでに大勢の機動隊の人たちが夜中から来ていて、二階の廊下にごろ寝状態だったと職員から報告を受けた。

村長室でNHKニュースを見ていると、現場付近の映像が入り、これはどうも上野村の本谷らしいと思い、付近の植林を手掛けた友人に電話をして、

「おい、テレビ見たか」「見た、見た、あれはスゲノ沢だ！」

と彼が言うので、役場にある無線で案内出来る人たちを呼び出し、墜落現場はスゲノ沢だ、そこに県警や十二師団（注20）の人たちを案内しろ！　と叫んだ。

その後、十二師団や県警と話し合いをして、何とか現場にヘリで降りられないだろうかということで、急きょ木を切り、ヘリが降りられるようにした。

日ごとに身元のわからない遺体も増えてきている中、誰か分からない遺体は明治に出来た法律により、行路病者として、上野村で葬式を出して永久に上野村の仏様として、慰霊、葬送をしなければならない可能性が出てきた。

確認のため、急きょ岩手県の雫石《しずくいし》へ職員を向かわせた。航空自衛隊と民間機がぶつかって事故を起こした雫石事故を参考にしようとしたのだが、あの事故は遺体の損傷が少なく、全員身元が分かり、家で葬式が出来た、ということであった。

法律では、身元が分からない人が村で生き倒れになった時、その自治体が責任を持って葬式をすると書いてあるが、一回、二回はともかく、永遠に出来るわけもお金もない。

「上野村では戦没者が１２３人いるんですよ」

と一息ついてゆっくりお饅頭を食べてお茶を飲みながら元村長がおっしゃった。

「え？　１２３人ですか」

１２３便と同じ数字だ。これもまたなんという偶然だろう。現在、公で戦没者をお祀りすることが出来ない。なのに日航機事故の犠牲者だけを祀ることが出来るかどうか、村民感情もある。そう思って日航側の費用負担や政府に今後の葬式費用などを相談しに十二月二十三日に東京へ行った。

法的に、葬送慰霊の問題は村の責任ということがハッキリし、日航の当時の社長（山地社長）より、十億出すからとの言を得、あとは県やお見舞いなどで十三億ぐらいの予算となった。それで「慰霊の園」設立と、以後の慰霊行事挙行の基盤作りを進めていった。さまざまな問題を解決して、やっと立派な納骨堂や墓標も出来るとなってほっとした。事故の翌年、八月に慰霊祭を行ったが、黒服を着て頭を下げていると、日航側の人間と間違えられて、「この野郎！」という感じで睨まれた。しかし村長として真心をこめて式辞を読んだので、遺族もだんだん私のことや村の事情も分かってくれるようになっていった。

今後この上野村にとって、世界に向かって航空機事故を起こさないように訴えるこ

（注20）十二師団とは

陸上自衛隊第十二師団と呼ばれて、二〇〇一年に廃止された師団（軍隊の部隊単位）のひとつで、東部方面隊として司令部を群馬県北群馬郡榛東村の相馬原駐屯地に置いていた。廃止後は第十二旅団として編制されている。一九八五年の日航１２３便墜落事故現場へ十月十三日まで災害派遣。

とが仕事であり、使命だと思っている。それは、原爆を落とされた広島や長崎と同じ立場で、突然の飛行機の墜落事故で燃えた上野村がやらなければならないと、そういう気持ちです、と話された。

実は黒澤元村長は、著書によると人生で何度か死にかけたことがあるとのこと。そのひとつが広島の原爆であったそうだ。

原爆投下の日、広島において陸海合同での防空通信に関する会議が予定されており、艦隊司令部のほうから通信と防衛の参謀が、自分たちの戦隊からも通信と作戦参謀が出席予定であったが、通信会議なので、作戦参謀であった元村長は出席しないでよいことになり、行かなかった。

前日に広島へ行った人たちは、翌朝旅館で朝食中に被爆した。こうして生死を分けることになってしまったのだという。

終戦後、戦闘機乗りとして教育されてきた自分は、理に徹した行動のみで、妥協を知らない。こんな自分が出来ることは何かと考えて、懐かしい山村の故郷、上野村にて農林業をする以外道はないと決断して帰った。シイタケ栽培を手掛けて、乾椎茸の全国品評会にて天白どんこで優勝を手にして、一九五九年に林野庁長官賞をいただいた。

こうやって土地に根ざした生活をしていくと、戦後政治の弊害が見えてくる。しきりに民主化と叫んでいてもそれは名ばかりで、末端社会は相変わらず一部の人間の意で事が動き、因循姑息な人の意識が見え隠れしてくる。そこで村の腐敗を憂い、真なる村の振興を願って立候補し、一九六五年六月十四日に村長に就任、以来十期四十年間にわたって村長として住民中心の行政を行い、二〇〇五年に九十二歳で引退したのである。

就任当初、上野村は、群馬のチベットと呼ばれたりしたが、栄光ある村にしようと決心をして、次の四つの目標を柱に行政を行ってきた。

①健康水準の高い村、②道徳水準の高い村、③知識水準の高い村、④経済水準の高い村、として、「村民相互の協力が原則」と、いつも話をしてきたことが、あの日航機事故において、混乱の中で村が一致団結し、協力して、社会の恩に報いる活動をしてくれたことを村民に感謝しているとおっしゃった。

そんな筋の通った生き方をなさってきた黒澤元村長が、突然声を荒げたのは私が事故当初の上毛新聞をお見せして、その下に「中曽根さんの一日」の記事をちらっと見た時であった。

「墜落現場が分からない、こういう問題に対して日本政府は何も準備していなかった。

大体このような大事故が起きた時は、誰が事故収拾の最高責任者かというと、もちろん総理大臣がトップだ。空から山が燃えているのが見える。そんな状況なら昔の海軍のやり方では、燃えている上空でヘリなり飛行機なりに、何ヘルツの電波を出せと言って出させる、それを東京から測る、前橋から測る、それで二つがぶつかったところの下が地図で燃えているところだ、そういうことを誰かやる者がなかったのか、つくづく感じますよ。今の日本には不測の事態に対応するシステムが欠落している。

あの後、あれよりも小さいが、イギリスで似たような航空機墜落の事故が起きてね。その時、何十人か死んだが、そうしたらサッチャー氏はたちまち、現場に首相として飛んで行ったわけですよ。皆の労をねぎらい、きちんと指示するところを指示した。ところが当時の日本の総理大臣は軽井沢でゴルフをやっている。運輸大臣も何も言わない。

最高責任者として厳粛に礼を尽くすべきだと、可能な限りの行動をすべきだと、自らが先頭に立って、早く助けろ！　ああやれ！こうやれ！　って自分からの指示があるべきでしょ。当然だろう。彼だって一応軍人だった時代があるんだから……こんな近いところにいて、こんなことをやっていて、失礼千万ですよ！」

きりっとした表情で、バッサリと語った。

黒澤元村長は海軍兵学校六十三期の零戦パイロットで海軍少佐であり、中曽根氏は黒澤氏より五歳年下の、海軍主計少佐（終戦時）であったこともあり、主計と戦闘機乗りのことを思い出したのか、当時の首相と墜落地点の一村長というよりも、同じ海軍の軍人だった者として、その気概がどこにあったのか、と思われたのだろう。

今でもイギリスの事故でのサッチャー首相の行動を覚えておられて、比較するところを見ると、相当な思いであったと感じる。

「村長ご自身の本の中でも、墜落現場を発見しよう、そこが墜落場所だと特定する公的意思が働いていなかったと書かれていますが、何か恣意的なものを感じたということでしょうか」

そう質問をすると、突然、ご自身の本で「事故からの教訓」という部分を読み始められた。

そこで強調されたことは、大きな反省として、その対策の最高責任者はそれを自覚するならば、当然のことながらあらゆる手段と情報を的確に集めるべきだ。また当時、その方法と技術を持ちながら、十時間もの間、墜落地点を特定出来なかったとすると、そこには公的な責任感による位置を特定しようとする動きがまったくなかったからだと言わざるを得ない、ということであった。

公的な責任感で墜落地点を特定しようとする動きがなかった――。

公的意思が働いていなかった――。

これが一番の原因である、と断言する。

墜落現場発見について、何かしらの恣意的な意図を感じたということだろう。これは長年村の行政の長として、公的立場にいた人の発言として重要なことである。さらに、上に立つ者はどうあるべきか、常に村民側の立場に立って仕事をしてきた黒澤氏の言葉として重いものがある。

そして遺体となってしまった乗客の方々、ご遺族の方々への深い思いやりを感じる。

そのことについて質問をするとまた、突然ご自身の本を読み始めた。

それは慰霊祭でのご自身の挨拶文であった。

「……顧みて事故の日を想えば、故障発生直後、諸霊が思い悩まれた機内の様子が偲ばれ、墜落後の御巣鷹の尾根の惨状が目に浮かび、最愛の人を失って悲嘆にくれるご遺族の姿に悲涙が流れます……五百二十もの命が断ち難い恩愛の契を事故ゆえに無残に断ち切られた心中を察しては、誰か血涙を禁じえましょうや。

上野村の天地はこの情に沈んで、人も山も川も過去一年を喪に服す心でひたすら諸霊を祭り慰める道を考究して、霊園を建設して参りました。―略―事故は力の限りを尽くして防がなければなりません。この反省、この決意と実行こそ諸霊に捧げる最高の供物と信じます」

朗々としっかりとした声で、元村長としてのあの日を思い出しながら読まれた。

現場での統合の指揮系統が定まらずにいたことについては、あの事故における対処の中核は警察であったが、県警本部長は警察関係者以外には命令して協力させることが出来ずに、大変気の毒に感じた。特に群馬は空港もなければ空路もなく、こうした事故はまったくの想定外であり、自前のヘリひとつ持っていなかったそうだ。

ヘリコプターの使える自衛隊は山の現場への隊員輸送はヘリで行っていたが、群馬の警察、消防、村は道なき道を歩いて山を登り、夜には疲れ切った体で、懐中電灯を頼りに急な沢を下りてくるのだから、ヘリのなかった県警の河村本部長は、本当に大変だったろうなあ、と今でも思っているとのことである。

行政の縦割りや独立した法人などいろいろあるが、災害対策の現場における指揮系統を統一し、その対策を迅速に実行するためにはそうした組織が不可欠だと、今後の対策を強く要望された。

そして、

「日本は指示命令系統が、平素からきちっとしていない。今だってね、民主党に変わったけどね、たとえば、知事や村長は八場《やんば》ダムを四十年も作れ、作れと言って、それで国と約束したけど、それをこうやってねえ。国民を平気でそっちのけにして、自分たちだけ選挙に勝てばいいいんだと」

そういう政治屋はいらない、政治家がほしい、国民の立場を常に考えて政治を行ってほしいという切なる思いが感じられた。

国家を語るうえでは、国民の一人ひとりを思い浮かべながら語るべきである。本物の政治家とは、その決断や判断の根底に人間愛がある。政治屋と呼ばれる偽者は、私利私欲や保身が入り込んだ自己の利益を追求するような判断をするのだ。

大國氏と消防団員だった黒澤武士氏は、しきりにうなずきながら話を聞いている。地元民として、誰もがそう思っていたからであろう。

二時間以上の長いインタビューにお疲れになったことと思うが、まったくそれを見せずしっかりと話をしていただいた。


黒澤丈夫元村長も九十六歳、中曽根康弘元首相も九十一歳、お二人ともまだお元気でいるうちに、もし、あの日の真意を中曽根氏が胸襟を開いて話すことが出来たならば、二十一世紀にふさわしい政治の夜明けを迎えるのではないかと、そんな妄想にかられた。

明日はいよいよ〝御巣鷹の尾根〟に行く。実は御巣鷹山というのは墜落現場に近い別の山であり、本当の墜落現場は名もない尾根であったそうだ。この先、公文書に書くのに困るということで、村長として墜落現場を〝御巣鷹の尾根〟と命名したのである。

上野村に今、自分がいる、そして明日、先輩たちに会いに行く。

ここにたどり着くまで、随分と年月を要したが、きっといい報告が出来ると思いながら、ひんやりとした空気を胸いっぱいに吸い込んで、満天の星空を眺めた。

●先輩の墓標

翌日はさらに一点の曇りもない、天空が透き通るような青空だった。

あまりの晴天に大國氏も消防団の黒澤氏も、これは天が味方をしてくれているようだとおっしゃった。出発に先立って、大國氏は、私たちに事故直後の遺体ファイルを見せてくださった。

あの時の惨状を認識してから登ることの重要性を考えて、供養も兼ねて用意してきて下さったのである。その写真と私の知る先輩方とは、あまりにも隔たりがあったが、心の中で覚悟が出来た。驚くべきことに、大國氏は五百二十名すべての人たちの遺体状況を頭の中に把握されていた。そしてこうおっしゃった。

「亡くなった皆さんのことは今でも、ほとんど覚えていますよ。そして登るたびに、ああこうだったね、ああだったね、痛かったね、つらかったね、と墓標に語りかけていますよ」

やはり、この先生の気持ちが天に通じたのである。

さっそく、元消防団の黒澤氏の車で御巣鷹の尾根を目指した。

紅葉に覆われた山々の急斜面を見上げるような道路を走っていくと、突然次々と整備された立派なトンネルが現れた。昨日もそうだったが、この地方の道路が格段に素晴らしい。

「それはねえ、上野村に神流川発電所が出来たからなんですよ」

そう言って、説明をしてくれた。

ここにはなんと、世界最大容量の高落差を利用した揚水式発電所があるのだ。東京電力が発注して鹿島建設が作ったそうだが、一九九三年七月に構想が出来て、あっという間に着工され、二〇〇五年十二月二十二日に一号機が運転開始となった。そう話しているうちに、突然山の間から、恐ろしいほどの大きな発電所が出現した。これは長野県側の南相木村、南相木ダムから、群馬県の上野村、上野ダムまで山の奥深く地下を掘って、御巣鷹の尾根のちょうど真下を通過して、両県の高低差を利用したダムなのだそうである。見学も出来るとのことだが、これほどの巨大なもので、それも御巣鷹山の下を通っているとは知らなかった。

このおかげで両村は地方交付税交付金が不交付となったとか、いずれにしても御巣鷹山までの道のりが、この道路が整備されたおかげで短縮されてかなり楽になったのである。

もしや事故後、迷惑をかけたという意味で上野村と第一現場とされた長野側に恩恵をもたらす意味で、突然ふってわいたように計画して作ったのかと思ってしまう。

この巨大ダム発電所によって、僻地の寒村ではなくなり金銭面でも潤い、また御巣鷹の尾根までの道路整備と一石二鳥となる。ましてやなぜか墜落現場の真下を通っているのだ。

鹿島建設と東京電力なので国家プロジェクトではないが、あまりの巨大な設備にそう思わざるを得なかった。

事故当初、山への登山口は、戦中戦後の営林局がトロッコで木材を搬出したというレール跡の廃道を頼りに歩くしかなかったが、めったに人の入らない急斜面の上り下りの連続で、約四キロの道なき道を行き、登山口から墜落現場までは実に片道五時間から六時間かかったそうだ。今では道路が整備されて途中まで車で行き、尾根までは三十分もかからずに行ける。

山の入口までくると、「すげの沢のささやき」と、ひらがなで書かれた、やさしい字体の標識が立っている。山から沢づたいに流れ落ちる川の水音が心地よい。駐車場に車を止めると、御巣鷹の尾根管理人の黒沢完一氏が出迎えてくれた。この方も黒沢姓である。

　すると、次々と大型観光バスがやってきた。ここで観光？　と驚くと、管理人の黒沢氏は、

「実は今から警察学校の生徒さんたちが来るんですよ。それから日航の新入社員の人たちも午後に来ます。先週も来たしね、なんだかね、今月は特に多いんです」と、教えてくれた。

　二〇〇五年の業務改善命令が出て以来、ＪＡＬグループの新入社員が半年後に研修の一環として、ここに来るようになったようだ。

　それにしても、まさか今日という日に次々と大型バスが到着するとは思わなかった。警察学校の男子生徒たちはまだ幼さが残る顔で、この山に来ることを何か恐れているような感じに見て取れたが、この場でしか伝わらないものを学びに来たのだろう。ただあっという間に、先生の引率でさっさと登って帰ってしまった。

　まず、私は周りを見回して、胸いっぱい澄んだ空気を吸い込んだ。これがあの山なのだ。

安全祈山と書かれた入口には、自然木で作った杖がたくさん置いてある。これは地元の小学校や老人会などボランティアの人たちが作ってくれたとのことだ。何気なくその一本を取り出すと、そこにはかわいらしい文字でメッセージが書いてあった。

〝ぼくはこの事故を知った時、ぼくは胸が苦しくなりました。二度とこのような事故がおきないように願っています。藤岡市立美九里東小学校　六年……〟

名前の部分がちょうど地面に突くところで擦れてしまい、土埃で消えている。

またもう一本を抜いて見ると、

〝あなたたちはまだ一生が終わったわけじゃない　残りの一生を大切に生きよう　それが事故で亡くなった人々の一番の幸福だと思います……〟

というように、丁寧なしっかりとした字で、全部の杖にさまざまなメッセージが書いてあった。

小学生たちや村民の方々が一生懸命作って書いてくれたのだと思うと、杖をつくたびに、足元が明るく照らされるような気がしてきた。

登山道の入口は標高一、三五九メートル、現在地から昇魂之碑まで八〇〇メートルである。

管理人さんの案内で沢の脇道を一歩、一歩、落ち葉を踏みしめながらゆっくりと登る。

水の音色が心地よく、木漏れ日がキラキラと周りの風景を輝かせる。

先輩、お久しぶりですね！

森林が語りかけてくる。清流がおしゃべりをしている。

なんだかパワーが湧いて出てきた気がした。

大國氏はゆっくりと登りながら道の途中に用意してある椅子に腰をかけた。

「ここはねえ、あの『沈まぬ太陽』を書いた山崎豊子さんを案内した時に、担当の編集者が、山崎先生、もうこれ以上やめましょう、陽が落ちて時間が心配です。無理はしないようにしましょうと言って、無理やり登るのを止めたところなんだよ」

と言いながら、その時のエピソードを話してくれた。

「山崎さんは登ってきかなかったけどね。でも仕方がないから、『それではこの岩の上に、私が書きあげた五冊の本を置いて、山の霊に報告をしましょう』そう言って、みんなで合掌をした場所ですよ」

その時いろいろなおしゃべりをしたそうだが、山崎豊子氏は、

「大國先生、私ね、年とる方が頭良くなるんよ、だってそうでしょう。知識は増えるし、経験は重ねるし、年とるとドンドン、ドンドン頭良くなっていくんよ」

と語ったそうである。

それを聞いて大國氏は、

「山崎さんはね、やっぱりただものではないと思ったよ。ありゃあ、怪物だよ！」

と、にこやかに笑いながら楽しそうにおっしゃった。大國氏は七十六歳、山崎氏は八十五歳で、共に年齢を感じさせないほど頭脳明晰でお元気である。お二人の話は、なんだか掛け合い漫才のようで楽しかったのであろう。ぜひ後ろに隠れて聞いてみたかった。

山の霊に本を捧げる……なんと素敵な言葉だろう。

思えば映画化も本も、日本航空を連想させるとして、イメージダウンを恐れて、会社側から弁護士を通じて抗議文などが出されたということを聞いた。

広報にも経営企画にも同期入社の者や、後輩たちもいるが、個人個人を見てみると、そんな抗議をする人物には思えない。

むしろ、結果として惨澹たる経営だったのだから、それを全部否定することなど出来ないではないか。臭いものに蓋をすればするほど、現場で真実を知る人間たちの心は空しく、会社から離れていくだろう。

それよりも、まず真っ白な雲のような気持ちに戻って、青空に一直線に描く飛行機雲のように潔く、本気で生まれ変わり、本当の意味でゼロからスタートすべきではないか。

沢づたいに登って行くと、突然、空が開けて平坦な小さい広場のようなところに出た。ここが臨時ヘリポートを作った場所だ。筏のように木を組み、ヘリの回転翼がぶつからないように木を切り出し、自衛隊員の徹夜作業によって十四日早朝に完成したのである。

振り返ると、真っ赤に染まったドウダンツツジに囲まれた昇魂之碑があった。事故後は丸坊主となってしまった山肌に上野村の人々が少しずつ植林をしたとのことで、今ここにある木々は二十四年かけて大きく成長したことになる。

「昇魂之碑　黒澤丈夫」と、昨日お会いした元村長による凜とした字で書かれており、この場所は標高一、五三九メートルの地点となる。

ぐるりと見渡すと、ぽっこりした山の頭が重なり合って下の方に見え、雲のない青空が手に取るように降りてきている。ここが山頂というわけではないが、見晴らしのよい広々とした場所である。さらに続く長野県側の山が高くそびえ立つ。群馬の山より長野の山のほうが高いのだ。

あの時、夜通し長野側から歩いてきた消防団の人の中に、自分の従兄がいたという管理人さんは、彼からこう聞いたという。

「せっかくすぐそこまで歩いてきたけどねえ、こっからはもう群馬側の山だから、お疲れさん、帰っていいと、戻されたんだって。なんだかねえ、もう少しでこっちまで来られるのにねえ、って」

なんと、せっかく墜落現場の目の前まで来て、炎も見えていただろうに帰れとは。管轄が異なるとはいえ、きっと残念だっただろう。

消防団員だった黒澤氏も、機動隊の車で山の入口まで連れて来てもらって、後は自分たちだけで、手探り状態で山道を歩いたそうである。昨日の話の続きをしてくれた。

「結局ねえ、誰が指揮してるか分かんないから。テレビ局の人の機械を手伝って持ってやったりしてね。ただねえ、おれたちが来た時は、もう山を下りてきた人がいたんだよ」

え？　すでに山に登って下りてきた人？「野次馬ですか？　服装は？」と聞くと、

「消防団にも入っていない人だねえ、一般の人かねえ。足の支度は山を歩ける程度だよね。普通の山に行く格好だね。四十歳過ぎぐらいかなあ。誰か分かんない、上野村の人かどうかも分かんない。事故当日は規制もなかったからね、誰でも入れたんだよ」

この惨事の場面に出くわした単なる一般人の登山者だったのか。何を見て、何を聞いたというのか。地面には財布もお金もたくさん転がっていたというが、まさか火事場泥棒でもあるまい。この惨事にもかかわらず、一言も声を出さずに下りて行ったという。

黒澤さんたち消防団員は、北の沢側から登って来たために、偶然斜面を滑落した飛行機の最後尾に乗っていた生存者を発見して、この足場の悪いところをにわか作りの担架で運んだのだ。

「最初はねえ、生存者はいないだろうってことで来たからね、今思えば、担架を持ってきて、ヘリで空から落としたってよかったのにねえ、そういうことが全然出来ていなかった。だから吉崎さんの奥さんも、けっこう周りにいた人たちと話をしたって言ってたもんね。もっと救助が早ければ……今二十四年経ってみて、落ち度があったっていえばそういう点が欠けていたよね」

そして、やっとの思いで担架に乗せた四名を運び出して、このヘリポート跡地に置いたのだ。

「それがねえ、また対応がのろいんだよ。せっかく、生きていたって必死に運んだのにね。ヘリが来て、連れて行くまでが長かった。まだ来ないいんか、って対応が遅かったよね。

おれなんか、見つけて責任持って運んで来たんだけど、いつになってもヘリが来ない、これじゃあ、死んじゃうべーって、イライラしていた。気が気じゃなかったよね。結局、朝九時過ぎに見つけてねえ、運ばれたのがさあ、お昼すぎになっちゃった」

これがあの最も印象に残る、自衛隊員がロープで引き揚げていった場面につながる。

「担架で運んだのは地元民の消防団だけでね。自衛隊は生存者のところには来てなかったもん。だからよく、ニュースで、自衛隊の人がアップで映るよね、あれってその時全然分かんなくて、あとからテレビ見て、へえって思ったよ」

現場ではこのような状況だったのだ。ただその時の混乱で、誰が誰やら分からないかもしれないが、少なくとも地元消防団員が上野村というハッピを着て、必死に生存者を担ぎ出した写真に写っていた。

さて御巣鷹の尾根では、大國氏が杖を使って当時の遺体状況と飛行機の墜落した位置関係を教えてくれた。

事故機の右翼が、標高一、五三〇メートルの稜線に一本そびえていた、樹齢およそ二百年の通称「一本唐松」の大木を、地上から約十三メートル五十センチの部分で切断した。

その後、第四エンジンを接触させて樹木をなぎ倒して地表をえぐっている。

さらに、標高一、六一〇メートルの尾根にある樹木や地表をU字状態にえぐって、なぎ倒した。U字溝と呼ばれる現場は、今立っている昇魂之碑がある場所よりも、南東に約五百七十メートルも向こう側の山となる。

「U字溝ってあんなに山の向こうなのですか？　私はすっかり勘違いしていました」

と、私は大國氏に言った。

そこだけえぐれていたために、二十年経っても木々が少しへこんでいる。その場所に植林をしたそうだが、新しい木の伸びる速度が速くて、間もなくU字溝跡は見えなくなるとのことだった。

そして昇魂之碑のある場所から少し上にある場所が最後に激突大破した所だ。

大きな岩肌に×と書いてあるが、ここを基準としている。このあたりの遺体が、一番損傷が激しく、火災で炭化した遺体が多かった（図2参照）。多分機体が縦に突き刺さったような状態となり、でんぐりがえって向こう側に落ちたために、遺体も散らばって飛び出した状況だったと語る。周囲の木は焦げても、芯まで焼けていないが、この辺りの遺体は骨の芯まで炭化していたという。

「それからこの辺りは、歯の骨まで真っ黒で、炭化状態になってしまった。通常の火災現場の遺体と異なって、なんか二度焼かれたぐらいひどい状態だったよ。ちょっとさわると、ポロポロと崩れそうだった。ジェット燃料のケロシンって、そんなに燃えるのかね」

そのように当時を思い起こして真剣なまなざしで語る大國氏の言葉を受けて私はこう答えた。

「ジェット燃料はJET－A／40という灯油の部類でケロシンと言いますが、マイナ

図2

スゲの沢 第三支流
（生存者が発見された場所）
N
北斜面
北西斜面
点線内は炎上箇所
岩
右主翼破片
左主翼の一部
南斜面
ヘリポート
A
B
C
D
E
H

・は遺体

ス五十度の上空でも凍ってしまわないように、灯油よりも純度が高くて水分の少ないものです。基本は灯油です。両方の主翼内の区切られたタンクに入っていますが、事故機の胴体部分には入っていませんでした。翼が激突で壊れた時、燃料が飛び散ったとしても、この高い木々の上を、たとえばフランス料理のフランベのように炎がたちあがって燃えて爆発するイメージですね。さらに夏山でもありますし、当時の墜落直後の写真を見ても、木の幹は茶色に焦げた程度ですよね。

木々の葉っぱが黒くなっていても、幹は炭化していませんし、こげ茶のままです。さらにケロシンは灯油よりも燃焼性がよいので、炭素分子の『すす』の発生量が少ない、つまり黒くならないのです」

「ええ？　ジェット燃料って灯油程度？　それでは家の火事ぐらいだなあ。私は群馬県警察医として千体ほど焼死体を見てきたが、それでも歯は『すす』で黒くても、裏側や一部は白いままだし、骨もそこまで燃えていない。

なのに、あの事故の時は骨の奥まで炭化するほど燃えていた。まるでガソリンを頭からたくさん被って亡くなった方のような状態だったよ。それを検視担当の先生は二度焼きしたような状況だと表現している」

二度？　両翼はそれぞれ機体からもがれて、乗客の席とは分離して右と左の沢に落ちている。そこから燃料が飛び散り、二度爆発があったとしても、それは木々を焦がしているが、幹の中までは燃えていない。なぜか地上に落ちた遺体の広範囲にわたって黒々と骨の芯まで燃えているというのだ。

なぜだろうか。ジェット燃料でもガソリンでも、炭焼き釜でも、すべて圧力のかかった限られた狭い範囲（燃焼室）において、爆発的に燃えて高温になるが、この山の尾根にばらまかれた燃料は、圧力がかかった状態でもなく、狭い範囲でもなく、広範囲の山の木々に散らばり、広い空間に放出されたのである。

尾根を伝って流れ落ちることや、夏山の青々としたみずみずしい草木や、大気の中に放出されたケロシンは、ガス化しやすく、「すす」も出にくい成分だが、霧状に噴霧された時、土や草木の上にある遺体が骨の芯まで黒く炭化するのだろうか。科学的にも考えにくい。

唯一、火災の難を逃れた生存者が発見された場所であるスゲノ沢付近の遺体は、まったく異なる方向に後方の機体（Eコンパートメント）が分離して、この沢の下までかなりの距離を滑落した。尾根の頂点から見えないほど、急な斜面をかなり下まで滑り落ちたため、×岩付近から随分と見えない場所に落ちている。

それ以外は、主翼の燃料タンクから遠いところに投げ出された遺体も、尾根の頂上付近で激突したところも、遺体が集中した場所が特に黒焦げ炭化状態であったという。

夏の軽い服にジェット燃料が付着したとしても、生身の体が骨の芯まで炭化する前にガス化してしまう。そびえ立つ木々の幹や土はそこまで燃えていないのだから。

大國氏によると、ある炭の固まりのようになった遺体は、固く抱き合った新婚夫婦のものだったという。そのままの状態で炭化したために、耳の穴が三つ確認できるが、二体を分けようとしても、ちょっとさわると炭がポロっと崩れるようになってしまうために、身元を割り出すのに大変ご苦労をされたとのことであった。

大國氏のように、自分の命さえも投げ出して献身的に身元確認作業をした人々は、骨の奥まで、五百二十名もの故人を想い、遺族を想い、その方々の無念を皮膚感覚で感じ取ったのであった。

さらに、その時の惨状を黒澤氏はこう語ってくれた。

「生存者を見つけた日が十三日だったから、あれが一番だね。うれしかったよ。

その後は、何日かしてから、手伝ったんだけど、一メートル間隔でナイロン袋を持たされて、肉片とか拾ったけど、ウジが湧いて……ハラワタも木にひっかかっていて、とにかくものすごい臭いだったよ。椅子に座った状態でさあ、胴体がベルトで切れてしまって……。

それで家に帰ってね、焼肉出されたけど、気持ち悪くて食えなかった……噛んでいるだけでグッと飲み込めないんだよ。腹は減ってるけど、本当につらかったよ、何も飲み込めないんだから」

消防団員として火事も経験していたそうだが、あれほどの炭化した遺体は見たことがないということであった。

大國氏も身元確認作業で、頭部がめり込んでしまった遺体に自分の手で歯の部分を引き出して、必死に確認したと語る。お二人はまさにあの時、仕事としての責務を超えた状況の中で自分の命さえもなげうって必死に作業をしたのである。

青く澄んだ上空をスイスイと鳥が飛んでゆく。

あの日の空にも、たくさんの鳥たちがねぐらへ帰るのを急いで飛んでいただろう。

この山々は一九六三年に地元営林署が行った唐松の植林以降は、猟友会の会員ぐらいしか立ち入ったことのない山であった。

所々に黒い木があったので、まさか当時の？　と驚いて管理人さんに聞くと、

「いいや、最近来られる人は誤解するんだけどね、数年前にお線香の火が原因で少し焼けたんですよ。だから慰霊登山の人たちが全部帰ったあとに、一応私が見回ってね、お線香の火を消して。だからこれは違いますよ」

という答えが返ってきた。

「昇魂之碑　黒澤丈夫書」

昨日お会いしたお顔が浮かぶ。これは天から与えられた使命として黒澤元村長も精一杯、行政の長として心を尽くされたことだろう。

その昇魂之碑に、私はまず先輩たちと一緒に写った写真を置いてお線香をあげた。

そして客室乗務員たちが作成した追悼文集、「悼歌」を捧げて、一人ひとりの写真と亡くなった客室乗務員たちを偲んで書いた文章を読み上げた。

制服姿の先輩たち、後輩たちの写真を見ながら声を出して語りかけた。

事故発生から三十分ほどのあの時、この地に激突するまでに、どれほどまでの恐怖と闘いながら、目の前に起きた事故を冷静に見つめて、乗客一人ひとりと向き合い、大丈夫ですよと声をかけて、激しく揺れる機内を歩いていたのだろう。

赤ちゃんをいたわり、気持ちを落ち着けるようなアナウンスをした前山先輩は、どれほどまでの執念で、あのアナウンスをしたのだろう。

墜落の直前まで、機体の立て直しに必死だったコックピットの乗務員たちは、どれほどまでに全身全霊を注ぎ込み、必死に、かつ冷静に、まったく意のままに動かない機体を操縦していたのだろう。

そして、偶然運命を共にした乗客たちは、落ち行く飛行機の中で、どれほどまでの悲痛な思いで、自分の宿命を受け入れていったのだろう。

澄んだ青空を見上げると、涙が次々と流れてきて、頬を伝った。なんということか……ここがその人たちの眠る山なのだ。

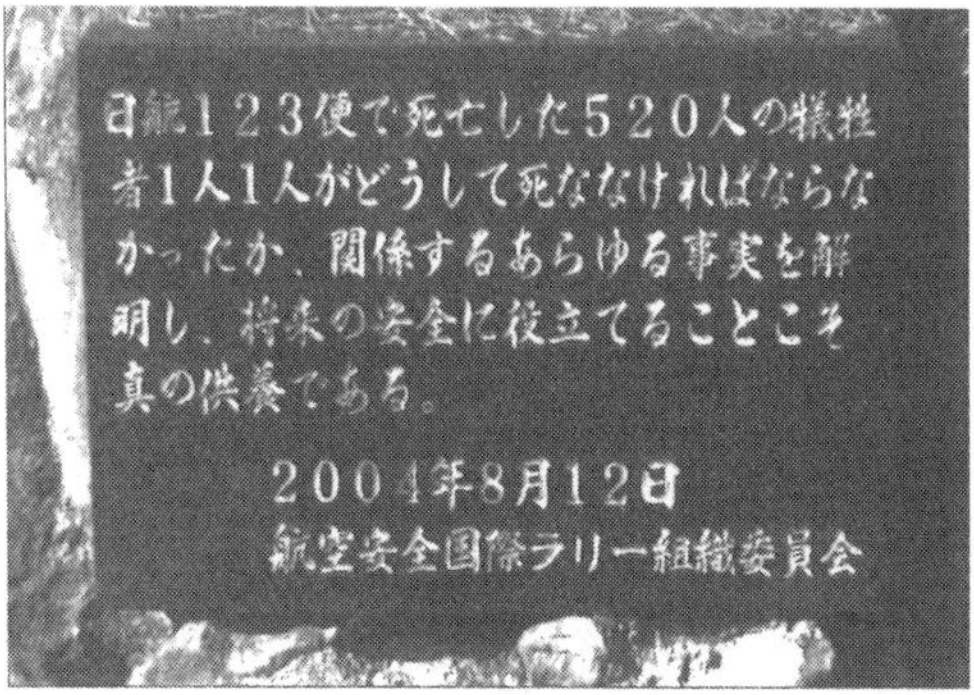
日航１２３便で死亡した５２０人の犠牲
者1人1人がどうして死ななければならな
かったか、関係するあらゆる事実を解
明し、将来の安全に役立てることこそ
真の供養である。
２００4年8月1２日
航空安全国際ラリー組織委員会

ゆっくりと顔を上げて青い空を見渡した。清々しい空から鳥たちのさえずりが聞こえてきた。

燃えるようなドウダンツツジの赤い葉がそよそよと揺れる。ふと目を落とすと、もっと上に何か石碑がある。この先の岩山に飛行機の先端が突っ込み、大破した場所ということなので、さらに急な道を登った。すると、石垣を積んだ上に三名の小さな胸像と鎮魂の鐘が置いてあるのが見えた。そして、その石垣の中にはめ込まれた縦横四十センチから三十センチほどの黒い石のプレートの文字が目に入った。

〝日航123便で死亡した520人の犠牲者1人1人がどうして死ななければならなかったか、関係するあらゆる事実を解明し、将来の安全に役立てることこそ真の供養である。
2004年　8月12日　航空安全国際ラリー組織委員会〟

どうして死ななければならなかったか……。

関係するあらゆる事実を解明し……。

これは二〇〇四年とあるが、事故原因が決定して時効になってから建てられたことになる。ということは、まだ解明していない何かがあり、それが終わらない限り真の供養とならないというメッセージなのだろうか。

「航空安全国際ラリー組織委員会」

そういえば登山道入口で「すげの沢のささやき」横に御影石の大きな石碑が建っていたのを思い出した。そこにはジム・バーネットさんという方が書いた、ポエムのようなこの山で感じた思いをつづった文が日本語と英語で書かれていた。

ジム・バーネット氏は、一九八五年の墜落事故当時にNTSB（米国国家運輸安全委員会）の委員長であり、そこから四名の調査官を日本へ派遣した。そして日本の運輸省、航空事故調査委員会報告書原案をこの人がチェックし、了承したことによって調査報告書が発行されたのだ。彼はその後一九九一年第三回目の航空安全国際ラリーに参加して、八月三日に御巣鷹の尾根へ慰霊登山をしている。おそらく退職されて来たのだろう。

〝私は霊感をこの山で受けた……水の流れが私達に語りかけた……〟

そう書かれた碑文は、その来日の時に東京学士会館にて国際シンポジウムで講演した時の言葉とのことだ。入口の石碑は〝一九九四年八月　発起人　日航123便遭難者遺族有志　航空安全国際ラリー組織委員会〟となっていた。

それと同じ航空安全国際ラリー組織委員会の人たちが二〇〇四年にこの碑を作ったのである。あまり目につかない場所にそれがあったが、意味深い思いで眺めた。

また黒澤丈夫氏の書で遭難者遺品埋設の場所がその下にあり、ちょうどこの周辺が一番炭化した遺体や離断遺体が多かったと、大國氏が説明してくださった。

管理人さんが、枯れ葉に覆われた黒御影石の碑を丁寧に拭いて掃除をしていた。

地面に斜めに作られたその碑には、

〝1985年　8月12日　18時56分26秒　羽田発大阪行
日本航空123便　JA8119号機　ここに墜落
524名搭乗　乗客505名死亡　乗員15名死亡　4名生存〟

と刻まれている。これは一九八八年に遺族が建立したものである。

ほかにも、大きなゴツゴツした灰色のXと書かれた岩があって、その下に警視庁派遺部隊による碑、当時の機体回収運搬作業総監督による碑、近くには遺族による御巣鷹山茜観音が建っている。

「機長さんたちの墓標はね、一番上のもうひとつ高い所にあるんですよ」

と、管理人さんはその先のさらに急斜面を登って案内してくれた。

あのコックピットといわれる、計器に覆われた小さな操縦室がそこに激突したのだ。高浜機長、佐々木副操縦士、福田航空機関士の墓標が急斜面の岩の前に並んで建っていた。

あれ？　ゴルフボールが三つ並んで置いてある。

「ちょうど三日前に佐々木さんと福田さんのお子さんとお孫さんが来たからね、その時置いて行ったと思いますよ。お孫さんに会って、きっと楽しかったと思いますよ」

と、墓標の周りをきれいに掃除しながら、管理人さんは話してくれた。

コックピットクルーの人たちはゴルフ好きが多い。ついこの間まで全日本実業団ゴルフ大会で、ＪＡＬは常に上位入賞で実力派が多かった。きっとあの空の向こうで、三人で雲の上にボールを転がし、カーンと三〇〇ヤードぐらい飛ばしているだろう。もしかすると、あの飛行機雲はキャプテンが飛ばしたボールの軌跡かもしれない。楽しくプレーしていることだろう。

私は東京から持参したノートを高浜機長の墓標の前に置いた。実はこのノートには、

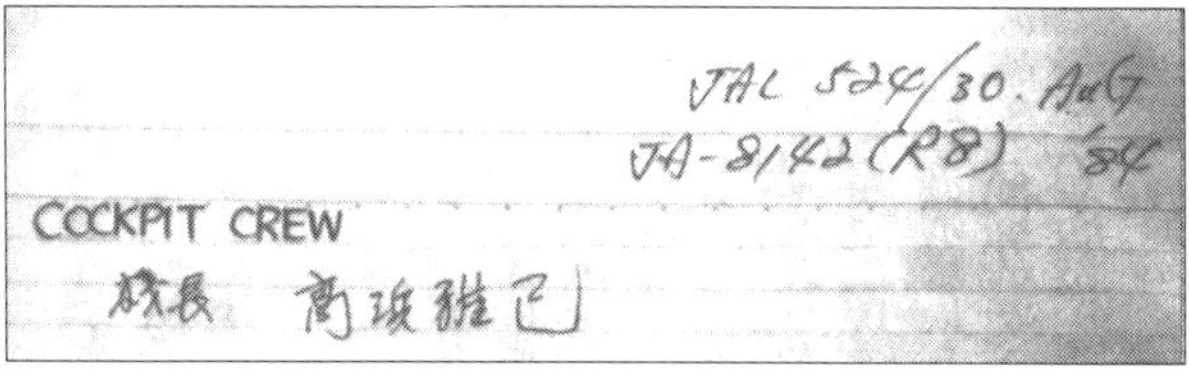

高浜機長直筆のサインが書かれているのだ。

私の職場の同僚だったS氏の弟さんが航空ファンで、一九七九年からずっと飛行機に乗るたびに、客室乗務員全員と運航乗務員からサインをもらって保存していたオリジナルのフライトログブックのなかに、なんと高浜機長のサインを見つけたのである。

それは一九八四年八月三十日ＪＡＬ５２４便のページであった。事故に遭うほぼ一年前となる。専門用語で書かれたノートの次のページに、この便に乗っていた乗務員のサインがあり、その機長の欄に、「高浜雅己」とサインがある。

高浜機長もまさかこの上野村で自分の書いたサインと対面するとは思ってもいなかっただろう。

S氏は兄弟で航空ファンだったが、たくさんの飛行機に乗ったとはいえ、運航本数と乗務員のスケジュールから考えると、このサインを私がここに持参することは奇跡に近いことである。それにしても偶然の出会いとは本当に不思議なものだ。

残念ながらこのノートの持ち主であった弟さんは数年前にガン

で他界してしまった。その遺品を整理していたS氏がこのノートを私に見せてくれたのである。

S氏は、紺色と赤がきれいに入った機体と、尾翼の鶴のマークのあの時代が一番日本航空らしく輝いていた全盛期であり、心底憧れて乗っていたと語る。

きっと弟さんはあの空の上で、高浜機長と航空談議に花を咲かせていることだろう。

沢づたいの斜面一面に自然木で作った墓標が立ち並ぶ。

一つひとつ丁寧に拝みながら、私は先輩方の名前を探して歩いた。五十センチぐらいから一メートルほどの高さに雨除けの傘を被った幅三十センチぐらいの縦長の木製の墓標は、当初日航社員のボランティアが、この周辺の伐採木を使って製作していた。下の部分が雨や雪で朽ちるごとに管理人さんたちが取り換えているそうである。それ以外の石で出来た墓標は、それぞれの遺族が建てたものだ。

オモチャの車や人形、七夕様のような華やかな飾り、阪神タイガースの旗、八名も名前が一緒に並ぶところ、CDケースに入った音楽、お地蔵様。

沢近くの小屋にも、結婚式の写真、夫婦仲良く旅行に行った時の写真、赤ちゃんの写真、思い出の品々。和やかで、楽しそうな写真はまだ今でも生きているようである。

乗客の人たちの間、間にスチュワーデスたちの墓標がある。

村木千代――。先輩お元気でしたか。
隣で大國氏が、このスチュワーデスさんは二階席担当だったよね、と言いながらお線香をあげている。「大國先生、この先輩は栗原小巻似の美人でしたよ」「そうだったねえ」と先生も墓標に語りかけている。
お水よりも温泉水を持ってきた方が良かったですね。今度草津の湯でも持ってきます。
江川三枝――。もしかすると、この辺の枝を撥《ばち》代わりにしてタカタン、タンタカ、と太鼓をたたいていませんか。なんだか遠くから聞こえてきますね。浅草の三社祭りに参加出来るようにいつも練習しているのですね。
黒岩利代子――。あの時の息子さんはもう二十七歳ですか。本当にあっという間に大人になってしまいましたね。もしかして、お嫁さんを連れて来ていませんか？　先輩がお姑さんなら、ちょっと怖いかも……あ、すみません。しゃべり過ぎました。
二之宮良子――。旅のガイドブックを持って来るのを忘れました。東北の温泉巡りの本を忘れずに持ってきますね。今度どの国へ飛ぶ予定ですか。　先輩は美貌というよりも、体力勝負の三〇〇期代表っていう感じでしたね！

と墓標に向かって話をしたとたんに、足元をすくわれて斜面から落ちそうになってしまったのは、本当の話である。私のズボンの裾が小枝に引っ掛かり、小さな穴が開いた。

あれ、いくら探しても富士野美香さんと前山由梨子さんの墓標がない。くまなく上から順番に降りてきたのだが、どこかで見失ったのだろうか。

墓標とは別に、地中に刺さっている細長い鉄パイプがたくさんあって、その先に薄い金属片が紙状に下がっており、番号がふってある。雪、雨、風、腐食にも耐える棒である。

これは何かと管理人さんに聞くと、その棒は座席や持ち物があった場所を特定するもので、もし墓標がなくても誰の手がかりがどのあたりにあったのかが分かるようになっているという。ただその番号と地図は日航側が把握しているため、管理人さんとしても、すぐに誰が何番で、どこの場所だったのかは分からないということであった。

遺族がもういない方もいるし、墓標はいらない、という方もいるとのことだった。

富士野さんも前山さんも、遺族の方が墓標はいらないとおっしゃったのだろうか。残念ながら、私が一番お会いしたかった二人にはいくら探しても会えなかった。


午後になって、次々と若者たちが沢に下りてきた。うつむき加減でゆっくり下りてくる。引率の方と管理人さんが話をしている。聞くと、今年JALで本社採用されたパイロットと地上職の新入社員であった。太陽もだんだん傾き始めて山の空気は冷たくなってきたが、彼らはバスからちょっと降りて見学というくらいの軽装である。襟元も開いて手袋もなく、寒くないのだろうか。そう思いながら、話しかけてみた。

「皆さん、今年入社ですか。なんと、こんな大変な時期に、頑張ってね」

「はい、頑張ります」と素直な返事が返ってきた。

私の先輩たちが眠っている山なのですよ、そう話すと真剣なまなざしで私を見た。もっといろいろと話をしたかったが、今日中に東京へ帰るようで、一人ひとりが私の前を、頭を下げてお辞儀をしながら通り過ぎてゆく。礼儀正しいその姿に、ふと、自分が新入社員だった時のあの日がよみがえってきた。初フライトのあの日が……。

管理人さんの作業小屋に戻って、遅いお昼をいただいた。本当は下山して食べる予定だったのだが、墓標をひとつずつ拝んでいたためにすっかり午後二時近くになってしまったのだ。

カップヌードルしかないけど、と言って管理人さんがお湯を沸かしてくれた。

三分間待っている間、小屋の中を見渡すと、ＪＡＬの紙コップや飴など、機内用備品が目に入る。管理人さんは、

「これはねえ、たくさん送ってきてくれるのですよ」と言った。

「だからＪＡＬは大赤字になるのだね。連日新聞に載っているものね」

と大國氏が答えた。

「リーマンショックで突然赤字になったのではなくて、もっと以前から赤字だったのですから。タスクフォースの人たちが過去にさかのぼっていつから債務超過に陥っていたのか調べればすぐ分かることとです。今回それでも、すべてが明らかになって良かったと思います。いつまでも政府の資金をこっそり投入してもらって、生き伸びていくわけにはいきません。すべては国民の皆さんの税金ですから」

と、私も答えた。前原国土交通大臣直属のタスクフォースが実質的債務超過状態と発表した後で、つなぎ融資を二千億円出資する記事が十月二十三日に出たばかりであった。

「でも絶対にＪＡＬは倒産しないでしょう」

「まあ国が助けてくれて大丈夫でしょう」

そんな会話を皆さんがしていたので、つい私は大きな声でこう言った。

「その気持ちがJALの社員にも同じようにあるから、今の大赤字が生まれたのです。一度きっちり現状を把握しないと、本当にずるずるこのままでは世の中に多大な迷惑をかけ続けると思います。それに税金をいくら注いでも、若い人たちが一生安いお給料で我慢するなんて、根本的な改善にはなりません。なんたって、今の新人スチュワーデスは時給千円ほどですし」

そう話した時、一同全員が目をむいた。

まさか、そんな、スチュワーデスが時給千円？　そんな低いの？　高給取りじゃないの？　という驚きの表情である。

「訓練中は九百三十円ぐらいじゃないですか」

「なんとまあ、そんな時代になったんだねえ、驚いたなあ」

「航空運賃が本当に安くなりましたから。ニューヨークまで激安で今往復一万円ほどの値段がついているのですよ。これじゃ仙台までの新幹線代レベルですよ。それにお酒飲み放題、ご飯付きとは、赤字も当たり前でしょうね」

「え！　昔何十万もした席が、一万円ってこと？　こりゃたまげた」

「だから収益が減っているのに、いつまでも高給取りっていうわけにいかないのか。

なるほど」

「今でも昔のような給料を取っているのが私の時代の正社員なのです」

「それじゃあ不公平だなあ」

などと言いながら、みんなで熱いカップラーメンをすすった。それにしても、カップラーメンがこれほどまでに美味しいとは思わなかった。

思わず、わあ！　体に浸みる！　そう言って心底美味しく頂いた。

さらに管理人さんの奥様お手製の漬物や、黒沢さんの奥様が漬けたうめぼしも、この空気と相まって美味しさを増した。


そろそろ、夕暮れ時になる前に慰霊の園まで行かなければならない。

小屋を出る寸前に、リュックサックを取ろうとして私はまったく無意識のまま、何気なく自分が座っていた脇に置いてあった材木の上に手をかけた。その木片は五十センチほどあったのだが、なぜかそれをひっくり返した。どうしてそうしたか覚えていない。

でも次の瞬間、小屋中に響き渡る声で叫んだ。

「うわあ！　これは！　前山先輩！」

そう、それは前山先輩の墓標だったのだ。私の声に驚いて皆が振り向く。

「ここにあった！　ここに！」

散々探したが見つからなかった墓標。

「そんなところにあったのかねえ？

木の下の部分が朽ちていたからメンテナンスに出す予定だったものだね」

と台所からゴミ処理をしていた管理人さんが首を出して言った。

それにしても、ここにあったとは！

私たちの話に参加して、ＪＡＬの現状をしっかり一緒に聞いていたのだ。

「良かったねえ、良かったねえ、最後にこんなことってあるんだねえ」

大國氏は心から喜んでくれている。消防団の黒澤氏もびっくり仰天している。

「いやいや、まいった、まいった、これはすごいことだねえ」

とにかく先輩と一緒に写真を撮らなければと、その下半分が朽ちた墓標を手にした私は、小屋の外に出て、その辺の木の幹に立てかけて写真を撮った。

最後にそれを管理人さんに手渡して、「メンテナンスが終わったら遺体のあった場所に戻して後で写真（注21）を送ります」と言われ、前山先輩の墓標に見送られて管理

（注21）写真
この写真は『日航１２３便 墜落の新事実――目撃証言から真相に迫る』（河出文庫）の一七一頁に掲載した。

小屋を後にしたのである。

こんな形で前山先輩に会うとは思ってもいなかった。あの先輩らしい、お茶目なところが出たのだ。私の横にそっと座り、後輩たちは今どういうことになっているのか、あの頃とはまったく違う会社の状態を聞いていたのだ。

御巣鷹の尾根から車で麓まで下りて、村の中央に戻った。登山口からここまでは二十キロメートルほどで三、四十分ぐらいであった。

慰霊の園はちょうど夕暮れ前の薄紅色の空を突きあげるようにそびえたっていた。ここは、山の上にある御巣鷹の尾根を墓所とすると、積もる雪や天気の荒れ模様で年々高齢化する遺族の方々が参加しにくくなるのではないかと、黒澤元村長の深い配慮によって、村の中央の土地を工面して建てたものである。上野村の方々の思いやりが感じられる、花の溢れる場所であった。命日には上野村小学校、中学校の生徒さんが育てたマリーゴールドの可憐な花で塔の周りを彩る。

合掌するイメージの三角形の先のところに御巣鷹の尾根がくるように設計されている。群馬県出身の石彫家、半田富久氏によるもので、塔の高さは十一メートル、中央に立ち、両手を合わせるとその約八キロメートル先にちょうど墜落現場がある。

塔の奥には、岩山の中をくりぬいた形で納められた身元不明の離断遺体納骨堂がある。

どうしても身元が分からなかった部分遺体である。男女別、血液型、部分ごとにひとつずつ丁寧に納めていったら、なんと最終的に骨壺の数が１２３個となったと大國氏が説明して下さった。なんと、またも１２３という数字が出た。

この上野村を出て戦争に行って亡くなった人の数も１２３人と元村長がおっしゃっていたことを思い出した。そして墜落したフライト番号も１２３便。

これほどまでの数字の偶然などあるものか。

「それは本当なんですよ。最初から考えてなったのではなくて、ひとつずつ納めていったらこの数になったのですよ」

と、大國氏も不思議だったと語るのだから間違いなく、偶然の結果なのである。

それにしても数字が同じというのは、もうどこかで決まっていることのように思えてしまう。

「歯型も頭部があれば身元確認が出来るけどね。指紋も指がついていればいいんだが……」

真剣にそう話す大國氏を見ながら、指紋の話を思い出した。

身元不明遺体の中に、どうしても最後の決め手がない小さな子供と思われる頭部欠損遺体があった。

深夜まで担当の日航社員とどうしたらよいかと相談をして、結局、自宅から絵本を数冊もらってきて日航定期便で空輸して、残っている指の指紋採集で照合しようということになった。

日航定期便で運ばれた何冊かのお気に入りの絵本……。

羽田からヘリコプターで運ばれてきて早速指紋照合をした。ようやく合致して無事に遺族に引き渡せたという話だった。それはもうすぐ二歳の誕生日を迎えるはずだった女の子の遺体であった。

絵本を毎日楽しみに読んでいたであろう手。その手が決め手となったのだ。

お母さんと一緒に毎晩楽しいお話を聞かせてもらっていたその絵本が、先に身元が確認された両親と引き合わせたのだ。ようやく父母と一緒の同じお墓に入ることが出来たと、遺族の方より涙ながらの感謝の言葉をいただいたと聞いた。

西の空に沈みゆく太陽が見える。

優しい顔の観音様の像がオレンジ色に浮き上がっていく。

あの日の空は赤かった。

前山先輩の声が聞こえてくる。

「大丈夫、落ち着いて、私が助けます！　安心してください！」

自分の生き方に納得出来る人生を最後まで歩もうと、そう教えてくれたのであった。

あとがき――未来への提言

JAL倒産

二〇一〇年一月十九日（火曜日）夕刻、日本航空株式会社（日本航空インターナショナル、ジャルキャピタルとともに三社）は東京地方裁判所に会社更生法の適用を申請した。

私はどうしてもこの日の数字が気になった。

一月十九日ということは、「119」である。あの御巣鷹の尾根で大破した飛行機の個別認識記号はJA8119号機。JAは日本国籍のことで、8はジェット機の意味、その次が個別の番号となる。それが119だったのである。

まさかの偶然だろうが、この日に破綻とは二十五年経った奇妙な廻《めぐ》りあわせとも思える日である。

負債総額は合わせて二兆三千二百二十一億円と、戦後の事業会社一位という過去最大の経営破綻となったのである。これほどまでの大型倒産を不自然なまでに、NHK

などのテレビや一部の新聞等では、経営破綻や倒産という言葉を使わずに、直ちに企業再生支援機構による支援が決定して、公的資金枠九千億円投入という面ばかりを強調した。その陰で政策投資銀行による三千億円規模の債権放棄（税金）も含めた巨額の債権放棄があったのにもかかわらずだ。

また翌日の新聞各紙のＪＡＬによる全面広告は、「飛び続けます」と大きな文字で書いて、その下に小さくお詫びが書いてある。順番や文字の大きさが逆ではないか。当然、世間へのお詫びが先だろう。

前原国土交通大臣は、公共交通機関である飛行機を止めない事ばかりを強調した。それによって、ある日突然の倒産ではなく、事前調整型の倒産は、二月二十日に株式が上場廃止となったものの、多額の債権放棄やマイレージ保護などの報道の中で、実際にそこで働く人々に対して、何の危機感も持たせないまま毎日の延長上でその日を迎えさせた。

これは、これから始まる企業更生に不可欠な従業員たちの自己洞察力と自己改革、そして現実の重さを認識する最大のチャンスを失ったことになる。

人間とは所詮、お金が入ってこない（お給料が入らない）現実や解雇、さらにロビーのシャッターが朝突然閉じることや、燃料をストップされて飛行機が飛ばない、乗客がひとりもいないなどを経験し、崖っぷちに立たされないとどうしても倒産という現実を受け入れられないものだからである。

これから三年以内という短期間に利益を上げて、一兆円規模の公的資金を返済する責務を負った従業員一人ひとりは、しっかりと心構えが出来ているのだろうか。

いまだかつて経験したことのない大規模な更生会社に対して、当初中小企業向け融資を想定していた支援機構の人たちはきちんと再生計画を実行し、真に更生させられるのか。

国民はこれからずっとこの成り行きを注視し続けなければならない。もし三年後に再生不可能となれば、生まれたての子どもから高齢者まで、強制的に国民ひとり当たり約一万円をＪＡＬという一民間会社へ支払ったことになる。

いかなる理由があろうとも、経営破綻という現実を真正面から見つめて、生まれ変わるために国民から借りたお金であることを忘れてはならない。

間違っても、世の中の人たちがどうしてもＪＡＬに存続してほしいと願ったからだとか、公共交通機関として必要とされているのだから当然だ、などと思ってはならない。

そのとたんに、国民から見透かされて嫌われ、誰もＪＡＬなどを選んで乗ってくれる人はいなくなり、顧客を失う。

昨年秋、御巣鷹の尾根で出会った若い新入社員たちが、自由に夢を描けないとするならば、再び破綻が訪れるだろう。

防衛省の文書不在につき不開示

事故直後、相模湾の極めて狭い範囲内で日航機の破壊された垂直尾翼を中心とした数々の破片や機体の部分が見つかったことがどうしても気になった。翌日の十三日だけでも二十八点以上の破片が回収されている。

垂直尾翼の一部を回収した試運転中の海上自衛隊護衛艦『まつゆき』が、その相模湾でどのような試運転をしていたのか、何を訓練していたのか、防衛省に情報開示の法律に基づいて行政文書開示請求をしたところ、不開示決定通知が届いた。

その理由は、「文書不在につき不開示」ということであった。

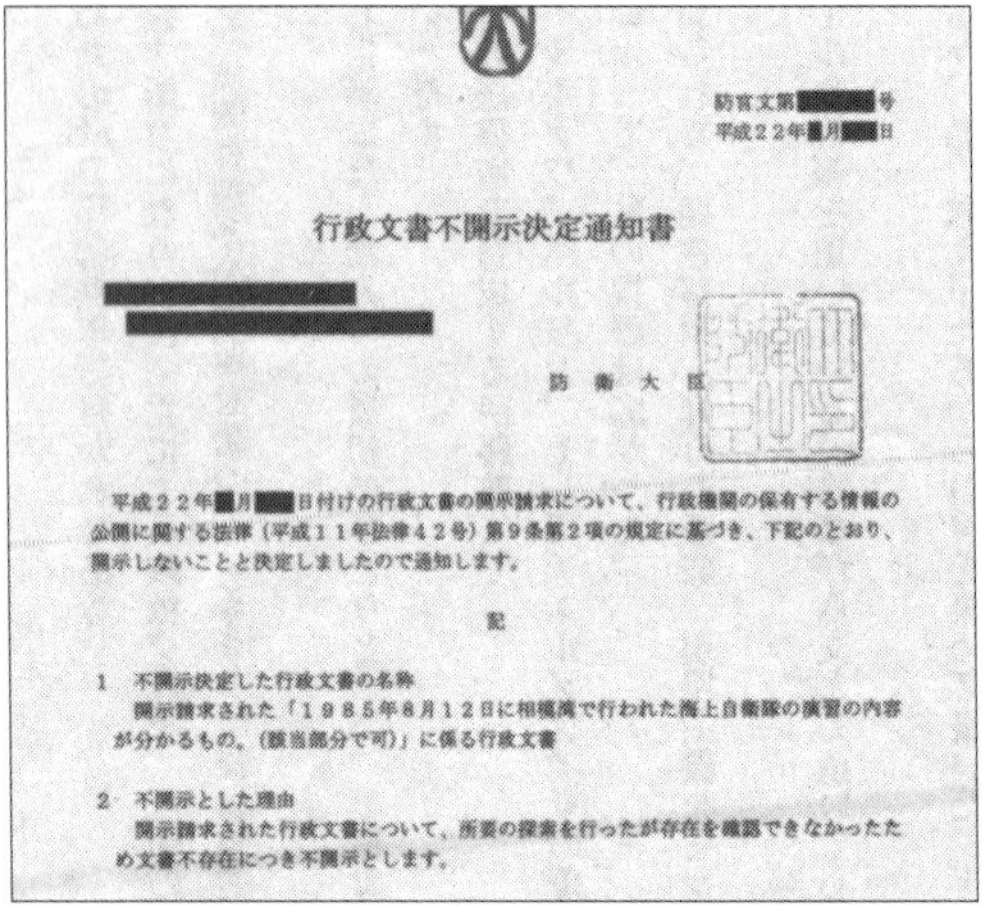

防官文第[redacted]号
平成２２年[redacted]月[redacted]日

行政文書不開示決定通知書

[redacted]

防衛大臣

平成２２年[redacted]月[redacted]日付けの行政文書の開示請求について、行政機関の保有する情報の公開に関する法律（平成１１年法律４２号）第９条第２項の規定に基づき、下記のとおり、開示しないことと決定しましたので通知します。

記

1　不開示決定した行政文書の名称
開示請求された「１９８５年８月１２日に相模湾で行われた海上自衛隊の演習の内容が分かるもの。（該当部分で可）」に係る行政文書

2　不開示とした理由
開示請求された行政文書について、所要の探索を行ったが存在を確認できなかったため文書不存在につき不開示とします。

実は、不開示決定通知書が届く前に、防衛省の事務局から電話があり、

「これはない可能性があるので、請求をされても見つかりませんから、請求を取り下げたほうが良いと思います」という丁寧な（？）説明までされたが、お金を払って申し込んだ人に対して、文書がない可能性があるからやめたらどうか、とは？

これではせっかくの情報公開の法律も泣いている。公務員の恣意的な不作為を感じてしまった。公務員として、公に対してのサービス精神を忘れて、単に仕事をしたくないからであろうか？

四八〇ページの図がその返答である。

運命の出会い

この本は二〇〇五年から構想を練り、書き始めたのは二〇〇九年からである。

書いている最中に、ＪＡＬの赤字経営状態が浮き彫りになり、民主党による政権交代で、巨額の債務超過がようやく世間に伝わって、私的整理か法的整理かの問題を語っているうちに経営破綻し、倒産となった。

その中で、この本を世の中に出すにあたり、お世話になった方々の最初のひとりとして、早稲田大学法学学術院教授の水島朝穂氏をあげさせていただく。

今から十四年前の一九九六年五月十八日、明日の法律家を育成する伊藤塾にて、「新たな核時代における日本国憲法～ヒロシマ、オキナワ、ベルリン、そしてチェルノブイリの現場から」という講演を行った水島氏との出会いによって、私の視野は広がった。

独自のユニークな視点から国際平和を考えておられ、個性尊重、好奇心旺盛、現場主義をモットーとしている方である。

何かの節目節目にお会いし、いつも面白いメールや情報を頂いている。陰ながら支えて頂いて心から感謝申し上げる。

二〇〇五年にJALの現場で今何が起きているか、私の教え子たちからの声を集めて書いたシナリオをその水島氏に読んでいただいたことからこの本の構想が始まり、共通の知人を通じて出会ったのが、ノンフィクション作家、日高恒太朗氏である。

二〇〇八年四月十一日に早稲田大学近くのイタリアンレストランでお会いした時、当時まだJALの内情は世間に知られておらず、日高氏は、

「JAL内部のことを書くのは、恐らく倒産でもしない限り難しい。ただし御巣鷹山事故の先輩方を想う気持ち、それはあなたしか書けない、ぜひ頑張って筆をとってみてはどうか」とアドバイスをしてくださった。

日高氏の著書、『不時着　特攻――「死」からの生還者たち』（文藝春秋）は第五十八回日本推理作家協会賞（評論その他の部門）を受賞した力作であり、私の心の師匠である。ノンフィクションのイロハを密かにこの本から学ばせていただいた。

その出会いから一年後の二〇〇九年、一月二十三日が誕生日という、ひとりの女性編集者が日高氏と再会したが、それが編集者、石原多恵さんである。

初めての作品で上梓することが決まって以来、未熟な私に一年以上根気よく付き合ってくれて、取材にも何度か同行してもらい、的確なアドバイスをしてくれた。

御巣鷹の尾根登山の日に、前日までの台風で荒れ狂った天気を見事に吹き飛ばし、執念の晴天をもたらしたのは、彼女の自称「晴れ女」の意地であったと思われる。心から感謝したい。

ご高齢にもかかわらず、上野村にて快く取材に応じていただき、当時の様子をまるで昨日のことのように詳細に説明し、その時の様々な想いを語って下さった元村長の黒澤丈夫氏に心から御礼と感謝を申し上げたい。

また取材協力をして下さった元消防団の黒澤武士氏は、一本筋の通った素晴らしい方である。実際の現場を見た者にしかわからない話や生存者の発見時の様子を語って下さった。自家用車で一日中案内してもらい、上野村の干しシイタケや奥様の手作りの美味しい梅干しまでお土産にいただいた。

御巣鷹の尾根の管理人、黒沢完一氏は五年前より管理を請け負ったということだが、登山道入口でお会いした時、手にはピンクと白の小菊を持ち、肩には長い鉄の足場を背負っていらした。その小さな花束を登山道入口にあった石を積み重ねた石地蔵にそっと挿して手を合わせ、これから私達がこの山へ入ることを山の霊へ告げてくれた。

遠く離れてなかなか来ることが出来ない遺族に代わって花を供え、足場が崩れた場所を補強して通れるように道を作り、山火事が起きないように管理する日々である。今回もいろいろと大変お世話になった。

十二月十八日付、御巣鷹の尾根から便りが届いた。

写真同封と書かれた封筒を開けると、目に飛び込んできたのは、あの修理中だった前山先輩の墓標だった。管理人さんが送ってくれたのである。

白い雪が周りにこんもりと積もり、墓標の両脇の雪の中に、可憐なピンクのカーネーションと黄色と白の野菊が挿してあり、ふんわりとした雪が墓標を包んでいる。ピンクと黄色の花々が白い雪と相まってなんと素敵なのだろう。

思わず前山先輩の優しい顔が浮かんで涙がこぼれた。

「今年最後の月命日に、お山に行って来て写真を写して来たので送りますから見てください。お体に気をつけて良いお年をお迎えください」

そう手紙に書いてあった。優しいお心遣いが伝わってくる一枚の写真であった。

たくさんの資料を提供してくださった群馬県警察医会副会長の歯学博士、大國勉氏には、そのお優しい心に甘えて本当に様々な面からサポートしていただいた。お嬢様が私の後輩ということもあって、気心知れた雰囲気の中で、石原さんと私と共に、遅い夏休みを取って御巣鷹の尾根に同行して下さった。高崎から下仁田駅までの上信電鉄の素朴な電車内で、初めて手にしたデジカメで私達の写真や、運転手席から見える鉄道風景にシャッターを切る姿はまるで遠足に行く少年のようで、失礼ながらとても七十歳過ぎとは思えない。元村長の黒澤丈夫氏や元消防団の黒澤武士氏とは、大國氏の紹介なくしてはお会い出来なかった。

幾度かの手紙のやり取りで応援し励まして頂いた日々は、今でもそしてこれからも私の心に残っていくだろう。まだまだお元気で御活躍していただきたい方である。

なお同氏の長年のご友人であり、『墜落遺体』（講談社）の著者である飯塚訓氏にも心より御礼申し上げる。

奇跡的な出会いがもうひとつあった。

『沈まぬ太陽』の映画監督、若松節朗氏である。

多くの困難を乗り越えて映画化の話が具体的になったそうだが、シナリオを書いては直しているうちに二年が過ぎてしまい、二〇〇八年十二月にはとうとうこれで映画化は無理かもしれないと切羽詰まった状況までできてしまったという。

どうしても映画を撮りたいと、大阪へ向かう新幹線の中で、美しい富士山を見ながら作品の中に出てきた人達を想い浮かべると、まるで富士山が「がんばれ！」と励ましてくれたようだったと語る。そのあと、ようやくゴーサインが出て撮影が始まった。ボランティアで参加していた時の感想や、事故に遭遇した先輩たちの話をして、さらに教え子たちの現状を書いた私の未熟なシナリオをお読みくださった同氏は、非常に紳士的で丁寧に映画制作までの話をしてくださった。

日本航空側の弁護団から二度ほど、名誉毀損の恐れや遺族の感情を無視した商業主義的行為として警告文を受けたこともあったということだった。

なんと、すでに経営が危機的状況にあったにもかかわらず、弁護士費用を払いながらこのような警告文を出していたとは……とても残念である。

そして、その警告文を出すことを考えたＪＡＬの人間たちは、次の若松氏の言葉を聞いたならどう思うのだろうか。

設定は国民航空だが、事故が起きたことは事実であり、もしもＪＡＬ側の理解が得られれば、「このような大事故を二度と起こさぬよう、誠心誠意、絶対安全運航に努めます」というような言葉を映画の冒頭に記してみたかったとのことだ。

まさしく国民の税金を注ぎ込んで更生会社として生まれかわるにふさわしい言葉ではないか。

万が一、その文字がスクリーンに出ていたならば、おそらく今頃多くの乗客がＪＡＬ再生を支持して、乗っていたことだろう。

そのチャンスを逃したばかりか、皮肉にもこの映画の封切り時にＪＡＬの巨額の赤字が公に知られて、大ヒット上映中にあっという間に会社更生法申請となってしまったのである。これも運命というものなのだろうか。

映画化は不可能と言われて、何度も挫折をしてきたこの作品がようやく世の中に出た途端、そのタイミングで倒産となったのである。

「なんだか巨象を倒したようで、あまりに凄いタイミングになってしまった。でも僕たちの世代はあの鶴丸マークのバッグを肩から掛けて旅行をするのに憧れたなあ。ぜひ立ち直ってほしいですね」と監督は語った。

「映画に広告代理店が一切入らなかったから、テレビで宣伝が出来なかったそうですが、もしかすると、一番広告をしてくれたのは連日新聞やテレビで報道された日本航空自体だったかもしれませんね」と私が答えた。

この作品に出演した人々も一本筋の通った方々で、自ら手を上げて出演された人たちだという。さまざまな苦労もあったと聞くが、監督をはじめ、キャスト、スタッフの皆さんも、まさに映画のテーマの「衿持」を通したのである。

私自身、群馬での映画撮影に参加しなければ、あの時の凄まじさを肌で感じることはなかった。また控室に監修でいらした飯塚氏や大國氏と出会うこともなかった。不思議な御縁で出会えた方である。若松監督には、本書の帯も書いていただいて（初刊時）、感謝の気持ちでいっぱいである。

本書を書くにあたって支えて頂いた心ある方々、家族、教え子たちに感謝する。とりわけ私が幼い頃に一緒に暮らしたひいおばあちゃん（おっぴちゃんと呼んでいた）のしわしわの顔が浮かんでくる。その曾祖母に私の母が教えてもらった言葉がある。The Pen is mightier than the sword（ラテン語ではCalamvs Gladio Fortior）

曾祖母の兄が福澤諭吉先生の下で学んで本科を卒業し、慶應義塾にそのまま残って英文学者として教えていた明治十八年頃の話である。その当時の英語の教科書で使用した戯曲のセリフが、この呪文の言葉だとつい最近分かった。それをもとにして「ペンは剣より強し」の慶應義塾マークが生まれたらしく、そのことは慶應のホームページに記されている。

私はこの本を書くにあたって、どうしてもそれが読みたくなって探した。この本は早稲田大学中央図書館地下一階の研究書庫にあった。おびただしい数の大きな洋書の間にひっそりと隠れ、静かにたたずむ、手のひらサイズの小さな本で、赤と紫を混ぜ合わせたようなエンジ色の表紙をめくると、寄贈した人のサインがある。

四十七ページの第二幕二場の場面で皮肉にもリシュリューが、

「偉大な人が統治している中においては、ペンは剣より強し。

ペンそのものは何も変哲のないものだが、魔法の手にかかると、カエサル（ローマ皇帝の称号）を麻痺させることや人々に大きな衝撃的な息をのむようなことも出来る。国を救うのに剣は要らぬのである！」と、ペンを片手に持ち上げて叫ぶのである。

この本のタイトルは、

『RICHELIEU OR THE CONSPIRACY』（リシュリュー、またはその陰謀）

リシュリュー（一五八五年～一六四二年）はフランスに実在した政治家の名前で、ルイ十三世の宰相、つまり総理大臣である。数々の策略や陰謀を描いた物語で、作者は、SIR EDWARD BULWER LYTTON（リットン卿）である。首相と陰謀とは、意味深い内容であった。

慶應義塾福澤研究センターから届いた入社帳に書かれた先祖の名前を見て、今あらためてそのペンの力を感じている。あの世で五百二十名と共に、福澤先生もその力を強く願っているだろう。

そして締め切り間際の三月三十一日の夕方、思いもよらない人と出会った。

前述の機内写真を公開した小川領一氏である。小川氏には写真の掲載許可を取るために連絡をしたのだが、たまたま用事が出来て東京に来るという。未公開の写真も含めて見せてもよいということで、私と会って下さるという返事だった。

正直な話をすれば、元日本航空にいた人間が遺族の方とお会いするのは、どうしても勇気がいる。その方々にとって、私は思い出したくもない鶴丸マークのついた会社にいた人間なのだ。そう思って悩みながら約束の日が来た。

出版社の応接室でお会いした小川氏は、温和でにこやかな笑顔を私に向けてくれた。机の上に広げた資料の中で、写真を公開した時（一九九〇年）の新聞に載っている十一年前の自分の顔を見ながら、「若かったなあ」と笑ってつぶやいていらしたのが印象的であった。ご活躍の様子に、なんだかほっとして嬉しくなった。

小川氏が帰られた後、もう一度毎日新聞（一九九〇年十月十三日付夕刊）を読んだ。二十五年前の事故当時は高校生、写真公開時は大学生、そして今、亡き父親と同じ年齢となったのだ。そのような意味において、彼にとっても今年は大変重要な年であり、長い人生の大きな節目といえる。

写真公開時には、わざわざ羽田発大阪行きの事故機と同時刻出発（便名は永久欠番なので123ではない）の飛行機に乗り込み、父親と同じ席に座って、窓の外を眺めた、と記事にも書いてある。

そこで何を見て、何を感じ、何を想ったのだろう。何か、重大なメッセージが込められた写真かもしれないと感じていたのではないだろうか。

セミ同期のスチュワーデスが写っている機内写真をもう一度見てみる。新聞記事によると、この写真は事故調査委員会が採用しなかった、とある。採用した写真は、外の風景を写した二枚のみであり、その理由も飛行航路を確定するためとのことだ。

採用の枚数に制限があるわけでもあるまい。

急減圧ではないと一目瞭然の重要な意味を持つこの機内写真を無視して、なぜ相模湾や富士山、江の島の写った写真などを採用したのだろうか。

小川氏が提供して下さった写真を見つめながら、私は遠い昔のあの頃を思い出した。機内で「スチュワーデスさん、写真を撮ってください」と言われ、「ハイ、チーズ」と何百回シャッターを押しただろう。

デジタルカメラなど無い時代、ファインダーの向こう側には、新婚さんのほんのりと赤く照れて嬉しそうな顔や、Vサインをして大笑いするお友達同士の顔、赤ちゃんを抱いてにこやかな笑顔の若い夫婦、お互いにいたわり、長い人生を共に歩んできた老夫婦、そして未来を信じて旅立つ若者たちのキラキラとした輝く笑顔があった。

私もたくさんの乗客たちと一緒に、カメラに収まった。あの時、小川氏の御家族も楽しい旅行の帰りであった。そして突然の事故。奇跡的に彼の手元に届いたこれらの写真は、きっとご両親と妹さんからのメッセージだったのだろう。

そのメッセージを受け取るのは、小川氏と弟さん以外にいないのである。

私たちに出来ることは、たくさんの笑顔を一瞬にして奪ったこの事故について、もう一度思い出し、考えてみることではないだろうか。

五百二十名の星たちが、天空で私たちを見つめている。

その声なき声がこの本を手に取って読んでいただいた一人ひとりの心に届くことを願ってペンを置く。

二〇一〇年　四月

事故後四半世紀の桜の季節にて。お読みいただいて本当に有難うございました。

青山透子

◉日本航空　略年表

●1951年（昭和二十六年）

八月一日　日本航空株式会社設立　藤山愛一郎氏らを中心とした政財界七十九名の発起人によって資本金一億円で設立した。本社は創立事務所建物である、東京都中央区銀座八丁目一の八（土地・百二十五坪　建物は地下一階のある三階建てで、一階を営業所、二階、三階を本社社屋）羽田飛行場内に東京支所を置く。

米国ノースウエスト航空（NWA）と運航委託契約成立　飛行機や運航乗務員、整備などをNWAが行い、日本航空が営業部門を実施し、チャーター料を払うという形式で、戦後の国内航空輸送が再開。

八月二十日　日本航空スチュワーデス第一期生入社。

九月二十日　社章を制定　懸賞で三千二百五十八点の応募の中から東京の安藤喜一郎氏考案を採用決定。

十月二十五日　営業開始　マーチン2－0－2『もく星』東京～札幌　一往復　東京～大阪　一往復　東京～大阪～福岡　一往復　設立当初四十三名（役員を除く）の社員がこの日を迎えて百六十二名となった。

●1952年（昭和二十七年）

五月十五日　パイロットの国内養成訓練開始（千葉県茂原）。

●1953年（昭和二十八年）

八月一日　日本航空株式会社法及び同施行令公布施行。
十月一日　日本航空株式会社法に基づき旧日航の評価額十億円と政府出資の十億円を合わせ、資本金二十億円の新会社発足。
●1954年**（昭和二十九年）**
二月二日　国際線就航東京～サンフランシスコ、シティ・オブ・トーキョー（DC－6B）による週二往復を開始、同日IATA正会員となる。
八月二十三日　昭和天皇・皇后両陛下日航機初の御搭乗、北海道旅行の帰途、札幌～東京間を御利用になる。
●1955年**（昭和三十年）**
本社移転　東京都千代田区丸の内二丁目三　東京ビル。
●1956年**（昭和三十一年）**
十二月二十九日　飛行時間十万時間達成、同日302便の板付飛行場出発後二十分をもって、自主運航開始以来定期便の飛行実績十万時間に達する。
●1959年**（昭和三十四年）**
八月十五日　国内線でおしぼり、国際線でハッピコート、ワゴンサービスを開始する。
●1960年**（昭和三十五年）**
八月十二日　太平洋線に長距離用ジェット旅客機DC－8が就航。
●1965年**（昭和四十年）**
四月十日　ジャルパック第一便がヨーロッパへ十六日間の団体旅行ツアーに。二十六名参加。
●1966年**（昭和四十一年）**

十一月　米大陸横断ニューヨーク線開設。

●1967年**（昭和四十二年）**
三月六日　世界一周線西回り第一便、東京国際空港を出発、翌日は東周りも開始。

●1970年**（昭和四十五年）**
七月一日　ボーイング747ジャンボ機太平洋線に就航。

●1983年**（昭和五十八年）**
国際線輸送実績で世界一となる。

●1995年**（平成七年）**
一月二十六日　契約制スチュワーデス乗務開始。

●1996年**（平成八年）**
七月二十七日　本社を丸の内から天王洲アイルに移転。

●2002年**（平成十四年）**
十月一日　日本エアシステムと経営統合（新ＪＡＬグループロゴ・新ＪＡＬ機体塗装発表）。

●2004年**（平成十六年）**
四月一日　日本航空株式会社が日本航空インターナショナル（国際線）、株式会社日本エアシステムが日本航空ジャパン（国内線）と社名を変更し、完全統合体制発足。

●2005年**（平成十七年）**
三月十七日　国土交通省から安全に関わる運航トラブルを発生させたということで、業務改善命令（日航インターナショナル）、警告（日本航空、日本航空ジャパン）。

●2006年**（平成十八年）**

四月二十四日 安全啓発センター開設。123便関連その他展示。
十月一日 日本航空インターナショナル、日本航空ジャパン合併。
●2008年**（平成二十年）**
長年親しまれた「鶴丸」塗装機は、国際線（JA603J）が五月三十日厦門《アモイ》発成田行JL608便、国内線（JA8985）が五月三十一日伊丹発羽田行JL130便を最後にすべて新塗装となった。
●2009年**（平成二十一年）**
十月 企業再生支援機構に支援要請。
●2010年**（平成二十二年）**
一月十九日 負債総額（三社合計）二兆三千二百二十一億円以上となり、金融会社を除いた事業会社として過去最大の経営破綻となって、会社更生法適用を申請。地裁が即日更生手続き開始決定し、企業再生支援機構の下で再建を目指す。
二月二十日 東京証券取引所は日本航空（東証1部）の株式を上場廃止とした。

参考文献

＊書籍（発行年月日順）

吉岡忍著『墜落の夏』新潮社　1986年8月
財団法人慰霊の園『鎮魂のしおり』1988年8月
鈴木五郎著『青春を翔ける』集英社　1989年11月
朝日新聞社社会部編『日航ジャンボ機墜落』朝日新聞社　1990年8月
日本航空史編集委員会『日本航空史　昭和戦後編』財団法人日本航空協会　1992年9月
黒澤丈夫著『道を求めて―憂国の7つの提言』上毛新聞出版局　1996年7月
飯塚訓著『墜落遺体』講談社　1998年6月
山本善明著『墜落の背景　日航機はなぜ落ちたか上・下』講談社　1999年10月
飯塚訓著『墜落現場　遺された人たち』講談社　2001年5月
藤田日出男著『隠された証言　日航123便墜落事故』新潮社　2003年8月
河村一男著『日航機墜落』イースト・プレス　2004年8月
米田憲司著『御巣鷹の謎を追う　日航123便事故20年』宝島社　2005年7月

＊新聞（順不同・すべて1985年8月13日～2010年3月31日まで）

朝日新聞（縮刷版も含む）／読売新聞（縮刷版も含む）／毎日新聞（縮刷版も含む）／しんぶん赤旗
日本経済新聞（縮刷版も含む）／上毛新聞／産経新聞／The Japan Times／PACIFIC STARS AND STRIPES

＊雑誌、その他（順不同）

日本航空機内誌　ウインズ　1985年9月号
毎日グラフ　1985年9月1日号『日航機墜落』
航空ジャーナル　1985年11月号『青木日出雄の日航機事故総括』
週刊文春　1985年9月5日号
日経ビジネス　2005年6月20日号『御巣鷹山事故から20年　JAL現場不在の咎』
『日航123便墜落事故対策の記録』群馬県　昭和61年3月
『茜雲』8・12連絡会
運輸省航空事故調査委員会『航空事故調査報告書』1987年6月
日本航空株式会社『日本航空十年の歩み』1964年10月
財団法人日本航空協会『日本航空史年表』日本航空協会　1981年4月

復刊のあとがき

「あの夜、上空を飛んだ飛行機の中には、事故機がこの下で燃えていると視認した者もいる、方法も技術もある、なのになぜ十時間も墜落位置を特定しなかったのか。そこに公的な責任感による位置を探求する動きや、そこが何処と特定する公的意思がまったく働いていなかった！　そう断言せざるを得ない」

これはこの本が初めて書店に並んだ時、帯に記した故黒澤丈夫氏から頂いた貴重な言葉である。日航123便の墜落現場であった上野村の村長として、当時の政府による「公的な責任感」のなさや、墜落現場特定に「公的意思がまったく働いていなかった」ことに対して何十年経っても怒りがこみあげてくる、と声を震わせながら語っておられた。この黒澤氏との出会いが私を突き動かしたと言っても過言ではない。

今日においても、公的な仕事のずさんさや公文書改ざん事件といった当時と一向に変わりがない現実にも共通した「怒り」を感じる。本著はそのような多くの人々の「怒り」の声に支えられて再び出版することになった。あるご遺族からは「自分も学生の皆さんと同じような疑問を持っていた。読み進めて行くことで一緒に授業を受けている気持ちになり、内容がわかりやすく、私の疑問が吹き飛んだ」という感想も寄せられた。この本を通じて新たな出会いが生まれ、あの日の疑問を共有する人たちとの輪が広がっていったのは、嬉しい限りである。

そして今、さらなる疑問を解明すべく、善意ある方々から提供された証拠物を調査し、新たな証言を得ながら次の本を執筆しているところだ。

黒澤氏が私に灯した怒りの炎は消えることなく多くの人たちに受け継がれ、その炎はまるでオリンピックの聖火のごとく、真実をあぶりだすまで消えることはないだろう。未来の空のために、一人ひとりが消さない努力をし続けてこそ、空の安全が保てることを認識しなければならない。私たちは決してあきらめず、炎を燃やし続けていかなければならないのである。

新版にあたり、河出書房新社の皆様、編集者の西口徹氏に心より感謝申し上げる。

青山透子

二〇一八年　五月　平昌オリンピックの年にて

文庫版あとがき

今年、ご遺族の有志が、日本航空株式会社に対して、同社が所有するボイスレコーダーとフライトレコーダーの情報開示を求めて、東京地方裁判所に提訴した。ちょうどこの文庫本が皆様のお手元に届く頃には、民事訴訟が始まっているはずである。私たちは、司法が政治的圧力に屈せずにまっとうに機能することを願っている。そして、この世界最大単独機墜落事件の全容が、私たちの「知る権利」によって、明らかになる日を待ち望む。

それにしても、いつから私たちは騙されていたのだろうか。

実行犯は三十六年間も黙止し、無責任に事実を否定し続けたことになる。

時の政権に媚びた人々の面目のために、膨大な時間を失った。

無自覚だった私たち国民も真相の隠蔽を許してしまった。そして五百二十一人（胎児を含む）を闇に葬った。

ご遺族は、どこに救いを求めればよいのだろうか。

騙した側は、騙されていたご遺族の苦悩を軽んじているとしか思えない。

今後、日本航空が公共交通機関と名乗りたいのであれば、勝手な都合で事実を歪め、それを正当化することなく、さらに謝罪のチャンスを自ら消し去ることなく、一切を受け入れて情報を開示することこそが、まともな会社として生き残れる唯一の道であろう。

世論はこれを見逃すことなく、マスコミが政府寄りのうがった報道を出すことがないように監視しなければならない。報道関係者は使命感を持って現実を直視した報道をしてほしい。

あれは事故ではなく……「事件」であったのだから。


二〇一〇年、この本の親本『天空の星たちへ——日航123便 あの日の記憶』（マガジンランド／復刻版『日航123便墜落 疑惑のはじまり——天空の星たちへ』河出書房新社、二〇一八年）が世に出た年に、日本航空は倒産した。しかし、国はこの一民間企業に異常とも思えるような救済を講じた。その陰に何があったのだろうか。

私は、日航123便の事実を知った「時の政府の人」が、倒産によって日本航空安全啓発センターに展示しているものや、展示していない証拠物が行き場をなくし、それらの隠し場所を失い、唐突に真相が明るみになってしまうことを恐れたのではないかと思っている。また倒産時にバラバラになった社員たちによって、なんらかの事実が明らかになることを危惧し、超法規的措置で救済したのではないだろうかと考えている。日航側は、過去にこれだけ泥を被り、身代わりとなって政治的取引をしたのだから、当然のことながら私たちを救う義務がある、という態度で迫ったのだろうとも推定される。倒産の半年前、新聞報道にあった「社外取締役の出張中を狙って不意打ちのように、緊急増資の取締役会議を開いた日航の態度」という事実からも、その隠蔽体質が浮き彫りになった。

日航123便の墜落が一九八五年の自民党政権下での出来事であったとはいえ、倒産当時（二〇一〇年）の民主党政権にとっては、その原因を知って驚愕したことだろう。知った以上は、なんらかの懺悔の気持ちが生まれたのかもしれない。人気取りとも言われたが、前原誠司国土交通大臣（当時）が、自民党の歴代大臣が避けていた御巣鷹の尾根登山に参加したのは事実である。その時、一緒に登山をした英国カーディフ大学のクリストファー・フッド教授はその当時のことを回顧して、私に次のように言った。

「前原大臣は登山の最中、神妙な顔つきで、『自衛隊が一晩じゅうかかっても墜落場所を発見出来なかったというが、そんなわけはない』と語ったことを覚えている」。

クリストファー・フッド教授は、私が二〇二〇年に出版した『日航123便墜落 圧力隔壁説をくつがえす』（河出書房新社）に寄稿して下さったが、その中で「JAL123便に起こった事は殺人だ」と、墜落現場で証拠品を見る機会があった関係者から聞いた話も寄せてくれた。

ただ十一年前は、クリストファー・フッド教授も私も、まだその本当の意味がよくわかっていなかった。もし、二〇一〇年に私が「異常外力着力」の存在を知っていたならば、この本の書き出しは全く異なっていたはずである。そして、その後の『日航123便 墜落の新事実――目撃証言から真相に迫る』、『日航123便墜落 遺物は真相を語る』、『日航123便 墜落の波紋――そして法廷へ』、と続き、『日航123便墜落 圧力隔壁説をくつがえす』には至らなかったであろう。

そういう意味でも、あらゆる事実の解明に全力を注ぐきっかけとなった、この『日航123便墜落――疑惑のはじまり』は、真相究明の出発点となった。また、群馬県警察医の大國勉氏との出会いは、その後の私の調査研究の方向性を決定づけた。なによりも、連日の夕立で真夏の山中は高湿度になっていたのにもかかわらず、灯油の一種であるケロシンというジェット燃料によって、人間の体がまるで表裏をひっくり返したかのように真っ黒になっていることの不自然さに気づいたきっかけとなったのである。さらに、上野村の標高一六三九メートルほどの、高度とすればそれほど高くない山脈を縫うように落ちた飛行機の乗客乗員が、細切れの体で炭化する理由も不可解であった。こういった私の視点を通じて一般市民の方々が、「これはおかしい」、「これは不自然だ」と、誰もが当たり前に思う事実が積み重ねられていき、「ペン」という武器で、世間に「事件」であることを伝えるきっかけとなったのである。

『日航123便墜落 圧力隔壁説をくつがえす』のカバーには、「異常外力着力点」が書かれた事故調査報告書「別冊」の図を使用した。この研究資料「別冊」の存在を発見したのは、二〇一三年にネット上にアップされた数年後であるが、パイロット組合の関係者から、事故調査報告書が出た当初から「別冊」の存在はあったはずだと聞いた。私自身はネット上で発見するまでは、一般人同様その存在はわからなかったのだが、それに対して「実は前から知っていた」という後出しジャンケンのような発言もあった。それならばなぜその人は、そしてなぜ事故調査委員は、異常外力着力点を詳細に調べなかったのだろうか。それを知っていた人間が、特にパイロットならば、「異常外力」を調査をするように訴えるのが当然の務めではないのか。しかし、たとえば元日本航空機長の杉江弘は拙著の目撃情報や遺族の話を貶める本を意図的に出版して、逆に攻撃してきた。遺族のためだからといって拙著を茶化す押し付けがましい週刊誌記事も一部出た。しかし、これらは墜落原因に疑問を持つ遺族たちの怒りに火をつけることになった。この事件を問う人を潰すという意図が見え見えだったからである。特に、自分の体験を証言したご遺族の吉備素子氏の怒りは収まらなかった。そしてこれ以上真相究明を妨げられないよう、公正な場での判断を願って、裁判を起こす決意を固めた。

このような反応は、機長仲間の「触れてはならない違法な状況」を隠したい一心だったのではないだろうか。または、過去に借りのある人に頼まれたのかもしれない。しかしそれは自己保身であるだけでなく、521という命を軽んじ、世間を敵に回しても守りたいものがある、ということになる。これは真実を知りたい遺族に対して泥をぶつけるような行為である。

論理的に考えれば誰もがわかるように、「別冊」には異常な外力が衝突した図解がある。その時の音声記録とフライトレコーダーの数値から見ても、外力が着弾したと同時刻に爆発音があり、垂直尾翼の崩壊は着弾地点から始まったのは明らかだ。たとえ後部圧力隔壁が破損したとしても、直接的な原因は「異常外力着力」である。

これが長年信じ込まされてきた墜落原因のからくりである。

そこで、誰もが思うことは、なぜ事故調査委員会は「異常外力着力点」の存在を詳細に調べなかったのだろうか、いいや調べられなかったのだろうか。つまり真犯人は誰か、という点である。この事件を調査した事故調査委員は、なぜこの「異常外力」の存在を記したものの、意図的に無視した発表をしたのだろうか。今更ながら、三十六年も経て、「お国の為に口を閉ざしている」などという言い訳は通用しない。ここで問われているのは、人としての良心の問題である。

国の軍隊が関係したと思われる航空機墜落の隠蔽は闇が深い。

民主主義が徹底している自由の国フランスですら、五十一年ぶりに自国軍による誤射という航空機墜落原因の隠蔽が、やっと明らかになったくらいなのである。

二〇一九年九月十日の「ガーディアン（The Guardian）」紙において、五十一年前にエールフランス航空1611便がニース沖の海に墜落したのは、実はフランス海軍による演習ミスであったと報道された。

一九六八年九月十一日、九十四名を乗せた飛行機が、コルシカ島からニースまでの飛行中にレーダーから姿を消した。墜落原因は機内火災だと報道されたが、実は違っていたというのだ。というのも、事件発生直後に現場へ急行したフランス軍は、演習中のフランス海軍艦艇が艦対空ミサイルを誤射していたことを確認していたのだ。しかし、墜落調査の文書や写真は消され、フランス海軍艦艇 Le Suffren の航海日誌のページが切り取られ、遺族はブラックボックスのデータが破損されていると聞かされた。海底から引き上げた残骸はフランス軍当局によって没収され、徹底した隠蔽がなされた。

五十一年間も軍事機密扱いとして真実が伝えられなかった遺族たちは、こんな長い間、機密にする理由がわからない、即刻開示してほしいとエマニエル・マクロン大統領に訴えた。マクロン大統領も機密が解除されることを望むとして、ようやくフランス国防省の大臣、フロランス・パルリ氏が、機密解除を決定したのである。冷戦という時代的背景を考慮する必要性もなくなっている今、真実を聴くためだけに、五十一年間も待たなければならなかったという遺族の言葉が重い。

さて、この日本においてはどうだろうか——。

こういった墜落原因を調査する場合、情報開示は可能か不可能かという選択肢はそもそも間違っている。民主主義国家を名乗るのであれば、フランスのように何年経ったとしても情報を開示するのが当たり前だ。機密事項を永遠に機密にする権利は誰にも与えられていない。

加えて、日航123便の場合、ボーイング社の修理ミスによる墜落と認めているのだから、そもそも機密事項には当てはまらない。異常外力が誰によってもたらされたのか、それを公表したら信頼をなくす、という消極的な話では済まされない。これは、521の殺人事件なのだから……。

そこで重要なのは、私たちのすべき役割は何かということである。

一九八五年当時、高速で飛んでいる飛行機の垂直尾翼に、外力、つまり武器をもって命中させられるのは、自衛隊（または米軍）しかいない。もしも他国なら、自衛隊のスクランブル発進をかわして国内へ入り込むことになる。北海道や日本海を超えて東京のど真ん中、相模湾上空を飛ぶ飛行機をピンポイントで攻撃、垂直尾翼にヒットさせたことになるが、近隣諸国から飛んできたと仮定しても、そのようなミサイルは当時としては技術的に不可能だ。そもそも、攻撃に至る前段階で自衛隊が排除しているはずである。また、使用されたミサイルの種類から考えても、わざわざ危険を侵した上で爆薬を搭載しない武器を使うというのでは理屈が合わない。日本国を攻撃するならば、爆薬入りの実弾で行うだろう。従って、炸薬無しミサイルで演習中の自衛隊か在日米軍によるものとなり、警察関係者とご遺族の証言や、日本航空広報担当者の間では、当初は北朝鮮のミサイルと思われていたが、その後は、実は米軍にやられた、という説が流言となっていた。

米軍説は誰も確認したことがない、いわゆる「うわさ」の類であった。このような重要なことが、例えば社内でも広報の人間が吹聴するのであれば、それはすでに機密ではない。まことしやかに、「実はここだけの話」として米軍説を唱えるのは、逆に言えば、その裏に隠された真実があるからこそ、偽りのうわさを流したとも考えられる。本当のことはいともたやすく流布しない。

従って、一般人には「後部圧力隔壁説」で通し、当時のジャーナリスト、評論家、マスコミ関係者、一般の自衛隊員、日本航空関係者（当事者となった整備を中心に）には、「米軍にやられた説」を流し、真相は限られた自衛隊トップの数名と、ごく少数の大臣や数名の官僚だけが知るものにしたのだろう。

外務省の要人に聞いたところでは、都合の悪いことは何でも他国、自衛隊ならば米軍のせいにすれば、日本人は恐れてしまい、それ以上誰も立ち入らず、その結果あっという間に忘れ、解決するらしい。しかし、二〇二一年の今、これでいいはずがない。自国の問題を解決するために、他国を利用していたとすれば、嘘の上塗りを未来永劫続けなければならず、もし真相が発覚したらどうしようという恐怖心が生まれる。

そこで事実を指摘をする人物や目撃情報、真相が書かれた本をこまめに探して潰すように組織的にネット上に書き込みをさせ、権力に弱い人に「真相」を潰すための本を書かせて、当時の関係者が全て死亡するまで隠蔽し続ける。このように長きにわたって隠蔽工作が必要だとなると、超高齢化社会の日本では、気が遠くなる時間が必要だ。官僚や政治、マスコミの世界では、当時の事情を知る関係者の生き残りが、世代交代を行わずにいつまでも真相が出にくい環境を維持し続ける。特に日本の場合は、権力を持つ長老者がそこにいるだけで、モノを申すことが出来なくなる人も多い。しかし、果たしてそれが将来の為になるのだろうか。これでは、長老者によって若者たちの自由が奪われ、世界の変動に対応した政治すら出来ない。現在のコロナ禍において、オリンピック会長だった森喜朗氏の男女差別言動報道に起因する辞任騒動にもそれは見られた。

失態を隠すということが、さも美徳であるがごとくに教え込まれた世代やそういう人間は、同調圧力という武器を振りかざし、自ら国の未来を壊すことになる。

もし、「自衛隊のミス」であれば、自衛隊自身が、防衛のためというベールに包まれて悪事を見のがし、自浄作用が働かないとすれば、日本はその程度の国に成り下がってしまうことは必須であり、こういった隠蔽体質の組織に未来はないだろう。せめてもの罪滅ぼしとして、当時を語る人物がいる今こそ、そしてご遺族がまだ生きている今こそ、防衛省は困難を恐れずに再調査という「勇気」を振り絞るしかない。日本政府もフランスを見習って、覚悟を決めるほうが、逆に支持を得られる時代なのである。フランス海軍は、五十一年間もかかってしまったものの、自ら開示して陳謝することで、最終的には必ず事実を公表するという信頼を得たのだから。

もし、「米軍がやった」いうのであれば、在日米軍の協力で、日米合同再調査を行うべきである。それが主張できないのであれば、自ら進んで相手のせいにしてもらっていると言っても過言ではない。

また、もし「自分たちのミスを相手国にかぶせていた」とすれば、心からの謝罪しか道はない。いまさらながらだが、これをきっかけとして戦争など起きない。

「恥」、「後悔」、「自責の念」

――衝突は避けられるものだった。私は艦長として責務を果たしていなかった。

私の役割は愛する家族を亡くした遺族や、えひめ丸に乗っていて負傷した人に謝罪することであり、一生これらの気持ちを抱え続けるだろう――

この言葉は、二〇〇一年二月九日（現地時間）、愛媛県の宇和島水産高校の実習船「えひめ丸」がハワイ沖で米海軍の原子力潜水艦に衝突されて、生徒を含む九人が亡くなった事故に際して、二十年経った二〇二一年二月一〇日に、当時の潜水艦の艦長だったスコット・ワドル氏が自身の書簡に書いた言葉である。あわせて、この書簡の最も大切な意味は、「愛する家族を亡くした遺族や、えひめ丸に乗っていて負傷した人に謝罪すること」というスコット氏の謝罪文が報道されたことだ。当初は海難事故として処理し、自国軍の責任を認めようとしなかったアメリカも、ハワイの日系人や市民社会による熱心な働きかけによって責任を認めた。これが人として当然の誠実な姿勢であって、米軍は怖い、という勝手な恐れよりも、市民の果たす役割は重要なのだ。

二〇二〇年七月二八日、私はご遺族の吉備素子氏を会長として弁護士、研究者、有識者、一般賛同者と共に、「日航123便墜落の真相を明らかにする会」を立ち上げた。私たちは、この事件の関係者が過去の過ちを直視し、誰もが納得するような結論が出るように働きかけている。そして日米双方が、とりわけ日本国の防衛省と国土交通省が、長年の放置と圧力隔壁説という偽りの結論についての再調査をし、遺族へ謝罪することを目標としている。

なお、私たちは情報公開法に基づいた正当な手続きを経て、国土交通省外局運輸安全委員会に情報開示を求め、その結果を得た。二〇二〇年三月十日に出されたその答申書の全文は『日航123便墜落 圧力隔壁説をくつがえす』に掲載した。この結論を簡単に言えば、日航123便については現在調査中であり、調査を継続しているから国立公文書館に引き渡す必要はなく、情報公開は出来ないと言い張っている。しかし、そのわりには異常外力は調査せず、相模湾から引き上げもせずに、結局のところ情報公開にまともに応じず、全く口を閉ざしたままである。

また、日航安全啓発センターという、未来永劫嘘をつき続けるために造ったプロパガンダ施設は、乗客への裏切りだけではなく、公共交通機関として存続する資格すらない会社の所産と言われても仕方がないものとなっている。どの国でも国益優先の内容で展示することはあるがそれは国立であって、日本航空のような一民間企業がやるべきことではない。株式会社である日本航空は株主への説明責任がある。しかしこの対応は、大株主とのもたれ合いの役割を果たすものであったとしても、株主一人ひとりへの説明責任を放棄したものだ。ましてや、521もの命と引き換えに、偽りの内容を強調するような展示をすべきではないのである。それに加担させられた元社員たちは、生涯にわたる「沈黙」と引き換えに、その後の人生に暗い影をもたらされる。これら生きている限り、精神を病み続けている。当事者だった自衛隊員も同じだろう。これらを強いた人間たちは、当時の部下を、社員たちの暗闇の心情をどれほどまで理解しているのだろうか。

本当の信頼関係はいつまで経っても偽りの関係からは生まれない。それは一人ひとりの良心に基づく、ちょっとした勇気から生まれていくものである。

文庫化に際して、解説文をお寄せ頂いた「日航123便ボイスレコーダー等開示訴訟弁護団」団長の三宅弘弁護士に、深く感謝申し上げます。

今年の三月二十六日、ご遺族が東京地方裁判所に提訴した訴状には、この本を含む五冊の拙著が「証拠方法」の欄に記載されました。ご遺族と共に真実を究明することを快くお引き受け下さった三宅弘弁護士を筆頭に、八名の弁護士の皆様にも心から感謝いたします。

いつも私を支えて下さっている読者の皆様、河出書房新社の皆様と担当編集者の岩本太一氏、ご遺族の吉備素子さんと市原和子さん、そしてこの本をきっかけとした数々の奇跡的な出会いに感謝いたします。

二〇二一年　五月一日

青山透子

追記（二〇二四年一一月二〇日）

この本を通じて出会った遺族の吉備素子さんとともに、一一年後の二〇二一年三月二六日、日航１２３便の墜落原因を世に問う裁判を開始した。同機の副操縦士・佐々木祐さんの実姉・市原和子さんも原告となり、ＪＡＬを被告として、ボイスレコーダー等の情報開示請求裁判をおこなったのだ。再調査が必要な「異常外力の着力点」については拙著『日航１２３便墜落　圧力隔壁説をくつがえす』（二〇二〇年）、情報開示請求裁判については『日航１２３便墜落事件　ＪＡＬ裁判』（二〇二二年）、『日航１２３便墜落事件　隠された遺体』（二〇二四年、ともに河出書房新社）を参照のこと。

解説　ミネルヴァの梟

三宅　弘

本書の著者青山透子は、元日本航空客室乗務員。日本航空に入社後、まず地上業務を学ぶため各地空港や市内支店等で地上研修を受け、その後、国内線と国際線とにそれぞれ振り分けられて配属された。国内線に配属後、国際線に移行し、世界中を飛び回り、三十カ国の三十七都市を訪れて、ようやく自信がついた。丁度その時期、一九八五年八月十二日に起きた日航１２３便の事故を伝える新聞記事で、同便に搭乗していた客室乗務員の六人全員に「再会」した。

日航１２３便に搭乗していた客室乗務員は、かつて同じグループで働いた先輩たちだった。本書は、その先輩達を含む被害者五百二十名と一人の胎児に対する鎮魂の書である。あの惨劇を繰り返さないために当時の様子を克明に記録しようと動き出した筆者は、新聞記事を徹底的に洗い出した。まさに、報道機関の報道は国民の「知る権利」に奉仕するものであった。この洗い出しをふまえて、現場となった上野村の当時の村長、地元消防団員、歯科医師ら、関係者にも取材を重ねた。現場百会、これは私が先代弁護士から教わった造語であるが、現場に立つと、新事実が顕れ、前提事実と重なり合い、真実に迫る。法律事務家にとって、特に大切な言葉である。本書の筆者は、まさに、これを科学者として励行した。そして、次第に恐るべき疑惑が浮上した。青山ノンフィクションの誕生を告げる、鎮魂のドキュメントである。

本書筆者の著作は、直近の『日航123便墜落 圧力隔壁説をくつがえす』まで五冊ある。本書はそのすべてのはじまりとなった一冊である。この五冊の著作をふまえて、現在、東京地方裁判所において、日本航空123便ボイスレコーダー等開示請求訴訟が始まっている。訴訟では、航空事故調査報告書が本件事故原因として正式に発表した日航123便後部の圧力隔壁説を否定し、模擬ミサイルが本件123便機の垂直尾翼の「異常外力着力点」に誤射されたことが本件事故の原因であると主張している（炸薬なし模擬ミサイル誤射説）。

航空事故調査報告書の発表から二十六年経った後に公表された航空事故調査報告書付録・JA8119に関する試験研究資料には、明らかに垂直尾翼上の異常外力着力点が指摘されている。圧力隔壁説では、この着力点を無視した立論が展開されているが、異常外力着力点にこだわって本書を読むだけでも、「何らかの衝撃を受けて尾翼の前方部分がちぎれて海に落ちて、操縦不能となった見方が裏付けられる」（本書

155頁)、「誰ひとりとして機外へ吸い出されず、機内の荷物も散乱せず、突風も吹かなかった。(後部圧力隔壁の側に位置していた)落合さん自身の鼓膜も無事だったからインタビューにすぐ応じられた」(本書168頁)などという圧力隔壁説を疑う事実が読みとれる。

一九八六年十月二十六日タイ国際航空の爆破事故の際に圧力隔壁破壊によって起きた急減圧の状況と比較しても、「日航123便の事故とはまったく異なる状況」。本件123便機では、「墜落直前の日航ジャンボ機の中で酸素マスクが落下している中、半そで姿の乗客一人ひとりが落ち着いているように見える」という写真が存在していた(本書272、490頁)。本件123便機に向かって、動力を持つオレンジ色の円錐か円筒状の飛行物体が、窓の外に飛行していたことを明らかにする写真もある(『日航123便墜落 圧力隔壁説をくつがえす』143頁)。

筆者は、本書刊行後も、目撃証言を聴取し、墜落前に大きい飛行機と小さいジェット機二機が追いかけっこ状態にあったことや、静岡県藤枝市、群馬県上野村で真っ赤な飛行機が飛んでいたことが目撃されたこと、という事実を掌握している(『日航123便 墜落の新事実——目撃証言から真相に迫る』、『日航123便墜落 圧力隔壁説をくつがえす』)。

さらに歴史を遡ると、一九七一年七月三十日には、飛行訓練中の自衛隊機が全日空ジェット旅客機に空中接触して旅客機を墜落させた全日空雫石自衛隊訓練機衝突事故が起きている（仙台高等裁判所昭和五十三年五月九日判決・判例時報890号15頁）。当時、多くの機長たちが常に自衛隊機によって仮想敵のようにされている、と新聞で大々的に報道されていたという。巡航ミサイルの開発や訓練が実施され、一九八五年八月十二日から見ての次週から日米合同訓練があるため、模擬ミサイルをもって全日空機ではなく、当時は半官半民の日本航空の元自衛官である機長が操縦する本件123便機を仮想敵として、予備的な訓練が行われていたとしたら、圧力隔壁説を前提とする事故報告とは異なる仮説が考えられる。

その仮説に基づき本書を改めて読む時、鎮魂のドキュメントの中から、疑問点が氷解するように思う。

私たちは、二〇二〇年一月八日にイランの首都テヘランを飛び立ったウクライナ航空752便が離陸直後にイラン軍（革命防衛隊）の地対空ミサイルで撃墜された事実を知っている。

自衛隊違憲論も根強かった当時をふり返るに、もしも模擬ミサイル誤射説が真実であったとしたら、その後の防衛政策は今あるように展開していたであろうか。また、二〇一五年の安全保障法制の採決強行は実現できていたであろうか。一九八五年当時、巡航ミサイルの開発と訓練を国家秘密として扱ったうえで、本件123便機の墜落原因が調査されていたのではないか。「ミネルヴァの梟は黄昏に飛び立つ」。本書は、その疑いをふくらましてくれる。

三宅弘（みやけ　ひろし）
弁護士、京都大学博士（法学）。第二東京弁護士会会長や日本弁護士連合会副会長、関東弁護士会連合会理事長等を務め、内閣府公文書管理委員や総務省「情報公開法の制度運営に関する検討会」委員等を歴任。現在は日航123便ボイスレコーダー等開示請求訴訟弁護団を務める。著書に『監視社会と公文書管理――森友問題とスノーデン・ショックを超えて』（花伝社、二〇一八年）など。

＊本書は『天空の星たちへ――日航123便 あの日の記憶』（マガジンランド、二〇一〇年五月刊）を改題した『日航123便墜落 疑惑のはじまり――天空の星たちへ』（小社、二〇一八年刊）を文庫化したものです。

日航《にっこう》123便墜落《びんついらく》 疑惑《ぎわく》のはじまり

天空《てんくう》の星《ほし》たちへ

二〇二一年 七 月二〇日　初版発行
二〇二四年一二月三〇日　3版発行

著　者　青山透子《あおやまとうこ》
発行者　小野寺優
発行所　株式会社河出書房新社
〒一六二-八五四四
東京都新宿区東五軒町二-一三
電話〇三-三四〇四-八六一一（編集）
〇三-三四〇四-一二〇一（営業）
https://www.kawade.co.jp/

ロゴ・表紙デザイン　粟津潔
本文フォーマット　佐々木暁
本文組版　株式会社ステラ
印刷・製本　中央精版印刷株式会社

Printed in Japan ISBN978-4-309-41827-8

日航123便　墜落の新事実

青山透子　41750-9

墜落現場の特定と救助はなぜ遅れたのか。目撃された戦闘機の追尾と赤い物体。仲間を失った元客室乗務員が執念で解き明かす渾身のノンフィクション。ベストセラー、待望の文庫化。事故ではなく事件なのか？

樺美智子、安保闘争に斃れた東大生

江刺昭子　41755-4

60年安保闘争に斃れた東大生・ヒロインの死の真相は何だったのか。国会議事堂に突入し22歳で死去し、悲劇のヒロインとして伝説化していった彼女の実像に迫った渾身のノンフィクション。

「噂の眞相」トップ屋稼業　スキャンダルを追え！

西岡研介　40970-2

東京高検検事長の女性スキャンダル、人気タレントらの乱交パーティ、首相の買春検挙報道……。神戸新聞で阪神大震災などを取材し、雑誌「噂の眞相」で数々のスクープを放った敏腕記者の奮闘記。

私戦

本田靖春　41173-6

一九六八年、暴力団員を射殺し、寸又峡温泉の旅館に人質をとり篭城した劇場型犯罪・金嬉老事件。差別に晒され続けた犯人と直に向き合い、事件の背景にある悲哀に寄り添った、戦後ノンフィクションの傑作。

宮武外骨伝

吉野孝雄　41135-4

あらためて、いま外骨！　明治から昭和を通じて活躍した過激な反権力のジャーナリスト、外骨。百二十以上の雑誌書籍を発行、罰金発禁二十九回に及ぶ怪物ぶり。最も信頼できる評伝を待望の新装新版で。

複眼で見よ

本田靖春　41712-7

戦後を代表するジャーナリストが遺した、ジャーナリズム論とルポルタージュ傑作選。権力と慣例と差別に抗った眼識が、現代にも響き渡る。今こそ読むべき、豊穣な感知でえぐりとった記録。

戦後史入門

成田龍一　41382-2

「戦後」を学ぶには、まずこの一冊から！　占領、55年体制、高度経済成長、バブル、沖縄や在日コリアンから見た戦後、そして今——これだけは知っておきたい重要ポイントがわかる新しい歴史入門。

昭和を生きて来た

山田太一　41442-3

平成の今、日本は「がらり」と変ってしまうのではないか？　そのような恐れも胸に、昭和の日本や家族を振りかえる。戦争の記憶を失わない世代にして未来志向者である名脚本家の名エッセイ。

篦棒《ベラボー》な人々　戦後サブカルチャー偉人伝

竹熊健太郎　40880-4

戦後大衆文化が生んだ、ケタ外れの偉人たち——康芳夫（虚業家）、石原豪人（画怪人）、川内康範（月光仮面原作）、糸井貫二（全裸の超前衛芸術家）——を追う伝説のインタビュー集。昭和の裏が甦る。

教養としての宗教事件史

島田裕巳　41439-3

宗教とは本来、スキャンダラスなものである。四十九の事件をひもときつつ、人類と宗教の関わりをダイナミックに描く現代人必読の宗教入門。ビジネスパーソンにも学生にも。宗教がわかれば、世界がわかる！

カルト脱出記

佐藤典雅　41504-8

東京ガールズコレクションの仕掛け人としても知られる著者は、ロス、NY、ハワイ、東京と九歳から三十五歳までエホバの証人として教団活動していた。信者の日常、自らと家族の脱会を描く。待望の文庫化。

皇室の祭祀と生きて

髙谷朝子　41518-5

戦中に十九歳で拝命してから、混乱の戦後、今上陛下御成婚、昭和天皇崩御、即位の礼など、激動の時代を「祈り」で生き抜いた著者が、数奇な生涯とベールに包まれた「宮中祭祀」の日々を綴る。

天皇と日本国憲法

なかにし礼　41341-9

日本国憲法は、世界に誇る芸術作品である。人間を尊重し、戦争に反対する。行動の時は来た。平和への願いを胸に、勇気を持って歩き出そう。癌を克服し、生と死を見据えてきた著者が描く人間のあるべき姿。

死刑のある国ニッポン

森達也／藤井誠二　41416-4

「知らない」で済ませるのは、罪だ。真っ向対立する廃止派・森と存置派・藤井が、死刑制度の本質をめぐり、苦悶しながら交わした大激論！　文庫化にあたり、この国の在り方についての新たな対話を収録。

右翼と左翼はどうちがう？

雨宮処凛　41279-5

右翼と左翼、命懸けで闘い、求めているのはどちらも平和な社会。なのに、ぶつかり合うのはなぜか？　両方の活動を経験した著者が、歴史や現状をとことん噛み砕く。活動家六人への取材も収録。

韓国ナショナリズムの起源

朴裕河　安宇植〔訳〕　46716-0

韓国の歴史認識がいかにナショナリズムに傾いたかを1990年代以降の状況を追いながら、嫌韓でもなく反日でもなく一方的な親日でもない立場で冷静に論理的に分析する名著。

ほんとうの中国の話をしよう

余華　飯塚容〔訳〕　46450-3

最も過激な中国作家が十のキーワードで読み解く体験的中国論。毛沢東、文化大革命、天安門事件から、魯迅、格差、コピー品まで。国内発禁！三十年の激動が冷静に綴られたエッセイ集。

池上彰の　あした選挙へ行くまえに

池上彰　41459-1

いよいよ18歳選挙。あなたの１票で世の中は変わる！　選挙の仕組みから、衆議院と参議院、マニフェスト、一票の格差まで――おなじみの池上解説で、選挙と政治がゼロからわかる。

軋む社会　教育・仕事・若者の現在

本田由紀　41090-6

希望を持てないこの社会の重荷を、未来を支える若者が背負う必要などあるのか。この危機と失意を前にし、社会を進展させていく具体策とは何か。増補として「シューカツ」を問う論考を追加。

愛と痛み

辺見庸　41471-3

私たちは〈不都合なものたち〉を愛することができるのか。時代の危機に真摯に向き合い続ける思想家が死刑をいままでにないかたちで問いなおし、生と世界の根源へ迫る名著を増補。

知れば恐ろしい　日本人の風習

千葉公慈　41453-9

日本人は何を恐れ、その恐怖といかに付き合ってきたのか?!　しきたりや年中行事、わらべ唄や昔話……風習に秘められたミステリーを解き明かしながら、日本人のメンタリティーを読み解く書。

日本人のくらしと文化

宮本常一　41240-5

旅する民俗学者が語り遺した初めての講演集。失われた日本人の懐かしい生活と知恵を求めて。「生活の伝統」「民族と宗教」「離島の生活と文化」ほか計六篇。

ポップ中毒者の手記（約10年分）

川勝正幸　41194-1

昨年、急逝したポップ・カルチャーの牽引者の全貌を刻印する主著３冊を没後一年めに文庫化。86年から96年までのコラムを集成した本書は「渋谷系」生成の現場をとらえる稀有の名著。解説・小泉今日子

ポップ中毒者の手記２（その後の約5年分）

川勝正幸　41203-0

川勝正幸のライフワーク「ポップ中毒者」第二弾。一九九七年から二〇〇一年までのカルチャーコラムを集成。時代をつくりだした類例なき異才だけが書けた時代の証言。解説対談・横山剣×下井草秀

21世紀のポップ中毒者

川勝正幸 41217-7

9・11以降、二〇〇〇年代を覆った閉塞感の中で、パリやバンコクへと飛び、国内では菊地成孔のジャズや宮藤官九郎のドラマを追い続けたポップ中毒者シリーズ最終作。

ヨコハマメリー

中村高寛 41765-3

1995年冬、伊勢佐木町から忽然と姿を消した白塗りの老娼ヨコハマメリーは何者だったのか？　徹底した取材から明かされる彼女の生涯と、戦後横浜の真実をスリリングに描くノンフィクション。

東京震災記

田山花袋 41100-2

一九二三年九月一日、関東大震災。地震直後の東京の街を歩き回り、被災の実態を事細かに刻んだルポルタージュ。その時、東京はどうだったのか。歴史から学び、備えるための記録と記憶。

福島第一原発収束作業日記

ハッピー 41346-4

原発事故は終わらない。東日本大震災が起きた二〇一一年三月一一日からほぼ毎日ツイッター上で綴られた、福島第一原発の事故収束作業にあたる現役現場作業員の貴重な「生」の手記。

瓦礫から本を生む

土方正志 41732-5

東北のちいさな出版社から、全国の〈被災地〉へ。東日本大震災の混乱の中、社員２人の仙台の出版社・荒蝦夷が全国へ、そして未来へ発信し続けた激動の記録。３・11から10年目を迎え増補した決定版。

大震災'95

小松左京 41124-8

『日本沈没』の作者は巨大災害に直面し、その全貌の記録と総合的な解析を行った。阪神・淡路大震災の貴重なルポにして、未来への警鐘を鳴らす名著。巻末に単行本未収録エッセイを特別収録。